水下盾构隧道防水
及与结构功能一体化设计

肖明清　封　坤　薛光桥　著

科学出版社
北京

内容简介

本书以作者数年来在盾构法水下隧道设计、施工技术方面的研究与经验为基础，针对"接缝错台开裂不可控、防水性能难提升、缺陷管片初始状态不可知"等技术难题，系统阐述了水下盾构隧道防水及与结构功能一体化设计理论与关键技术，详细地介绍了盾构隧道接缝密封垫防水机理、新型防水体系、隧道结构体系、接缝设计方法、结构状态监测等最新的技术成果，从设计源头上解决隧道结构性态主动控制的难题，对我国水下盾构隧道设计、施工和维修管理具有重要参考价值。

本书可供隧道工程技术研究人员，以及隧道工程设计、施工与管理人员学习使用。

图书在版编目(CIP)数据

水下盾构隧道防水及与结构功能一体化设计 / 肖明清，封坤，薛光桥著. —北京：科学出版社，2023.11
ISBN 978-7-03-074658-0

Ⅰ.①水… Ⅱ.①肖… ②封… ③薛… Ⅲ.①水下隧道–隧道施工–盾构法 Ⅳ.①U459.5

中国版本图书馆 CIP 数据核字（2022）第 257780 号

责任编辑：刘莉莉 / 责任校对：彭 映
责任印制：罗 科 / 封面设计：墨创文化

科学出版社 出版

北京东黄城根北街16号
邮政编码：100717
http://www.sciencep.com

四川煤田地质制图印务有限责任公司 印刷

科学出版社发行 各地新华书店经销

*

2023 年 11 月第 一 版 开本：787×1092 1/16
2023 年 11 月第一次印刷 印张：18
字数：420 000

定价：198.00 元
（如有印装质量问题，我社负责调换）

序　言

　　江河湖海在为人类带来丰富水资源的同时，也导致了地理单元的天然分割。随着全球经济一体化水平的显著提高，区域经济单元之间的要素流动和资源整合越来越频繁，江河湖海导致的城市板块之间、城市之间、地区之间以及国际之间的水域交通阻隔问题已经日益凸显。公路、铁路和城市轨道交通面对水域分隔时，一般采用桥梁或水下隧道穿越。过去，受水下隧道设计施工技术水平的限制，遇水架桥是跨越江河湖海的首选方式。20 世纪中叶以来，随着水下隧道修建技术的进步，水下隧道已成为克服水域障碍的重要手段，越来越受到人们的重视。根据水域条件和地质条件的不同，水下隧道可以采用盾构法、沉管法、矿山法、围堰明挖法等方法修建。

　　进入 21 世纪以来，随着我国经济的持续快速发展、综合国力的不断提升和工程技术的进步，我国隧道与地下工程得到了跨越式发展，在艰险复杂山区隧道、城市复杂环境隧道和水下隧道等方面均取得了举世瞩目的成就，修建了一大批具有世界级水平的代表性工程，攻克了众多国际罕见的技术难题，形成了一批具有中国特色的创新技术成果。其中，水下隧道因其技术难度大、修建风险高、安全要求严，已成为一个国家工程技术水平的重要标志。至今我国已建和在建的水下隧道超过 250 座，我国已成为世界水下隧道大国，修建了诸如港珠澳大桥沉管隧道、南京长江隧道、广深港高铁狮子洋隧道、武汉三阳路公铁长江隧道、苏通 GIL 长江隧道等一批代表性工程。

　　盾构法是水下隧道最常用的修建方法，世界上 70%的水下隧道均采用盾构法修建。我国在推动现代盾构技术方面做出了巨大贡献，建设了全球 60%以上的超大直径盾构隧道。然而由于盾构法隧道主要位于软弱地层、采用装配式管片衬砌、施工参数随机变化大等技术特点，隧道接缝渗漏水、管片开裂与破损、局部沉降等病害时有发生，严重威胁运营安全，成为制约其高质量发展的重大技术难题。

　　《水下盾构隧道防水及与结构功能一体化设计》一书作者多年从事盾构法隧道的研究与设计工作，深入工程现场查找问题，主动与工程现场一线施工人员交流探讨，善于研究解决工程表象背后的科学理论与设计方法问题，针对盾构法隧道常见的防水与结构病害，从防水机理、防水体系、结构与防水耦合设计、结构与防水的监测与隐患排查方法等方面开展了多年研究，形成了全面提升水下盾构隧道安全的防水与结构一体化技术，主要创新成果如下：

　　(1)揭示了密封垫接触面粗糙度泄漏微观防水机理，提出了双道密封垫"击穿水压"防水理论，发明了双道密封垫耦合防水体系，建立了基于泄漏率和接触应力双指标的防水性能评价方法和设计理论，解决了密封垫渗漏水难题，显著提升了接缝防水能力与韧性。

　　(2)研发了设排烟道的双层盾构隧道无横通道疏散救援总体设计技术和大直径通用楔

形环管片结构设计技术，开发了"管片+非封闭内衬"结构形式，提出了盾构隧道结构两阶段设计法，构建了防水与结构一体化的结构体系，实现了水下盾构隧道本质安全的提升。

（3）提出了管片环间错台量、纵向开裂的分析理论与方法，发明了"分布式凹凸榫+螺栓"环间错台量、纵向贯通裂缝的控制技术，建立了适应不同防水构造的接缝抗弯刚度和承载力计算方法，构建了防水与结构一体化的接缝体系，解决了管片错台大、纵向开裂等难题，实现了防水与结构安全的整体提升。

（4）发明了用于管片内力推演的非预埋式结构监测技术，研发了结构内力反演方法与软件，解决了传统预埋式技术无法全面监测与评估的技术难题，实现了结构与防水安全隐患的快速全面排查。

上述成果对提高盾构法隧道全寿命周期的安全性与经济性、推动盾构法隧道设计技术进步具有重要意义。当前我国盾构法隧道的发展方兴未艾，希望作者和科研团队继续求真务实、刻苦钻研、积极探索，为推动隧道科技进步作出更大贡献。

中国工程院院士：

2022 年 9 月

前　　言

我国疆域辽阔，海岸线绵长、海岛众多，内陆水系发达、河流密布，具有大量建设水下隧道的优越条件。当前我国正处于水下隧道建设的快速发展期，截至 2021 年底，已建和在建的水下隧道超过 250 座，其中大量采用了盾构法修建。

与其他的隧道施工方法不同，盾构法隧道结构采用管片拼装而成，每块管片均兼具防水与承载功能。因属装配式结构，单块管片的防水性能与拼装质量直接影响整体隧道的防水性能与承载性能，结构整体性相对较弱，使得渗漏水成为结构安全的最大隐患，这是由于渗漏水会加大结构变形，变形加大又会加剧渗漏水，形成不断恶化的局面。长期以来，因缺少针对性的设计理论与措施，隧道结构性态主要受随机变化的施工参数控制，而由于管片数量多，施工中点多面广，防不胜防，管片破损、接缝错台、渗漏等病害时有发生，严重影响工程的安全性与耐久性。面对水下隧道日益复杂的建设环境和结构不断大型化的建造条件，亟须从设计源头上解决隧道结构性态主动控制难题。总的来看，需要突破的主要技术瓶颈是"接缝错台开裂不可控、防水性能难提升、缺陷管片初始状态不可知"。

本书是作者在数年来盾构法水下隧道设计、施工技术经验的基础上，从密封垫防水机理、新型防水体系、隧道结构体系、接缝设计方法、结构状态监测等方面开展系统研究，形成全面提升水下盾构隧道安全的防水与结构一体化技术。其中，第 1 章为绪论，介绍我国水下隧道建设与发展历程，总结盾构法隧道结构的典型病害，分析现有技术标准与隧道发展不相适应之处，通过对盾构法隧道管片结构体系与防水的再认识，提出盾构隧道防水与结构功能一体化设计的技术思路。第 2 章介绍接缝防水体系的演变历程，对比国内外接缝防水标准与措施的差异，系统介绍接缝弹性密封垫基于接触面泄漏率的微观防水机理和双道密封垫"击穿水压"防水理论的新发现，提出泄漏率和接触应力双指标的密封垫性能评价方法，建立双道密封垫耦合设计方法和转角密封垫设计方法，提出超高水压下管片本体抗渗设计方法，分析结构受力裂纹对管片防水的影响。第 3 章介绍水下盾构隧道防灾疏散救援方式及总体布置技术，分别针对长大单层盾构隧道、公路双层盾构隧道、公铁合建双层盾构隧道提出可一体化保障结构安全与防水性能的结构布置方案，开发大直径通用楔形环管片结构设计技术，研发"管片+非封闭内衬"结构形式，提出可以优化结构配筋的盾构隧道结构两阶段设计法，形成防水与结构一体化的结构体系。第 4 章研发施工期管片环间错台量的计算方法，开发管片环间错台的控制措施，提出拼装过程中环缝面不平整对管片受力影响的计算方法以及相应的对策措施，建立不同防水构造对接缝抗弯刚度和承载力影响的计算方法，分析错台状态对管片接头抗弯性能的影响，形成防水与结构一体化的接缝体系。第 5 章提出盾构法隧道非预埋式结构内力监测技术与反演方法，开发盾构隧道结构内力反演的软件系统，形成防水与结构一体化的非预埋监测系统。

在本书系列理论、方法和技术的研发过程中，中国工程院钱七虎、梁文灏、陈湘生、李术才、朱合华等院士，西南交通大学何川、王士民、晏启祥，同济大学刘学增、廖少明、丁文其，江苏省交通工程建设局蒋振雄、杨玉冬，南京市公共工程建设中心武焕陵、郭志明，中铁十四局集团有限公司薛峰、陈健、王华伟等专家都给予了悉心指导，也得到了中铁第四勘察设计院集团有限公司、水下隧道技术国家地方联合工程研究中心、西南交通大学、同济大学、华中科技大学等合作团队的大力支持与协作，在此表示衷心的感谢。

需要说明的是，本书介绍的一体化设计技术，是首次从割裂的结构设计、防水设计向结构与防水一体化性能设计的尝试，所涉及的多项设计理论、方法和技术措施仍有待进一步应用与验证，在编写过程中疏漏与不足在所难免，尚乞专家及同行批评指正。

作 者
2022 年 9 月于武汉

目　　录

第1章 绪 论

我国水域辽阔,具有大量建设水下隧道的优越条件[1,2]。以内陆江河、湖泊为例,涵盖长江、黄河、珠江、淮河、海河等七大水系在内的内陆水域面积达 17.47 万平方千米,其中包括五千余条流域面积超过 100 平方千米的河流,1 平方千米以上的天然湖泊总面积约 8 万平方千米。此外,我国大陆海岸线北起鸭绿江口,南至北仑河口,绵延近 3 万千米,其间有星罗棋布的岛屿和海湾,据统计,仅水域面积大于 0.5 万平方千米的海湾就有辽东湾、渤海湾、莱州湾、杭州湾、北部湾等多个,拥有岛屿约 6 万多个,面积超过 500 平方千米的岛屿有 6536 个,其中有人居住的有 455 个。水域的阻隔造成了我国几千年来区域经济文化发展不协调的现状,也为进入新世纪后我国水下隧道的大发展提供了条件,穿越江河湖海等"天堑"、实现水域交通,是实现我国社会与经济发展的必然选择。

1.1 我国水下隧道建设与发展历程

1.1.1 从"唯桥是举"到"桥隧并举"

20 世纪早期,我国在越江、跨海交通通道工程方案的选择上都是"唯桥是举",当然这些桥梁对缓解我国交通紧张、促进经济稳定发展作用巨大。但是必须看到,仅建桥梁,而几乎无水下隧道,这在世界越江、跨海交通通道史上是十分罕见的,其负面作用也是十分明显的。我国土木工程界经过几十年反思,论证发现越江、跨海交通通道工程采用隧道方案相比桥梁而言,在通航、水保、环保、生态、适应气候变化、抗震、国防等方面具有明显的优越性[3],主要表现在:水下隧道不侵占航道净空,不影响航运,不干扰岸上航务设施;水下隧道能全天候通行,不受大风、暴雨、大雪、大雾和严重冰冻等恶劣气候的影响,有稳定畅通无阻的通行能力,能够实现全天候通行;抗震性能好,具有很强的抵抗战争破坏和抗自然灾害的能力;在建设时能做到不拆迁或少拆迁,有效降低综合造价;具有很大的超载能力;对生态环境影响小,不破坏美好的自然景观,能避免噪声、尘土对周围环境的影响;主体结构耐久性好,结构维护保养费用低;可以做到一隧多用,将城市供水、供电、供气和通信等设施一并布置在隧道内比较安全、稳定的环境中。正是由于水下隧道的综合优势,尤其是进入新世纪以来,在城市道路(武汉长江隧道、南京长江隧道等)、高速公路(上海长江隧道、杭州钱江隧道)、高速铁路(京广高铁浏阳河隧道、广深港高铁狮子洋隧道)、城际铁路(佛莞城际铁路狮子洋隧道)、地铁(武汉地铁 2 号线、南京地铁 10 号线)等方面的突破,改变了"遇水架桥"的传统思维,开创了水下隧道发展的新局面。

目前，水下隧道已在技术水平和建设体量上实现跨越式发展，逐渐成为穿越江河湖海等水域障碍的重要手段，特别在铁路、公路、城市道路、地铁等跨江海交通通道建设中往往成为重要的可选方案，尤其当桥梁受两岸接线条件制约或通道间距过密时，水下隧道方案通常成为首选。今日中国已成为当之不二的世界"水下隧道建设大国"，正向隧道建设强国大步迈进。

1.1.2　工法的"纷争"与融合

水下隧道的修建方法主要有：矿山法、盾构法、沉管法和围堰明挖法[4]，在实际工程中常根据水域条件和地质条件选择适宜的施工方法。

一般而言，矿山法主要适用于完整性较好的中硬岩层，主要优点是造价低，但因开挖对围岩扰动较大，常常需要多种辅助施工措施配合，且需特别应对突涌水风险；沉管法隧道埋深浅，可缩短两岸接线长度，但施工受通航条件、水流流速、泥沙淤积、天气等多种因素限制，且管节预制、防水、基槽开挖、管节浮运、沉放、水下对接以及基础处理等工艺流程复杂；围堰明挖法虽工期短、埋深浅、断面布置灵活，但需限制通航，大多应用在穿越湖泊的情况。盾构法施工不受河道、季节等条件的影响，对周围环境影响小，对地质条件适应性强，施工安全快速，但遭遇到复杂多变的地层，如断裂构造、软硬交替或上软下硬的地层时，盾构的掘进比较困难，且由于采用拼装式衬砌，结构整体性较差，防水难度大。

总的来看，各个工法各有优缺点，而在我国水下隧道建设快速开展的 21 世纪前十年，设计建设的一大批水下隧道主要穿越了软弱地层，涉及淤泥质土、黏土、砂土、粉土、卵石、砾石等第四系覆盖层，盾构法具明显的适应性优势。借由这十年的快速建设，我国现代盾构技术不断革新、装备摊销成本下降，使盾构法成为修建水下隧道的首选工法。随着近年来"复杂地质、大直径、高水压、长距离"隧道建设的需要，盾构技术与装备更是得到快速发展，相继突破了土岩复合地层、超大直径、超高水压技术，进一步拓展了盾构技术的应用范围。

此外，随着更复杂地形地质隧道建设的需要，多工法并用渐成趋势，以盾构/TBM (tunnel boring machine，隧道掘进机) 等机械化工法为主，矿山法、明挖法为辅的水下隧道工程大量建设，如在建的深茂铁路珠江口隧道、汕汕高铁汕头湾海底隧道、青岛胶州湾第二海底隧道等均采用"钻爆法+盾构法"施工。各个工法不断完善，多工法融合发展将成为今后长大水下隧道建设的主要模式，这也是我国从隧道建设大国走向隧道建设强国的必由之路。

1.1.3　当前盾构隧道的建设现状与趋势

目前，我国水下隧道的建设主要集中在珠三角、长三角地区，以及长江、黄河流域的沿海沿江城市。这些城市或地区往往河流众多、水系发育，跨江越海交通需求量大，大型的水下隧道不断涌现[5-11]。以盾构法水下隧道为例，在长江、黄浦江、珠江、钱塘江、黄河、湘江等水域，建设了大量用于公路交通、铁路交通、电力输送的越江盾构隧道，如：穿越珠江狮子洋的广深港高铁狮子洋隧道(全长 10.800km，直径 10.8m，双洞单线，设计行车速度 350km/h)、佛莞城际铁路狮子洋隧道(总长约 4.900km，盾构管片直径 13.1m，单洞双线)、穿越黄浦江的沪通铁路水下隧道(全长 12.230km，盾构区间段长 9.030km)、上海崇明越江隧道(全长 8.893km，盾构区间段长度为 7.475km，直径 15.0m，双孔六车道)、南京长江隧道(全长 3.930km，直径 14.5m，双孔六车道)、钱江隧道(全长 4.450km，直径 15.0m，双孔六车道)、杭州庆春路隧道(全长 4.180km，直径 11.3m，双孔四车道)、武汉三阳路长江隧道(全长 2.590km，直径 15.2m，公铁两用双层盾构隧道，上层为双向六车道公路，下层为地铁 7 号线)、扬州瘦西湖隧道(全长 4.400km，直径 14.5m，双向四车道，单孔双层)、苏通 GIL 管廊隧道(盾构段长 5.469km，直径 11.6m，特高压 GIL 电力隧道)、厦门地铁 2 号线海底隧道(全长 2.767km，海域段长约 2.120km，直径 6.7m，双洞单线)、济南济泺路黄河隧道(全长 3.890km，直径 15.2m，双孔双层，上层为双向六车道公路，下层为预留地铁空间)等。我国已建成主要大型水下盾构隧道如表 1-1 所示。

表 1-1　我国已建成主要大型水下盾构隧道情况汇总

隧道名称	地区	建成时间/年	使用类型	长度/km	地质情况	水压/MPa	隧道直径/m	管片厚度/m	管片幅宽/m
打浦路隧道	上海	1970	公路	2.739	粉黏土	0.30	10.0	0.60	0.90
延安东路隧道	上海	1989	公路	2.261	粉黏土	0.30	11.0	0.55	1.00
大连路隧道	上海	2003	公路	2.565	粉黏土	0.40	11.0	0.48	1.50
复兴东路隧道	上海	2004	公路	2.785	粉黏土	0.15	11.0	0.48	1.50
翔殷路隧道	上海	2005	公路	2.300	粉黏土	0.23	11.0	0.48	1.50
上中路隧道	上海	2009	公路	2.803	粉黏土	0.20	14.5	0.60	2.00
武汉长江隧道	武汉	2008	公路	3.630	粉砂土	0.47	11.0	0.50	2.00
上海崇明越江隧道	上海	2009	公路	8.893	粉黏土	0.52	15.0	0.65	2.00
上海人民路隧道	上海	2009	公路	1.469	软土	—	11.0	0.48	1.50
外滩隧道	上海	2010	公路	3.300	黏质粉土、砂质粉土	—	13.9	0.60	2.00
南水北调中线穿黄隧道	郑州	2010	输水	4.250	砂层、亚黏土层	0.30	8.7	0.45 内衬 0.40 管片	1.60
南京长江隧道	南京	2009	公路	3.930	黏土、粉细砂	0.65	14.5	0.60	2.00
杭州庆春路隧道	杭州	2010	公路	4.180	粉黏土、粉砂土	0.43	11.3	0.50	2.00
广深港高铁狮子洋隧道	广州	2011	高速铁路	10.800	泥质粉砂岩、砂砾岩	0.67	10.8	0.50	2.00
上海军工路隧道	上海	2011	公路	3.049	淤泥质黏土、粉质黏土	—	14.5	0.60	2.00
杭州钱江隧道	杭州	2014	公路	4.450	软土、粉黏土	0.40	15.0	0.65	2.00
扬州瘦西湖隧道	扬州	2014	公路	4.400	黏土	0.30	14.5	0.60	2.00
上海虹梅南路隧道	上海	2015	公路	3.390	粉砂、黏土	—	14.5	0.60	2.00
南京扬子江隧道	南京	2015	公路	4.960	粉细砂、砂卵石	0.72	14.5	0.60	2.00

续表

隧道名称	地区	建成时间/年	使用类型	长度/km	地质情况	水压/MPa	隧道直径/m	管片厚度/m	管片幅宽/m
上海长江路隧道	上海	2016	公路	2.860	粉土、黏性土	—	15.0	0.65	2.00
长株潭城际铁路湘江隧道	长沙	2017	高速铁路	2.700	板岩	0.35	9.0	0.45	1.80
武汉地铁 8 号线长江隧道	武汉	2017	地铁	3.186	粉质黏土、细砂	0.62	12.1	0.50 管片 0.30 内衬	2.00
武汉三阳路长江隧道	武汉	2018	公路+地铁	2.590	粉砂质泥岩、砾岩	0.63	15.2	0.65	2.00
周家嘴路越江隧道	上海	2019	公路	2.572	黏土	0.60	14.5	0.60	2.00
苏通 GIL 管廊隧道	南通	2019	特高压输电	5.469	细砂	0.80	11.6	0.55	2.00
佛莞城际铁路狮子洋隧道	广州	2019	铁路	4.900	淤泥、砂岩	0.78	13.1	0.55	2.00
汕头海湾隧道	汕头	2020	公路	3.047	粉细砂、粉质黏土	0.50	14.5	0.60	2.00
博奥隧道	杭州	2021	公路	2.425	粉细砂	—	11.0	0.50	2.00
济泺路黄河隧道	济南	2021	公路+铁路	3.890	粉土、砂土	0.65	15.2	0.65	2.00
南京和燕路过江通道	南京	2022	公路	4.206	粉细砂	0.35	14.5	0.60	2.00

与此同时,尚有一大批大型盾构法水下隧道在建或将要开工建设(见表 1-2),如深圳妈湾隧道(盾构段长度 2.063/2.060km,直径 15.0m,单孔双层六车道)、江阴靖江长江隧道(全长 6.415km,盾构段长度 4.952km,直径 15.5m,双孔六车道)、武汉和平大道南延黄鹤楼隧道(全长 2.486km,盾构段长度 1.390km,直径 15.4m,单孔双层六车道)、武汉两湖隧道(东湖段直径 14.5m,南湖段直径 15.5m)、杭州秦望路隧道(直径 15.2m)、武汉二七路长江隧道(直径 15.5m)等。

表 1-2   国内在建超大直径盾构法水下隧道概况

序号	隧道名称	盾构直径/m	隧道直径/m	盾构类型	盾构段长度/km
1	温州市域铁路瓯江隧道	14.93	14.5	泥水平衡	2.664
2	深圳春风路隧道	15.80	15.2	复合式泥水平衡	4.820
3	芜湖城南过江隧道	15.03	14.5	复合式泥水平衡	4.936/4.945
4	武汉黄鹤楼隧道	16.03	15.4	复合式泥水平衡	1.390
5	南京建宁西路长江隧道	15.07/15.03	14.5	复合式泥水平衡	2.349×2
6	深圳妈湾隧道	15.53/15.55	15.0	泥水平衡	2.063/2.060
7	杭州艮山东路钱塘江隧道	15.01	14.5	泥水平衡	4.620/4.616
8	汕汕高铁汕头湾海底隧道	14.50	14.0	复合式泥水平衡	9.191
9	长沙湘雅路过江隧道	15.01/14.93	14.5	复合式泥水平衡	1.500×2
10	龙水南路过江隧道	14.45	14.0	土压平衡	8.240
11	上海银都路越江隧道	15.43	15.0	泥水平衡	1.172

续表

序号	隧道名称	盾构直径/m	隧道直径/m	盾构类型	盾构段长度/km
12	珠海十字门隧道	15.73	15.2	泥水平衡	0.940
13	杭州富阳秦望过江通道	15.76	15.2	泥水平衡	0.940×2
14	佛山季华路西延伸隧道	15.43	15.0	泥水平衡	1.472×2
15	珠海隧道	15.01	14.5	泥水平衡	2.928/2.930
16	广湛铁路湛江湾海底隧道	14.56	14.0	泥水平衡	7.352
17	海珠湾隧道	15.03	14.5	泥水平衡	2.077×2
18	江阴靖江长江隧道	16.06/16.03	15.5	泥水平衡	4.952
19	珠海横琴杜洲隧道	15.01	14.5	泥水平衡	0.900
20	海太长江隧道	16.54	16.0	泥水平衡	9.315
21	沪渝蓉高速铁路崇太长江隧道	15.40	15.0	泥水平衡	13.120
22	济南济泺路黄河隧道北延段	15.76	15.2	泥水平衡	2.040×2
23	武汉两湖隧道(东湖段)	15.07	14.5	泥水平衡	3.120
24	武汉两湖隧道(南湖段)	16.07	15.5	泥水平衡	2.157

当前,我国正值交通基础设施建设快速发展的新阶段,已经成为世界上水下隧道发展最快、建设规模和建设数量最大的国家之一,而盾构法已然成为其中建设的主力军,为打破交通瓶颈和实现经济可持续发展提供了重要保障。总结看来,我国水下盾构隧道的建设趋势主要有以下几点:

(1)由单一软土地层向复合地层发展

以往我国大直径盾构隧道均修建于软土地层中。2004 年 11 月开工的武汉长江隧道,开启了我国在土砂复合地层修建大直径盾构隧道的历史;2005 年 8 月开工的南京长江隧道,开启了我国在土砂复合地层修建超大直径盾构隧道的历史;2006 年 5 月开工的广深港高铁狮子洋隧道,开启了我国在土岩复合地层修建大直径盾构隧道的历史;2010 年 5月开工的南京扬子江隧道和 2014 年 12 月开工的武汉三阳路公铁合建长江隧道,开启了我国在土岩复合地层修建超大直径盾构隧道的历史。

(2)由大直径向超大直径发展

进入 21 世纪以来,我国开始修建超大直径盾构隧道[12],且直径逐渐加大,由最初的14.5m(上海上中路隧道)发展至目前世界最大直径 17.5m(深圳荷坳隧道)。由于直径的加大,隧道内可以承载的车道数也随之增加,由最初的单层三车道发展至双层四车道或公铁合建。

(3)由中等水压向高水压和超高水压发展

在武汉长江隧道之前,我国大直径盾构隧道最大水头不超过 0.45MPa,此后逐步加大:武汉长江隧道 0.57MPa—南京长江隧道 0.65MPa—广深港高铁狮子洋隧道 0.67MPa—南京扬子江隧道 0.75MPa—佛莞城际铁路狮子洋隧道 0.78MPa—苏通 GIL 长江隧道 0.80MPa—深茂铁路珠江口隧道 1.06MPa 和青岛胶州湾第二海底隧道 0.96MPa。

(4)由常规岩土向特殊岩土和不良地质发展

由常规岩土向特殊岩土和不良地质发展的大直径盾构隧道代表性案例有:扬州瘦西湖隧道穿越具有膨胀性的 Q_p^3 老黏土地层、南京和燕路过江隧道穿越岩溶地层和水下断层、苏通 GIL 长江隧道穿越沼气地层等。穿越水下断层的隧道还有广深港高铁狮子洋隧道、佛莞城际铁路狮子洋隧道等,在建的汕汕高铁汕头湾海底隧道和广梅汕铁路汕头湾海底隧道穿越水下活动断层,青岛胶州湾第二海底隧道盾构段近距离并行水下活动断层且钻爆法隧道段穿越活动断层。

新的时期,铁路、公路、城市地铁等交通基础设施的越江跨海需求依旧迫切,建设琼州海峡、渤海海峡通道的挑战不断迫近,盾构法水下隧道经由量大面广的快速建设之后,也需对隧道建设中暴露的施工问题、结构病患等工程现状背后的病害机理及时反思、总结,争取从设计源头上实现隧道结构性态主动控制,从而确保水下隧道工程的安全性与耐久性。

1.2   盾构法水下隧道的防水与结构安全问题

1.2.1   盾构法隧道典型渗漏水病害

近 30 年来我国修建了大量的盾构隧道,包括水下隧道和城市地铁区间隧道,结构防水质量总体上良好,但是也存在如下几个方面的问题需要进一步研究和思考,并在今后的工程中尽量避免重复发生[13]。

1)管片结构裂缝渗漏

盾构法隧道运营期管片裂缝渗漏有两种情况,一种是施工期出现的管片裂缝渗漏治理不彻底,运营期继续发生渗漏;另外一种是运营期出现的新裂缝渗漏(图 1-1)。从调研情况来看,水下盾构法隧道出现的管片结构开裂渗漏主要是第一种情况,运营期新增裂缝渗漏现象主要出现在地铁盾构隧道中,因为隧道上方地表堆土、取土或附近基坑开挖、降水等活动引起管片开裂的案例较多,如南京地铁 2 号线西延线[14]某区间因周边建筑基坑施工,造成隧道管片开裂渗漏。

(a)管片局部剥落、钢筋外露   (b)千斤顶顶推引起的管片纵向贯通裂纹

图 1-1   盾构隧道管片结构开裂渗漏水

2) 管片接缝、螺栓孔渗漏

我国修建的盾构法隧道多采用螺栓连接,螺栓孔渗漏水绝大多数是因为接缝渗漏引起的,故将这两类渗漏放在一起讨论(图 1-2)。运营期管片接缝、螺栓孔(手孔封堵处)局部发生渗漏的现象时有发生,但漏水点出现的比例较低,仅个别隧道接缝渗漏比较严重,如某超大直径水下盾构隧道运营期间排查累计发现盾构段渗漏水 2285 处,其中程度轻微的渗漏(I 类)约占 80%,出现滴漏的约占 20%(II 类)。

(a) 管片裂缝渗漏

(b) 管片接缝渗漏

(c) 手孔封堵处渗漏

(d) 管片接缝渗漏

图 1-2　盾构隧道管片接缝、螺栓孔渗漏水

同时,由于管片的纵向蠕变、传力衬垫应力松弛等影响,盾构隧道管片结构从拼装成环到达稳定状态,管片纵向应力松弛度平均为 60%,最高可达 80%。盾构隧道纵向应力

的松弛导致隧道整体性下降，管片结构易受外界扰动、易变形，从而引起接缝张开、错台和渗漏水。此外，在高水压环境下，因施工荷载、拼装不当导致管片开裂、破损等引起的接缝渗漏大量存在(图1-3)。

(a)管片崩角、止水条外露   (b)管片环缝边角破损

图1-3   盾构隧道管片接缝破损引起渗漏水

3) 管片注浆孔渗漏(喷涌)

早期设计的盾构隧道多数在管片中部预留了用于二次补充注浆的注浆孔，如果注浆管底部距离管片外侧的保护层厚度不足，或者二次注浆后注浆管封堵不实，运营期在高水压作用下可能发生渗漏甚至喷涌，例如，2018年5月24日南京扬子江隧道北线盾构段因管片注浆口封堵失效，发生了突然涌水涌砂的险情(图1-4)。

(a)隧道涌水涌砂   (b)注浆堵漏处理

图1-4   南京扬子江隧道北线盾构隧道涌水涌砂险情(2018年5月24日)

4) 联络横通道渗漏

部分隧道在两管盾构隧道之间修建了用于疏散救援的联络横通道，横通道一般采用矿山法施工，其变形缝、施工缝以及与盾构隧道接口现浇连接段在运营期均容易发生渗漏，有些横通道漏水较为严重。

总的来看，盾构法隧道防水效果要好于钻爆法隧道和明挖法隧道，但是由于设计、施工或材料等因素造成的运营期隧道破损与渗漏水病害还是时有发生，个别隧道情况甚至较为严重。相比钻爆法和明挖法隧道，盾构法隧道衬砌结构横向和纵向刚度都较低[15]，管片结构渗漏除影响衬砌结构和内部机电设备的耐久性、增加运营抽排水成本之外，长期渗漏水会引起漏水点附近隧道的不均匀沉降，而隧道不均匀沉降又会造成渗漏的进一步加剧，这种恶性循环现象在软土、粉土、粉质黏土地层更为显著，导致渗漏水成为软弱地层盾构隧道结构安全的最大隐患。

1.2.2　亟待解决的防水与结构安全问题

盾构隧道的破损与渗漏水等病害具有偶发性，但大多数病害的发生与目前的设计、施工要求和控制标准是有关系的。我国早期修建的几座大直径盾构隧道均位于上海[16-18]的软土地层，虽然 2004 年以前国内多个城市开始了地铁建设，但除黄浦江外的水下隧道极少。由于黄浦江水深相对较浅、宽度相对较窄，因此隧道的规模较小，水压力较低，没有经历高水压强透水地层的考验，高水压衬砌结构防水的经验也相对缺乏。

与陆域盾构法隧道相比，水下盾构隧道对于"防水"与"结构"性能的要求更高，主要体现在以下方面：

(1) 承受水压力更高，地质条件更复杂。水下盾构隧道往往是整条地铁、公路、铁路线路的最低点，需承受比陆地隧道更大的水压力，并穿越更多的地层类型。

(2) 结构稳定性控制难度更大。水下盾构隧道一方面存在河床冲淤变化幅度大、抛锚拖锚沉船、水位变动等急剧的荷载变化，结构变形更大，另一方面由于水压高，同样的接缝变形对结构安全的影响更大。

(3) 防水安全性要求更高。同样的防水缺陷在水下隧道高水压的作用下对结构安全性的威胁更大。

(4) 结构与防水可靠性要求更高。由于水下勘察的难度远大于陆域，勘察资料的准确性相对较低，水下盾构隧道面临的不确定性因素更多，对防水系统的可靠性与韧性要求更高，对结构缺陷的容忍度更低。

(5) 大断面盾构施工质量控制的难度更大，对防水与结构安全的潜在影响更大。

结合水下盾构隧道设计施工的高要求和对上节所列述常见病害的分析可知，对于盾构隧道，我们并未意识到防水性能与结构状态的关联关系，也并未把盾构隧道的防水要求与结构功能要求放到同等重要的地位。相较防水的可靠，我们往往更关注主体结构的安全，"变形不超限"、"管片不开裂"，即认为结构是安全可靠的，对于大量出现的错台、渗水视若无睹，认为这是修建过程的常态，其结果必然造成防水与结构建造质量的种种问题。对于水下盾构隧道，由于其所处环境的特殊性，也就要求必须大幅提升防水性能。

从设计、施工与长期运营安全的角度，目前盾构隧道在防水与结构安全方面需要突破"接缝错台开裂不可控、防水性能难提升、缺陷管片初始状态不可知"等技术瓶颈，需认真研究其背后隐藏的设计施工痛点，加以规范，这是亟待研究解决的重要问题。

1)问题一：管片开裂接缝错台不可控

管片开裂、接缝错台等现象大量存在，对盾构隧道防水性能、承载性能、耐久性等均有极大危害，造成此类问题的原因是多方面的，以《盾构法隧道施工与验收规范》（GB 50446—2008）为例，主要从设计与施工控制的角度分析如下：

（1）现行规范对于钢筋混凝土管片制作尺寸是允许偏差的，这已不能满足新的衬砌环类型以及大直径和超大直径盾构建设的安全性与经济性要求，考虑因素也不全。具体地说，规范要求的管片制作尺寸允许偏差宽度、弧长、弦长均为±1mm，这不能满足通用楔形环对尺寸允许偏差的要求，也不能体现大直径和超大直径盾构隧道应对尺寸偏差的需求，同时该规定也没有考虑允许偏差与接缝结构构造形式的关系，实际上不同接缝结构与构造形式对允许偏差的要求不同。

（2）现行规范缺少对施工精度要求的规定。防水性能是否能达到设计预定目标，与施工中对管片拼装精度控制、上浮错台量控制等密切相关，但设计规范中对此没有提出要求。

（3）现行规范缺少对贯通裂缝控制的规定。在不合理的接缝构造措施下，即使管片制作精度满足规范要求，仍有极大可能出现贯穿裂缝，而规范没有提出对贯穿裂缝的控制措施。

（4）现行规范对变形缝设置的规定需商榷。规范要求"在软土地层距竖井结合处一定范围内的衬砌段，宜增设变形缝"，但实际上盾构隧道变形缝的变形能力弱，其作用不如其他类型隧道，而且变形缝的设置会极大增加防水难度、降低防水可靠性。因此，是否设置变形缝应综合考虑内部结构与管片衬砌的连接方式、管片环缝面的结构与构造措施等因素，不宜作为规范的硬性规定。

（5）对于拼装阶段，针对地铁隧道、公路隧道、水工隧道等三种用途隧道，分别规定了衬砌环直径椭圆度、相邻管片的径向错台、相邻衬砌环环面错台等三项指标的允许偏差，但：①缺少对铁路、公铁合建、输电、运煤等隧道的规定；②不同用途隧道采用不同允许偏差的依据不充分，单从拼装而言，采用相同值更合理。

（6）对于成型隧道，针对地铁隧道、公路隧道、水工隧道等三种用途隧道，分别规定了衬砌环直径椭圆度、相邻管片的径向错台、相邻衬砌环环面错台等三项指标的允许偏差，但：①缺少对铁路、公铁合建、输电、运煤等隧道的规定；②三项指标的允许偏差值没有与隧道直径建立对应关系，实际上即使同样是地铁隧道，也有双洞单线隧道和单洞双线隧道之分，二者直径差别巨大；③错台量允许偏差没有考虑地质条件的差异，实际上同样的错台量，当隧道所处地质条件不同时，其对隧道结构安全性的影响也不同。

2)问题二：隧道防水性能难提升

实现高性能防水是水下盾构隧道的基本要求，随着隧道大断面、高水压等建设需求增大，防水的难度也大幅增加，现有规范对于防水设计与施工的规定已不能满足水下盾构隧道的要求。以《地下工程防水技术规范》（GB 50108—2008）[18]为例，虽然其对盾构法隧道的防水在管片制作精度、管片混凝土抗渗等级、密封垫沟槽、密封垫物理性能、螺栓孔防水、管片外防水涂料、盾构隧道与工作井及横通道连接部位防水等方面进行了规定，但仍存在以下问题：

（1）管片混凝土抗渗等级沿用建筑结构标准，已不能满足高水压隧道建设的要求。目前，我国管片混凝土抗渗性的评价方法与分级指标主要依据建筑结构标准，即《普通混凝土长期性能和耐久性能试验方法标准》(GB/T 50082—2009)[19]，主要采用抗渗标号法与抗渗系数法，这两种方法对于相同抗渗等级的混凝土，所测得渗透系数有较大差异，且测试试验耗时长、结果误差大。更为重要的是，该试验方法主要适用于强度等级较低的混凝土，而盾构隧道管片混凝土的强度等级均较高。另外，《地下工程防水技术规范》(GB 50108—2008)中规定"对于工程埋置深度大于 30m 的地下结构，要求防水混凝土的设计抗渗等级为 P12"，但随着盾构隧道在全国各种复杂条件下的推广应用，高水压隧道频繁出现，特别是对于穿越长江、黄河以及近海区域的盾构法隧道，最高水压已接近 1.0MPa，如近期建设完成的苏通 GIL 长江隧道最大设计水压达 0.8MPa，在建的深茂铁路珠江口隧道、甬舟铁路金塘海底隧道和青岛胶州湾第二海底隧道最高水压均为 1.0MPa 左右，论证中的琼州海峡和渤海海峡隧道方案最高水压均已超 1.2MPa。在这些条件下，P12 已不能完全满足管片混凝土的抗渗要求。

(2)隧道防水措施考虑因素不全。规范中对衬砌防水措施的要求仅根据防水等级进行选择，如防水等级为二级时，要求必选"高精度管片""密封垫""螺孔密封圈"三种措施，局部或全段宜选"嵌缝""内衬"两种措施。随着大量复杂地质和高水压隧道的出现，考虑不同地层中防水可靠性与结构安全性的关系已是十分必要。

(3)对密封垫防水标准规定不科学。规范中有"管片接缝密封垫应满足在计算的接缝最大张开量和估算的错位量下、埋深水头的 2~3 倍水压下不渗漏"的技术要求，但"估算的错位量"与施工水平和结构设计措施密切相关，规范中缺少对其相关性的分析，造成工程建设中容易出现设计与施工脱节。此外，在工程实践中发现，即使是完全相同的密封垫设计，但不同厂家生产的产品，其防水能力的差别也较大，需要更加完善的检测方法。

(4)不能满足多种衬砌结构类型的防水需要。规范仅对复合式衬砌的防排水做了一般性规定，对叠合式衬砌没有规定，而目前设置内衬的隧道大部分均采用叠合式结构。

3)问题三：缺陷管片初始状态不可知

结构监测的目的是获取结构状态信息，判断缺陷或病害的发展趋势，以便及时预警或处治。然而，现有盾构法隧道结构内力监测往往仅对少数几个典型断面开展，并通过预先埋设传感器进行监测，因无法预估施工的实际状况，所埋设的断面通常难以对最危险、最需要监测的部位进行监测，难以实现长久监测及全隧道监测。以《盾构法隧道施工与验收规范》(GB 50446—2008)[20]为例，对于施工阶段的结构监控量测，规范规定的监测内容包括沉降、椭圆度、应力(必要时)，并规定"初始观测值应在管片壁后注浆凝固后 12h 内量测"，存在的问题有：①管片壁后注浆凝固时间难以确定，为提高施工质量，一般在管片脱出盾尾后就应尽快监测；②仅依靠椭圆度指标难以准确体现结构的实际受力情况；③错台量指标在施工阶段没有要求监测，只是在隧道成型验收时才要求监测，这样不利于施工质量控制。

此外，在盾构隧道内力反演方面，国内外专家学者均采用从矿山法隧道演变而来的基于隧道净空收敛值的方法，该方法对于山岭隧道较为适用，但盾构法隧道采用管片拼装而成，在拼装过程中，相邻管片之间存在错台、旋转，因而无法得出准确的净空收敛值，从而使管片内力反演结果存在较大误差，无法满足实用要求。

因此，对施工中随机出现的缺陷管片和安全系数最小的管片往往"该测未测"，难以全面排查结构与防水隐患。

1.3 盾构法隧道防水性能与结构安全的联系

以上三方面典型问题，是当前我国盾构隧道工程实践的痛点，也是亟待突破的技术难点。若要有效解决，必须了解盾构隧道管片结构体系中防水功能与结构功能的联系，明确其相互影响并加以控制。

1.3.1 对盾构法隧道管片结构体系的再认识

盾构隧道的主体结构通常采用装配式管片衬砌，是由管片（常用钢筋混凝土材料制作）通过管片接头拼接成环，再通过环间接头将单个管片环连接而成的装配式结构体系，该体系兼具承载与防水功能，主要由管片和接头（包括纵缝与环缝）两种基本力学构件实现。其中，管片为承载的主体，接头的功能主要体现为实现管片连接并传递载荷（图1-5）。

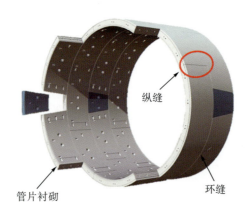

图1-5 盾构隧道装配式管片衬砌结构

1.3.1.1 管片是兼具"防水"与"承载"功能的基本单元

早期的地下建筑物大都为采用砖石材料砌筑的拱形圬工结构，盾构隧道也不例外。1825年到1843年间建设的英国泰晤士下穿公路隧道[21]（图1-6），其衬砌最初采用炼瓦厂的瓦滓制造，当时虽未有"管片"之实，但圬工结构已具有防水与承载等基本功能。

真正意义上的管片出现于19世纪后期，当时混凝土和钢筋混凝土材料陆续出现，并用于建造地下结构。从那时起，盾构法在日本[22]、德国得到快速发展，衬砌材料也由瓦砾、砖砌、铸铁等向钢材和钢筋混凝土材料转变。1936年，日本用盾构法完成了旧国铁-关门隧道的修建，关门隧道的盾构区间的隧道外径为7m，使用了铸铁管片，后来转为使用钢筋混凝土管片来节省钢铁资源，取得成功后大量推广。因钢筋混凝土管片具有强度大、耐腐蚀、造价低以及加工制作方便等优点,自 20 世纪 60 年代以来,其得到了广泛的应用和发展,并已成为国内外盾构隧道的主要衬砌结构单元(图 1-7)。

图 1-6　英国泰晤士下穿公路隧道

图 1-7　钢筋混凝土管片及其构筑的盾构隧道

　　水下盾构隧道选用的管片除需考虑承受水土压力、施工荷载等荷载之外,还需满足自防水要求,通常采用高性能防水混凝土制作,混凝土强度等级一般为 C50~C60,抗渗等级一般不低于 P12,限制裂缝开展宽度≤0.2mm。防水混凝土应采用普通硅酸盐水泥或硅酸盐水泥,掺入二级以上优质粉煤灰和粒化高炉矿渣等活性粉料(掺量≤20%)制作[23]。此外,在管片混凝土中掺加聚丙烯纤维,可以减小混凝土凝结过程的早期裂缝,提高自防水能力,并避免火灾情况下的混凝土爆裂[24-26]。

　　在相同厚度条件下,平板形管片较箱形或特殊异形结构形式的管片具有相对较大的抗压、抗弯刚度,尤其在高水压长期作用下的大直径水下盾构隧道工程中,平板形管片因其结构刚度及承载等方面的优越性,已成为我国盾构法水下隧道结构修建的首选。

1.3.1.2 接头是实现"防水"与"传力"功能的关键构件

盾构隧道接头具有复杂的构造，是接缝面和螺栓等组成的复杂构件，一般由接缝、连接件、榫槽、传力衬垫、弹性密封垫和沟槽填充物等构成，如图 1-8 所示，连接一环内管片的接头称为管片接头(或环向接头)，对应的接缝为纵缝；连接环与环的接头称为环间接头(或纵向接头)，对应的接缝为环缝。

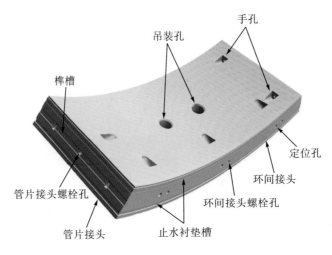

图 1-8　大断面水下盾构隧道接头构造图

表 1-3 为国内外几座大型水下盾构隧道的接头构造情况。由于大断面水下盾构隧道管片尺寸较大，螺栓常采用易拆卸的斜螺栓形式，且为了保证拼装精度，均于接缝面设置凹凸榫或剪力销以便于拼装定位。为承受施工期与运营期的高水压、土压作用，后期的水下盾构隧道接缝面常设有传力衬垫和多道防水措施。

表 1-3　国内外大型水下盾构隧道接头构造一览表

工程名称	管片尺寸/m	连接件形式	凸榫或剪力销	传力衬垫	防水形式
英法海峡隧道	宽：1.6	螺栓连接	无	—	—
东京湾横断公路隧道	双层衬砌 管片厚：0.65 二衬厚：0.35 宽：1.5	直螺栓	无	有	外侧单道防水，设遇水膨胀橡胶；二衬与管片间设防水层
上海打浦路隧道	宽：0.9 厚：0.6	双排螺栓	—	无	接缝填充环氧树脂防水；设嵌缝槽，但未嵌填
上海大连路隧道	宽：1.5 厚：0.48	弯螺栓	—	有	—
上海复兴路隧道	宽：1.5 厚：0.48	弯螺栓	—	—	—
上海上中路隧道	宽：2.0 厚：0.6	斜螺栓	—	—	—

续表

工程名称	管片尺寸/m	连接件形式	凸榫或剪力销	传力衬垫	防水形式
南水北调中线穿黄隧道	双层衬砌	直螺栓	无	有	接缝面设止水橡胶
武汉长江隧道	宽: 1.5 厚: 0.5	弯螺栓+直螺栓	条带式榫	有	双道防水，外侧设弹性密封垫，内侧设遇水膨胀橡胶
上海崇明长江隧道	宽: 2.0 厚: 0.65	斜螺栓	剪力销	有	遇水膨胀橡胶与弹性密封垫双道防水
南京长江隧道	宽: 2.0 厚: 0.6	斜螺栓	剪力销	有	双道防水，外侧设弹性密封垫，内侧遇水膨胀橡胶
广深港高铁狮子洋隧道	宽: 2.0 厚: 0.5	斜螺栓	条带式榫	有	双道防水，外侧设弹性密封垫，内侧设遇水膨胀橡胶
苏通 GIL 电力管廊隧道	宽: 2.0 厚: 0.55	斜螺栓	分布式榫	有	双道防水，于内外侧均设一道弹性密封垫
佛莞城际铁路狮子洋隧道	宽: 2.0 厚: 0.55	斜螺栓	分布式榫	有	双道防水，于迎水面侧设弹性密封垫与遇水膨胀橡胶
江阴靖江长江隧道	宽: 2.0 厚: 0.65	斜螺栓	分布式榫	有	双道防水，于迎水面侧设两道弹性密封垫，弹性密封垫之间设遇水膨胀橡胶

接头力学连接和接缝防水的双重功能需求，决定了其构造的复杂性，也决定了其力学性能和防水性能的复杂性，并体现出相互影响的特性。

1. 接头的传力功能

接头的力学功能是连接管片，使之组成管片结构。在水下盾构隧道管片结构拼装、受荷、承载的复杂过程中，接头发挥了极为关键的传力作用，使环内与环间变形协调，达到共同承载的目的[27]。

管片结构拼装成环后受周围地层和地下水作用，通常发生环内的椭圆变形和纵向弯曲或错动变形，接头常受压弯或压剪作用。接头作为具不连续变形特性的力学单元，受弯发生转动变形、接缝张开，受剪发生错动变形、接缝错台，如图 1-9 所示。其抵抗弯曲变形和剪切变形的能力通常用接头抗弯刚度与抗剪刚度衡量。值得一提的是，管片接头表现出弹性铰的力学特点，弯矩不能全部通过管片接头来传递，其中一部分通过环间相互作用传递给相邻管片。

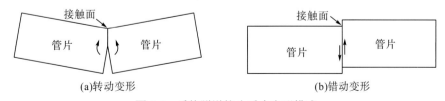

(a)转动变形　　　　　　　　(b)错动变形

图 1-9　盾构隧道接头受力变形模式

对于构造形式一定的管片接头，接头抗弯刚度通常仅为管片本体抗弯刚度的 1/15～1/8(取相同截面转角为 5‰时所对应的抗弯刚度，如表 1-4 和图 1-10 所示)，而且随着接头处受力与接触状态的变化而变化。因此,接头是管片结构中最需要关注的部位。对于需要严格控制接缝变形时(如输水隧洞有内水压的情况),可考虑双排螺栓或增加剪力键等方式,在一定程度上可提高接头刚度。

另外,接头抗弯刚度受双参量(弯矩与轴压)影响而动态变化,抗弯刚度随之变化,图谱常呈曲面(图 1-11),在外界荷载条件、接头界面的接触状态等变化时变化。在轴压相当的条件下,随接头所受弯矩增加,接缝张开、接缝受压接触面减小,则接头刚度下降、接头受力随之变化。

表 1-4   不同轴力条件下转角为 5‰时管片与管片接头抗弯刚度之比

厚度/mm	轴力/kN			
	3000	6000	9000	12000
650	10.627	9.681	9.04	8.871
600	13.118	11.513	10.985	10.74
550	15.619	10.473	8.780	8.013
500	15.941	10.824	9.763	9.642

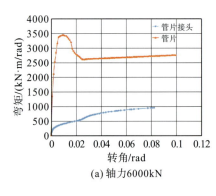
(a) 轴力6000kN

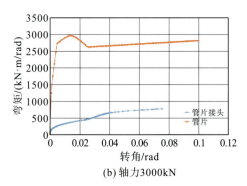
(b) 轴力3000kN

图 1-10   盾构隧道接头与管片本体转动刚度比较(以江阴靖江长江隧道管片接头为例)

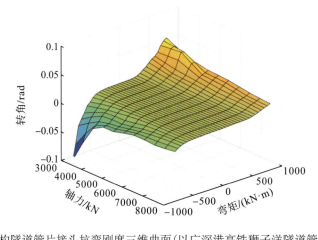

图 1-11   盾构隧道管片接头抗弯刚度三维曲面(以广深港高铁狮子洋隧道管片接头为例)

2. 接头的防水功能

管片接缝是盾构隧道防水系统中最为关键的部位，接缝防水措施由外到内依次为：外侧挡砂(水)条、弹性密封垫、副弹性密封垫(可选)、螺栓孔防水、内侧嵌缝引排防水及双层衬砌的二次衬砌防水。其中，外侧挡砂(水)条主要作用为减少盾尾油脂及外部泥砂进入管片接缝；弹性密封垫及可选副弹性密封垫为目前盾构隧道管片接缝防水的主要措施，发挥主要的防水作用；螺栓孔防水目前无法实现有效密封，因此，密封垫一般布置在螺栓孔的外侧；内侧嵌缝受材料性能和工艺限制，防水能力有限，通常仅起到引排的作用。在整个接缝防水体系设计中，外侧挡砂(水)条和内侧嵌缝变化极少，因此，为应对不断变化的防水需求，接缝防水设计的变化主要体现在接缝防水密封垫的布置上，产生了多种布置方式。

对于密封垫道数，我国《地下工程防水技术规范》(GB 50108—2008)规定，管片应至少设置一道密封垫沟槽，密封垫材质一般采用三元乙丙橡胶(EPDM)或氯丁橡胶。双道密封垫是在单道密封垫(俗称第一代防水方式)的基础上，增加了一道遇水膨胀橡胶密封垫(俗称第二代防水方式)或一道 EPDM 弹性密封垫(俗称第三代防水方式)。

第二代防水方式包括内外分开布置型(代表性工程有武汉长江隧道和南京长江隧道等)、双道并排外主内辅型(代表性工程有武汉三阳路长江公铁隧道、南京和燕路长江隧道等)、双道并排内主外辅型(代表性工程有上海长江隧道)三种形式，如图 1-12～图 1-14 所示。第三代防水方式包括内外分开布置型(代表性工程有国家电网苏通 GIL 电力管廊隧道)和双道并排布置型(代表性工程有江阴靖江长江隧道)两种形式，如图 1-15、图 1-16 所示。

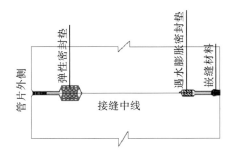

图 1-12 第二代防水内外分开布置型

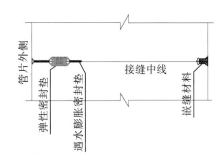

图 1-13 第二代防水双道并排外主内辅型

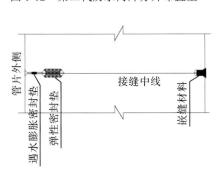

图 1-14 第二代防水双道并排内主外辅型

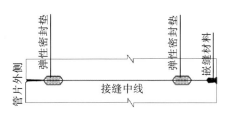

图 1-15 第三代防水内外分开布置型

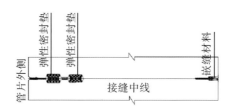

图 1-16　第三代防水双道并排布置型

第二代防水方式比第一代防水方式虽然增加了一道密封垫，但由于遇水膨胀橡胶密封垫的防水能力较弱，因此接缝总防水能力与第一代基本相同。第三代防水方式虽然采用了两道防水能力相当的密封垫，但通常认为"多道密封垫不能提高防水能力，实际效果与单道密封垫相同"，因而很少使用。

从理论上说，采用单道弹性密封垫可以满足防水要求，具体选择单道防水方案还是双道防水方案需考虑两个方面因素：①隧道所处的工程地质、水文地质条件；②盾构隧道施工的技术水平。从既有国内盾构隧道施工情况看，管片拼装质量差异较大，一些隧道的管片错台量较大，以往常用的单道密封垫在高水压、强渗透地层中存在安全可靠性低的问题，因此，从提高防水可靠性角度出发，大断面盾构隧道下穿大型河流且地质情况较差时宜采用双道密封垫防水，而地质条件较好、地层渗透性小的工程可采用单道密封垫防水。

1.3.1.3　对管片衬砌基本结构的认识

1. 从"几何可变"到"超静定"

接头的存在，使盾构隧道装配式管片结构具有不连续性，其变形和受力均体现出不连续特征。同时，接头的弯曲变形性能显著区别于管片，即使在材料处于弹性时仍能表现出非线性的力学行为。管片结构的整体刚度、内力分布均随接头的力学状态和接头位置的变化而变化。

实际工程中因施工等因素影响，接头的力学行为更为复杂，受早期认知和计算技术所限，难以尽数表达，在进行结构分析时，常将接头的连接作用作如下三种假定：其一，不考虑铰，仅折减管片刚度，如日本修正惯用法的匀质圆环模型；其二，纯铰，如日本山本稔法的多铰圆环模型；其三，弹性铰或弹簧，如村上博智与小泉淳提出的梁-弹簧模型，如图 1-17 所示。

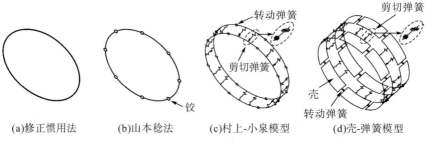

图 1-17　盾构隧道管片结构的常用分析模型

（1）第一种：假定为连续曲梁，仅考虑接头对于梁刚度的折减效果，如图 1-18(a)所示。该基本结构为一次超静定体系，当受地层约束时转变为多次超静定体系。

（2）第二种：假定为"纯铰"，如图 1-18(b)所示。接头不传递弯矩、可发生转动变形，且在圆环变形过程中，铰不发生突变，该基本结构是不稳定的几何可变机构，仅当受地层约束时才转变为超静定的稳定结构体系。

（3）第三种：假定为"弹性铰"或弹簧，如图 1-18(c)所示。接头在弹性变形范围内传递弯、剪、拉压作用，并具有弯曲、剪切、拉压刚度，该基本结构视刚度大小，介于几何可变机构与静定结构之间，当受地层约束时转变为多次超静定体系。

一般而言，弹性铰模型与梁-弹簧模型的区别主要在于：一方面，弹性铰模型中铰的刚度通常为常数，仅适用于接头线弹性变形范围内的计算，而梁-弹簧模型可描述接头的非线性弹性变形(如双折线刚度)或弹塑性变形(如曲面刚度)；另一方面，弹性铰模型通常仅描述单环的力学行为，而梁-弹簧模型可考虑前后环的相互作用，虽为二维计算却可反映空间力学效应。

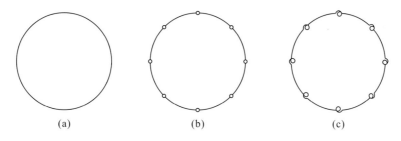

图 1-18　管片衬砌结构的三种等效基本结构

可见，无论哪种假定，都默认了接头所引起的基本结构体系的变化。在第一种假定的前提下，管片结构被视作静定的均质圆环，过分夸大了接头的连接作用，计算得到的变形往往是失真的，宜在衬砌结构(包括接头)刚度远大于周围地层刚度时采用。第二种假定认为管片结构的变形主要由接头转动引起，将管片结构视作几何可变的多铰圆环，因接头不传递弯矩，其主要变形模式为管片的刚体转动，并主要依靠地层约束承载，仅适用于地层条件较好的情况。相较以上两种模型，将接头等效为若干可发生转动变形的弹簧或弹性铰更符合工程实际，可较准确地反映接头位置和连接刚度对于结构变形和地层相互作用的影响。除地层极软的情况之外(通常认为标贯参数 $N < 5$ 时，按主动荷载模型计算)，大多数情况中考虑地层的约束作用后，管片结构成为超静定结构，仅当隧道局部的接头发生破损或塑性变形后，可视其退化为纯铰。

值得一提的是，超静定结构对于外部边界条件的改变(温度、约束变化、制造误差等)是十分敏感的。因此，地层约束作用的不确定性、拼装误差等因素将造成结构设计与实际工程状态存在不可忽略的差异性，而结构的不确定性主要由接头造成，从"几何可变"到"超静定"，存在体系受力特性的转变，认识这一点是盾构隧道管片结构精准分析与合理设计的关键。

2. 接头螺栓究竟有何作用？

目前我国盾构隧道接头通常采用螺栓连接，在管片拼装完成后并不拆除，作为安全储备保留。然而，螺栓是否保留一直存在争议。一方面，管片拼装过程中对螺栓进行安装和预紧时需要大量人工，同时会影响管片拼装速度；另一方面，保留下来的螺栓不但增加了建设成本，在隧道运营期存在螺栓锈蚀、脱落等风险，还将导致运营成本增加。

在欧洲的盾构隧道设计理念中，连接螺栓一般被认为是临时构件，仅在管片拼装阶段需要，当注浆完成后或管片掘进方向前方的管片拼装超过数十环后，螺栓即被拆除，特别在交通隧道中，隧道顶部附近的螺栓必须被拆除，以防止螺栓松动后掉落而造成交通事故。从 20 世纪 90 年代初经济泡沫破灭之后，日本开发了近百种各式各样的快速接头以降低建设成本，这些新型接头取代了传统的螺栓紧固接头，使用了许多楔形和榫头，并且销、螺栓等固定的一触式配件成为接头连接的主流。

鉴于使用螺栓连接对于盾构隧道施工的影响以及可能带来的安全风险，国内外有部分隧道工程在进行管片接头设计时取消了螺栓的使用或者采用具有定位功能的导杆(不起承载作用)代替，如表 1-5 和图 1-19 所示。

表 1-5   国内外无螺栓接头的工程应用情况

序号	工程名称	国家	外径/m	备注
1	伦敦主供水环线隧道	英国	2.54	不设环向螺栓
2	山西引黄工程	中国	5.0	不设环向螺栓，采用具有定位功能的导杆代替
3	阿罗约德拉维加输水隧道	阿根廷	6.0	不设环向螺栓，采用具有定位功能的导杆代替
4	约翰内斯堡站接线隧道	南非	6.46	不设环向螺栓，采用具有定位功能的导杆代替
5	阿姆斯特丹北/南地铁线	荷兰	6.5	不设环向螺栓，采用具有定位功能的导杆代替
6	马德里地铁 3 号线	西班牙	6.5	不设环向螺栓，拼装阶段结束后拆除部分螺栓
7	罗马地铁 C 线	意大利	6.69	不设环向螺栓，采用具有定位功能的导杆代替
8	埃米索尔东区排水隧道 (Emisor Oriente Tunnel)	墨西哥	7.0	不设环向螺栓
9	布雷西亚地铁线	意大利	7.7	不设环向螺栓，采用具有定位功能的导杆代替
10	罗得岛州 Pawtucket 隧道	美国	9.144	不设环向螺栓，采用具有定位功能的导杆代替
11	伦敦银城隧道	英国	12.0	不设环向螺栓，采用具有定位功能的导杆代替
12	巴塞罗那地铁 9 号线	西班牙	12.0	不设环向螺栓，拼装阶段结束后拆除部分螺栓

(a)阿姆斯特丹北/南地铁线   (b)罗马地铁C线

(c)伦敦银城隧道   (d)阿罗约德拉维加输水隧道

图 1-19 无环向螺栓或施工后拆除螺栓的典型盾构隧道工程

在施工完成后拆除螺栓，实现螺栓的再利用并非没有根据，对比发现，在不同荷载条件下有、无螺栓对于接头抗弯刚度的影响并不大，如图 1-20 所示。

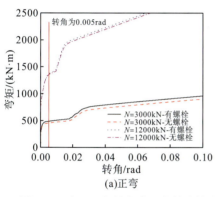
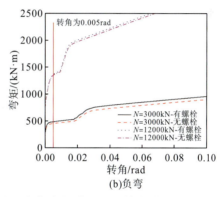

(a)正弯   (b)负弯

图 1-20 有、无螺栓条件下的管片接头抗弯刚度曲线(以苏通 GIL 管廊隧道为例)

从接头抗弯承载力来看[28]，在一定的轴压条件下有、无螺栓对接头抗弯承载力并无影响，仅当偏心距大于一定量值时，螺栓的作用才得以体现，如图 1-21 所示。对于大多数断面为圆形的盾构隧道，受水、土压力作用管片常处于小偏心受压状态，螺栓对于接头抗弯承载力的提升并无帮助。

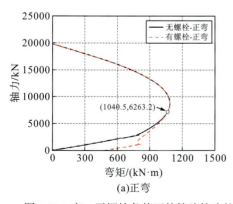
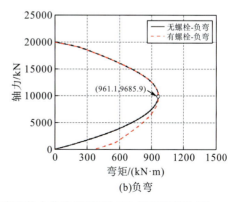

(a)正弯   (b)负弯

图 1-21 有、无螺栓条件下的管片接头抗弯承载力曲线(以苏通 GIL 管廊隧道为例)

1.3.2　对管片接缝防水的新认识

盾构隧道防水以接缝防水最为关键，通常接缝防水的对策是使用密封材料，大致可分为：具有黏结性的材料、具有弹性反力的材料、具有通过水膨胀性能产生膨胀压力的材料等三类。

第一类以未加硫丁基橡胶为主。日本在 20 世纪 70 年代前大量采用，但因反复荷载作用下材料应力松弛显著，导致防水性能大幅下降，造成隧道渗漏水严重，目前已很少采用。

第二类采用非膨胀合成橡胶，靠弹性压密，以接触面压应力来止水，以耐久性与止水性见长。欧美污水隧道、地铁隧道等小断面隧道接缝常采用丁腈橡胶（NBR）、氯丁橡胶（CR）材质的弹性密封垫，我国早期也采用以氯丁橡胶为材质的模压热硫化加工密封垫，这些材料制作的弹性密封垫断面构造简单，适用于接缝张开量小且水压较低的情况。到 20 世纪 90 年代中期，为满足高水压、张开量及错位量加大的要求，密封垫断面构造日趋复杂多样[29]，以三元乙丙橡胶（EPDM）为胶料通过微波加热、均匀硫化成型，可保障复杂多孔多槽型断面的加工质量，逐渐成为密封垫选材的主流。目前国外以德国凤凰（Phoenix）、瑞典特瑞堡（Trelleborg）等公司的弹性密封垫为典型，国内江阴海达橡塑股份有限公司、西北橡胶塑料研究设计院有限公司等单位的弹性密封垫也在国内水下盾构隧道工程中得到大量应用。

第三类采用水膨胀橡胶，通过与水的化学反应自身产生膨胀，依靠密封槽的约束在接触面上产生膨胀压力止水。该类水膨胀橡胶以日本为代表，主要采用硫化型遇水膨胀橡胶和聚醚聚氨酯膨胀类弹性体材料，因可使密封材料变薄、施工方便，目前在日本及东南亚大量应用。前者以旭电化（Adeka）、西亚化成（C.I.Kasei）公司为代表，后者以三洋化成（Sanyo Chemical Industries）的 Aquapurene 系列材料为代表。然而，由于水膨胀密封材料的差异，升温加速老化的试验对耐久性评价困难，同时由于抗拉强度小、施工时易撕裂，导致在管片接缝防水密封系统中一直处于辅助地位，有时用作双道密封垫中的一道，有时作为复合型密封垫中的覆盖层，或螺栓孔止水环、管片接缝挡水条等。

此外，还有采用 EPDM 和水膨胀橡胶结合的复合式密封垫，利用同步微波硫化一次复合工艺解决了不同材料与形状的橡胶硫化速率相异的难题，使复合型密封垫性能互补性与尺寸稳定性提高，可利用水膨胀压力弥补 EPDM 接触面应力的经时损失，该复合式密封垫在防水要求较高的工程中应用逐渐增多，其中膨胀橡胶的膨胀率通常为 400%，少数高达 600% 以上。

1. 单道密封还是双道密封？

早期地铁盾构隧道管片接缝采用单道弹性密封垫防水，材质多为三元乙丙橡胶和氯丁橡胶，少部分采用三元乙丙复合遇水膨胀弹性体，仅水工盾构隧道采用双道密封垫。随着水下盾构隧道快速发展，隧道断面不断增大、埋深加深，防水要求越来越高，因管片直径大、厚度大，为设置多道密封垫提供了条件。

在考虑耐久性与可靠性及防水韧性要求下，设置多道密封垫渐成趋势。对于水压力超过 0.6MPa 的水下盾构隧道，出现了"三元乙丙橡胶密封垫+遇水膨胀弹性体"的防水布置方式，如：武汉长江隧道率先在管片接缝中设置内外两道密封垫(外侧为 EPDM 弹性密封垫，内侧为以水膨胀橡胶为主的复合密封垫)；南京长江隧道管片接缝外侧设置 EPDM 多孔弹性密封垫，内侧采用聚醚聚氨酯弹性体膨胀橡胶。对于水压力为 0.8MPa 左右的水下盾构隧道，接缝防水的布置方式演变为两道三元乙丙橡胶密封垫或两道三元乙丙橡胶密封垫+遇水膨胀弹性体。如：苏通 GIL 长江隧道[30]内外侧均采用了 EPDM 多孔弹性密封垫；江阴靖江长江隧道创新性地采用外侧布置两道三元乙丙橡胶密封垫，其间设遇水膨胀弹性体的新型多道防水系统等。

可见，采用多道密封垫是水下盾构隧道应对复杂环境大断面、高水压条件的技术趋势，设计时应注意以下几方面问题：

其一，管片接缝设多道密封垫时，除确定密封垫压缩应力特性外，还必须计算每道密封垫的闭合压缩力，并加大管片拼装机的压缩能力，否则拼装时装配力不足易导致接缝闭合不充分、封顶块插入困难，严重时导致管片混凝土裂损剥落，影响拼装与防水质量。

其二，外侧布置两道三元乙丙橡胶密封垫避免了螺栓孔成为接缝防水短板，并可提高防水能力。相关试验表明，螺栓孔外侧并排设置双道密封垫的防水体系的综合防水能力较同规格单道密封垫防水能力提高约 30%，但新型多道密封垫的防水机理有待进一步探明。

其三，采用三元乙丙橡胶密封垫时，应对管片 T 字、十字缝角部做孔槽连通或开孔处理，并加强角部管片受力检算，避免接缝角部密封垫起鼓，导致管片转角处应力集中引起管片破损、掉角。

2. 弹性密封垫防水性能的合理评价

目前，弹性密封垫多采用在一定形状截面内开孔的结构形式，由于隧道工程地质条件及隧道结构的差异，防水设计要求均不相同，管片接缝密封垫的断面也多种多样[31]。现有的密封垫断面形式的设计多基于工程经验及类比方法，如：国内地铁隧道多采用圆形孔，大型越江穿河隧道多采用三角形孔，小型盾构隧道多采用水滴形孔，基于此三种孔型的经验设计法过于简单，无法应对防水要求较高的大型隧道。

在实际密封垫防水试验及数值模拟计算中，密封垫与密封垫之间的接触应力明显小于密封垫与沟槽之间的接触应力，而理论上其接触应力就代表了防水能力，现有的防水理论认为，只要接触应力高于水压力即可起到防水功效。然而这不能解释相同密封垫结构但不同厂家生产的产品防水能力差别大、沼气地层接缝漏气不漏水等现象。对于不同形式的弹性密封垫，通常采用平均接触压力和有效接触应力(高于设计水压的接触面应力)评定，未考虑密封垫接触面凹凸不平和存在极细微渗漏孔洞的影响。然而，由于接触面是凹凸不平的，存在极其微小的渗漏孔洞，因此，密封垫的防水能力受两个因素控制，一是取决于各接触面的最大接触应力，二是取决于接触面的粗糙度。当接触面状态较差、渗漏孔洞较大时，即使接触应力高于水压力，也会发生渗漏；当接触面状态较好、渗漏孔洞较小时，防水能力由接触应力和渗漏孔洞双控制，需要从微观角度进一步完善弹性密封垫防水性能的评价方法。

1.3.3　影响防水性能与结构安全的要素：横-纵向耦合效应

管片结构的横-纵向耦合效应是指相邻环管片环内某处力学响应沿环间传递的机制，当相邻环管片环受荷后，环向应力除在环内传递外，其中一部分通过环间相互作用传递给相邻管片，使相邻管片应力与应变发生相互调配的动态作用效应。

横-纵向耦合效应产生的关键是环间的相互作用，主要包括：缝面接触摩擦作用和连接件的约束作用，通常受环间接头构造(如管片厚度、纵向螺栓配置、传力衬垫等)、环间约束力以及相邻环环内差异变形等因素影响，是环间应力调配与变形协调的要素，也是保障盾构隧道接缝防水性能的关键。

对于这种相互作用的评价最初始于日本土木学会于 1996 年推荐采用的修正惯用法，该方法提出了用于确定环间弯矩分配的弯矩传递系数ζ(图 1-22)，根据经验和试验建议ζ值介于 0.3 和 0.5 之间。我国国标《盾构隧道工程设计标准》(GB/T 51438—2021)结合试验与设计经验对于该参数又有进一步规定。尽管如此，针对孤立管片环的设计仍难以真实体现环间的横-纵向耦合效应。

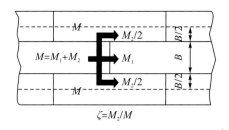

图 1-22　日本修正惯用法中环间弯矩分配模式

环间的相互作用主要受以下因素影响：

1. 环间接头构造

除环间设置纵向螺栓连接外，环缝面通常设置传力衬垫以防止环缝面不平整造成应力集中(图 1-23)，衬垫通常由厚度较小(约 2mm)的软木橡胶制成，设置衬垫后环间力的传递完全通过衬垫进行。值得一提的是，纵向螺栓在管片拼装后，由预紧力对环缝产生约束作用，但该约束作用难以长期保持，随螺栓的应力松弛在管片拼装完成后不久很快下降甚至丧失。因此，纵向螺栓无法发挥可靠的抗剪作用，并不是环间相互作用的主要来源，该条件下环间相互作用取决于传力衬垫与环缝面混凝土的剪切作用与摩擦机制。然而，由于传力衬垫选材、粘贴质量等往往具有随机性，环间相互作用往往难以准确计量，同时，因软木橡胶材料应力松弛、老化等影响，环间的剪切作用进一步弱化，往往与设计时设定的条件差异明显。

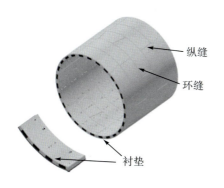

图 1-23 管片环缝面的传力衬垫

2. 环间约束力

环间约束力决定了环间接头在滑动之前的抗剪能力[32]。环间约束力是盾构掘进过程中由盾尾千斤顶推力克服开挖面水土压力和地层摩擦力施加在管片结构上的残余纵向力，随盾构机的远离、注浆硬化过程地层约束的变化和运营期管片的纵向蠕变，残余纵向力会逐渐大幅衰减。研究发现[15,33]，在有利的隧道条件下，经过 10 000 天(约 27 年)后，初始环间纵向力会降低 50%以上，如图 1-24 所示。该过程主要为管片的纵向蠕变变形造成的应力松弛，传力衬垫也会发生蠕变，进一步降低隧道衬砌中残留的长期压缩应力。

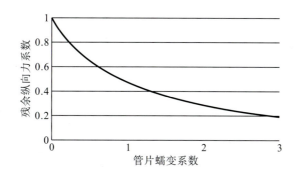

图 1-24 环间纵向力的衰减情况

盾构隧道在结构设计时均以考虑横-纵向耦合效应为前提，然而，环间约束力的丧失难以避免，将导致设计状态与真实环间作用之间存在显著差异。因此，保障盾构隧道的力学性能与防水性能，保持相邻环之间的相互作用能力是关键，采取有效的抗剪措施至关重要。目前国内的一些大型盾构隧道穿越软弱地层时，在环间设置榫卯构造以提高抗剪能力，有的采用预设混凝土凸台代替传力衬垫以加强环间的相互作用，这些都是保持管片结构横-纵向耦合效应、保障设计与工程实际状态对应的有益措施。

1.4   盾构隧道防水与结构功能一体化设计的技术思路

1.4.1   一体化设计的必要性

与其他隧道工法相比，矿山法、明挖法、沉管法隧道在结构外表面设有独立的防水系统，因此防水可靠性主要取决于防水系统本身的施工质量，而与结构本身的相关性弱，对结构变形不敏感。

与之不同，盾构法隧道为拼装式结构，每块管片均兼具结构与防水功能，再组合成整体的结构与防水系统，单块管片的防水质量影响隧道整体防水性能与结构安全性。近年来层出不穷的管片破损、接缝错台引发的渗漏、局部变形甚至坍塌等工程病害与事故，反复印证了盾构隧道管片结构安全与防水性能的关联性，局部防水缺陷亦可能引发连锁反应，造成灾难性后果。

如图 1-25 所示，在高水压砂土地层，盾构隧道管片衬砌结构一旦发生破损、渗漏水，注浆孔或管片接缝发生伴随有粉土、粉砂等颗粒物流失的严重渗漏，会危及整个隧道结构的稳定，高压渗漏、喷涌严重时可能引发隧道壁后土层流失，甚至造成隧道垮塌的灾难性后果。鉴于此，盾构法水下隧道的防水与结构整体安全性需要通过合理的结构体系、防水体系、施工全过程精细化控制和施工监测系统来综合保证。

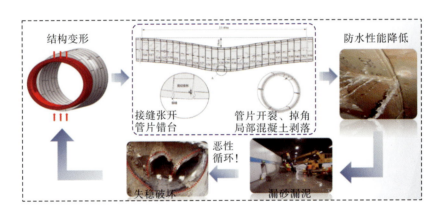

图 1-25   盾构隧道防水性能与结构安全的影响关系图

1.4.2   一体化设计的技术思路

水下隧道所处的环境特殊(水下、凹形纵坡等)，对结构的防水要求、安全可靠性要求相比陆地隧道显得更为重要，因为防水失效、结构破损可能引发比陆地隧道严重得多的次生灾害。针对盾构法隧道修建和运营中大量存在的接缝渗漏水、管片局部开裂与破损等现象，需从设计、施工、运营等方面提出防水与结构安全一体化设计的关键技术。因此盾构法水下隧道防水与结构安全一体化设计的目标主要体现在：

(1)满足不同地质条件、不同水压、不同用途隧道建设需求的结构体系。

(2)能够同时满足结构安全与防水安全要求的结构变形控制方法。

(3)与各种结构体系及结构变形量相适应的防水体系。

(4)为保证隧道完工状态与设计基本相符所需要的施工控制方法。

(5)能得知"缺陷管片"初始状态及全隧道"安全系数最小管片"的监控方法。

在考虑防水与结构安全的联动影响的基础上,从整体结构到结构构件实现防水与结构一体化安全保障,具体包括以下几个方面的要素。

1. 建立可实现防水与结构功能一体化的结构体系

在盾构隧道结构体系中,每块管片、每条接缝均具有承载与防水两种功能,因此,在进行隧道设计时,应改变对结构防水、承载和隧道防灾救援等功能需求的模式化单项设计思路,在总体方案设计时即考虑防水、承载、防灾救援等综合需求及其联动影响,从而建立可保障防水可靠性与结构安全性最优的结构体系与结构参数,这是盾构法水下隧道防水与结构性能一体化保障的前提。

2. 深化接缝防水与力学性能一体化保障的接头设计方法

接缝是盾构隧道防水体系的薄弱环节,提高接缝防水性能意味着隧道整体防水性能的提升[34-36]。目前接缝防水机理不完善,密封垫性能评价方法不全面,因此,需不断深化接缝防水机理、开发新型接缝防水措施,同时还需关注接缝力学传递功能是否有损失,也即增设防水措施会不会造成接缝的结构损伤。因此,在确保接缝防水可靠性的同时,还应保障接头承载的可靠性,建立接缝防水与力学性能一体化保障的接头设计方法,是盾构法水下隧道防水与结构性能一体化保障的关键。

3. 研发施工与运营期结构性能一体化保障的技术措施

盾构隧道管片结构横-纵向耦合效应的衰减往往是导致设计状态与实际施工,乃至运营期的实际工作状态存在巨大差别的关键。一方面,对于施工阶段产生的复杂力学响应往往被忽视,另一方面,因施工期的复杂因素导致结构异常变形(如张开、错台等)尚无有效控制措施,因此,开发施工期的结构设计方法与结构性能保障措施,是盾构法水下隧道防水与结构性能一体化保障的重要基础。

4. 开发缺陷管片状态识别与快速评估的非预埋监测系统

现有盾构法隧道结构内力监测通常仅对少数几个典型断面开展,然而,从结构长久健康来看,真正最危险、最需要长久监测的断面往往是"缺陷断面"(即施工中因各种原因引起破损、开裂、严重错台的断面)和"安全系数最小断面"(管片内力随施工参数的变化而变化,安全系数也相应变化)。但由于施工参数具有随机性,这些"缺陷断面"和"安全系数最小断面"的位置难以预料,因而也难以进行传感器预埋。同时,预埋传感器的存活率难以达到 100%,使用寿命短(常规机械式测量方法仅 5~10 年,光纤光栅元器件 15~30 年),且基本上无法实现更换与再生。因此,有必要开发针对隧道结构全域状态识别与快速评估的非预埋监测方法，搭建全寿命期监测系统，这是盾构法水下隧道防水与结构性能保持的重要保障。

参 考 文 献

[1] 钱七虎. 水下隧道工程实践面临的挑战、对策及思考[J]. 隧道建设, 2014, 34(06): 503-507.

[2] 王梦恕. 对 21 世纪我国隧道工程建设的建议[J]. 现代隧道技术, 2001(01): 2-4.

[3] 钱七虎. 由桥隧并举跨江越海所引发的思考[J]. 岩土工程界, 2003(07): 3-5.

[4] 《中国公路学报》编辑部. 中国隧道工程学术研究综述·2015[J]. 中国公路学报, 2015, 28(05): 1-65.

[5] 陈建芹, 冯晓燕, 魏怀, 等. 中国水下隧道数据统计[J]. 隧道建设(中英文), 2021, 41(03): 483-516.

[6] 代洪波, 季玉国. 我国大直径盾构隧道数据统计及综合技术现状与展望[J]. 隧道建设(中英文), 2022, 42(5): 757.

[7] 《中国公路学报》编辑部. 中国交通隧道工程学术研究综述·2022[J]. 中国公路学报, 2022, 35(04): 1-40.

[8] 巩江峰, 王伟, 周俊超. 截止 2021 年底中国铁路盾构及 TBM 隧道统计与分析[J]. 铁道标准设计, 2022, 66(03): 1-5.

[9] 肖明清. 我国水下盾构隧道代表性工程与发展趋势[J]. 隧道建设(中英文), 2018, 38(03): 360-367.

[10] 洪开荣, 冯欢欢. 近 2 年我国隧道及地下工程发展与思考(2019—2020 年)[J]. 隧道建设(中英文), 2021, 41(08): 1259-1280.

[11] 孙恒, 冯亚丽. 全球超大直径隧道掘进机数据统计[J]. 隧道建设(中英文), 2020, 40(06): 921-928.

[12] 钱七虎, 陈健. 大直径盾构掘进风险分析及对特大直径盾构挑战的思考[J]. 隧道建设(中英文), 2021, 41(02): 157-164.

[13] 何川, 封坤. 大型水下盾构隧道结构研究现状与展望[J]. 西南交通大学学报, 2011, 46(01): 1-11.

[14] 吴祥祖, 张庆贺, 李大勇, 等. 南京地铁试验段盾构法隧道防水技术及渗漏分析[J]. 中国建筑防水, 2003(04): 15-17.

[15] Arnau O, Molins C, Blom C B M, et al. Longitudinal-time dependent response of segmental tunnel linings[J]. Tunnelling and Underground Space Technology, 2012, 2(28): 98-108.

[16] 朱祖熹. 上海地铁 1 号线盾构隧道衬砌防水技术述评[J]. 地下工程与隧道, 1993(04): 54-60.

[17] 张萍, 朱祖熹. 浅论黄浦江观光隧道衬砌防水技术的先进性[J]. 中国建筑防水, 2002(01): 26-28, 35.

[18] 中华人民共和国住房和城乡建设部. 地下工程防水技术规范(GB 50108—2008)[M]. 北京: 中国计划出版社, 2009.

[19] 冷发光, 戎君明, 丁威, 等. 《普通混凝土长期性能和耐久性能试验方法标准》GB/T 50082-2009 简介[J]. 施工技术, 2010(2): 4.

[20] 中华人民共和国住房和城乡建设部. 盾构法隧道施工与验收规范(GB 50446—2008)[M]. 北京: 中国建筑工业出版社, 2008.

[21] 何川, 封坤, 孙齐, 等. 盾构隧道结构耐久性问题思考[J]. 隧道建设(中英文), 2017, 37(11): 1351-1363.

[22] Japan Society of Civil Engineers (JSCE). Japanese standard for shield tunneling[S]. Tokyo: Japan Society of Civil Enginners, 1996.

[23] 孙钧. 崇明长江隧道盾构管片衬砌结构的耐久性设计[J]. 建筑科学与工程学报, 2008(01): 1-9.

[24] Kasper T, Edvardsen C, Wittneben G, et al. Lining design for the district heating tunnel in Copenhagen with steel fibre reinforced concrete segments[J]. Tunnelling and Underground Space Technology, 2008, 23(5): 574-587.

[25] ITAtech Activity Group Support. ITAtech design guidance for precast fibre reinforced concrete segments[R]. 2015.

[26] De la Fuente A, Pujadas P, Blanco A, et al. Experiences in Barcelona with the use of fibres in segmental linings[J]. Tunnelling and Underground Space Technology, 2012, 27(1): 60-71.

[27] Arnau O, Molins C. Three dimensional structural response of segmental tunnel linings[J]. Engineering Structures, 2012(44): 210-221.

[28] 肖明清, 封坤, 张力, 等. 盾构隧道管片接头抗弯承载力计算模型研究[J]. 土木工程学报, 2019, 52(11): 108-119.

[29] 王士民, 谢宏明. 高水压盾构隧道管片接缝防水研究现状与展望[J]. 隧道与地下工程灾害防治, 2020, 2(02): 66-75.

[30] 喻新强, 肖明清, 袁骏, 等. 苏通 GIL 综合管廊长江隧道工程设计[J]. 电力勘测设计, 2020(07): 2-7.

[31] 向科, 石修巍. 盾构管片弹性密封垫断面设计与优化[J]. 地下空间与工程学报, 2008(02): 361-364.

[32] 柳献, 杨振华, 门燕青. 盾构隧道环间纵向压力时变规律研究[J]. 岩土工程学报, 2021, 43(01): 188-193.

[33] 廖少明, 门燕青, 肖明清, 等. 软土盾构法隧道纵向应力松弛规律的实测分析[J]. 岩土工程学报, 2017, 39(05): 795-803.

[34] 朱祖熹. 盾构隧道管片接缝密封垫防水技术的现状与今后的课题[J]. 隧道建设, 2016, 36(10): 1171-1176.

[35] 陆明, 曹伟飚, 朱祖熹. 超大直径盾构隧道防水设计技术综述[J]. 中国建筑防水, 2008(04): 17-21.

[36] 肖明清, 谢宏明, 王士民, 等. 盾构隧道管片接缝防水体系演化历程与展望[J]. 隧道建设(中英文), 2021, 41(11): 1891-1902.

第2章　盾构隧道防水机理与防水体系

盾构隧道的防水由接缝防水和管片本体防水组成[1]，其中接缝是盾构隧道防水体系的薄弱部位，提高接缝防水性能意味着隧道整体防水性能的提升。然而，目前行业内对接缝防水机理认识不足、防水体系不完善，导致接缝防水的可靠性难以保证；同时对管片本体防水能力的设计仅有抗渗等级一个指标，与越来越多的高水压隧道建设的实际情况不适应[2]。本章对接缝防水体系的演变历程进行介绍，对国内外盾构法隧道接缝防水标准与技术措施进行对比；揭示密封垫接触面粗糙度泄漏微观防水机理，提出泄漏率和接触应力双指标的密封垫性能评价方法；提出双道密封垫"击穿水压"防水理论，建立双道密封垫耦合设计方法；针对管片转角部位的防水难题，提出转角部位密封垫结构设计方法；提出超高水压下管片本体抗渗设计方法，分析结构受力裂纹对防水的影响，并结合原型试验对横向内力作用下管片结构内、外侧裂纹宽度和深度的发展规律进行探讨。

2.1　接缝防水体系的演变历程

早期盾构隧道管片接缝采用单道密封垫防水，材质多为三元乙丙橡胶和氯丁橡胶，少部分采用三元乙丙复合遇水膨胀弹性体[3]。随着盾构直径和埋深的加大，防水要求越来越高，传统的单道密封垫的防水效果与可靠性已不能满足要求。当水压达 0.6MPa 时，常用三元乙丙橡胶密封垫+遇水膨胀弹性体的防水布置方式；当水压达 0.8MPa 时，接缝防水的布置方式变为两道三元乙丙橡胶密封垫或两道三元乙丙橡胶密封垫+遇水膨胀弹性体。然而，对于遇水膨胀弹性体密封条和三元乙丙橡胶的选用业界常有争议，而且业界对接缝防水体系的描述并不统一，因此，有必要对接缝防水体系的演变过程进行梳理，并对各种布置方式进行系统归类与描述，以便在防水设计中依据不同的防水需求选择合适的防水体系。

2.1.1　第一代接缝防水体系

1. 体系构造特征

第一代管片接缝防水体系为单道弹性密封垫防水，布置于螺栓孔外侧，如图 2-1 所示。弹性密封垫多为三元乙丙(EPDM)橡胶材料，从对接缝弹性密封垫防水性能进行修复的角度考虑，后期也会在三元乙丙橡胶顶部复合一层遇水膨胀橡胶材料，通过体积膨胀增加密封垫间接触压力，达到提升接缝防水能力的目的。

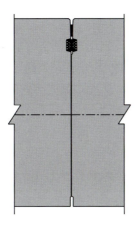

图 2-1　第一代管片接缝防水体系

2. 主要工程应用

早期建设的盾构隧道通常都采用第一代接缝防水体系，在地铁隧道如上海、南京、西安、成都地铁及小直径盾构隧道中应用较为成熟，上海早期修建的打浦路隧道、延安东路隧道等多条 10m 级越黄浦江的水下隧道也采用该防水体系。典型密封垫截面形式及其应用项目如表 2-1 所示。

表 2-1　第一代接缝防水体系应用

密封垫（单位：mm）	应用项目	建成年份	隧道直径/m	管片厚度/mm	最大水头/m	防水设防要求
33 × 16	广州地铁	2012	6.2	300	30	张开 6mm、错台 8mm 工况下设防水压 0.6MPa
33 × 16	天津地铁	2014	6.2	320	32	张开 6mm、错台 8mm 工况下设防水压 0.6MPa
33 × 16	南京地铁	2015	6.2	350	30	张开 6mm、错台 8mm 工况下设防水压 0.6MPa
32 × 17	武汉地铁	2019	6	300	30	张开 6mm、错台 10mm 工况下设防水压 0.6MPa

3. 存在问题与适用范围

从管片接缝抗弯能力来看，密封垫沟槽的尺寸关系到管片正弯刚度的削弱程度，较小的密封垫沟槽尺寸对正弯刚度的削弱较小。因此，第一代接缝防水体系主要适用于管片厚度较小且设防张开量、错台量不大以及实际水头不高的盾构隧道，亦适用于直径较大，但地质条件较好、水压相对较低的隧道。

2.1.2　第二代接缝防水体系

1. 体系构造特征

随着盾构隧道的水压和直径进一步增大，传统的接缝防水体系已无法满足工程日益增加的防水需求，因此，在传统接缝防水体系的基础上演化出单道三元乙丙橡胶+遇水膨胀弹性体形成"一主一辅"的第二代接缝防水体系[4]，如图 2-2 所示。第二代接缝防水体系的特点是外侧主防水为三元乙丙橡胶，内侧辅助防水为遇水膨胀弹性体，当外侧三元乙丙橡胶密封垫失效后，内侧遇水膨胀弹性体吸收渗漏水后发生膨胀，通过膨胀产生接触应力达到二次止水的目的。此外，对于同侧连续布置的第二代接缝防水体系 [图 2-2 (a)]，内侧遇水膨胀弹性体可通过膨胀对渗漏点进行封堵，进而实现对外侧密封垫的"即时补强"。

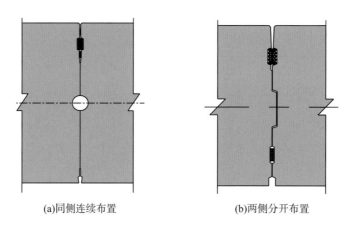

(a)同侧连续布置　　　　　　　　　　　(b)两侧分开布置

图 2-2　第二代接缝防水体系

2. 主要工程应用

第二代接缝防水体系的典型应用项目及所用密封垫截面形式如表 2-2 所示。

表 2-2 第二代接缝防水体系应用

密封垫(单位: mm)	应用项目	建成或开建年份	隧道直径/m	管片厚度/mm	最大水头/m	防水设防要求
	南京长江隧道 图 2-2(b)	2010(建成)	14.5	600	65	张开 8mm、错台 15mm 工况下初始设防水压 1.3MPa
	南京五桥夹江隧道 图 2-2(a)	2020(建成)	15.0	650	45	张开 8mm、错台 15mm 工况下初始设防水压 1.0MPa
	杭州庆春路过江隧道 图 2-2(a)	2011(建成)	11.3	500	45	张开 8mm、错台 15mm 工况下初始设防水压 0.9MPa
	常德沅江隧道 图 2-2(a)	2018(建成)	11.3	500	50	张开 8mm、错台 15mm 工况下初始设防水压 1.5MPa
	杭州望江路过江隧道 图 2-2(a)	2019(建成)	11.3	500	50	张开 8mm、错台 15mm 工况下初始设防水压 1.0MPa
	广佛环线东环隧道 图 2-2(a)	2016(开建)	8.8	400	50	张开 8mm、错台 15mm 工况下初始设防水压 1.25MPa

3. 存在问题与适用范围

从管片接缝抗弯性能来看,三元乙丙橡胶密封垫的沟槽尺寸增大且在旁边增设遇水膨胀弹性体时,将进一步削弱管片接头的正弯刚度。最终管片接头抗弯在何种密封垫布置方式下能够满足隧道结构安全与变形要求需视情况而定,当接缝承载与变形安全性能够得到保证时,可采用图 2-2(a)形式;当需要均衡接缝正、负抗弯刚度时,可采用图 2-2(b)形式将三元乙丙橡胶密封垫及遇水膨胀弹性体分别布置在螺栓孔两侧。因此,第二代接缝防水体系主要适用于直径 10m 以上,设防张开量、错台量不超过工程常设的张开 8mm、错台 15mm,实际水压为 0.5~0.8MPa 的隧道。

2.1.3 第三代接缝防水体系

1. 体系构造特征

第二代接缝防水体系中遇水膨胀弹性体因其膨胀止水需要一定的边界条件限制,在管片接缝张开量进一步增大的情况下,遇水膨胀弹性体的膨胀空间变大,其膨胀止水的效果将显著降低,无法满足更高的防水要求。因此,在第二代接缝防水体系的基础上,演变出内外两道均为三元乙丙橡胶密封垫主防水的第三代接缝防水体系[5],如图 2-3 所示。第三代接缝防水体系的特点是外侧主防水为三元乙丙橡胶,内侧防水也为三元乙丙橡胶,同时内侧防水密封垫截面形式可依据实际防水需求进行调整，与外道形成多种组合防水形式，灵活多变。

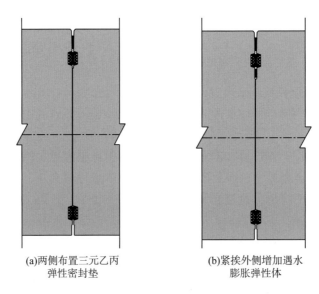

(a)两侧布置三元乙丙   (b)紧挨外侧增加遇水
弹性密封垫   膨胀弹性体

图 2-3   第三代接缝防水体系

此外，上述体系下整条隧道环纵缝贯通且与螺栓孔相连，一旦地下水突破第一道弹性密封垫，螺栓孔的防水成为薄弱环节，且由于螺栓孔数量众多，实现绝对的螺栓孔密封的代价极大，因此该种布置方式的实际密封效果大打折扣。鉴于此，作者团队对第三代接缝防水体系进行了进一步改良，提出在螺栓孔外侧集中布置双道弹性密封垫的防水方式，如图 2-4 所示。相关试验表明，螺栓孔外侧间隔设置双道弹性密封垫的防水体系，其综合防水能力较同规格单道弹性密封垫的防水能力提升约 30%。该新型接缝防水形式已经首次应用于江阴靖江长江隧道。

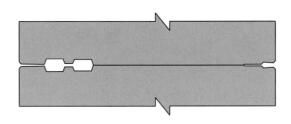

图 2-4   外部双道密封垫

2. 主要工程应用

第三代接缝防水体系的典型应用项目及所用密封垫截面形式如表 2-3 所示。

表 2-3　第三代接缝防水体系应用

密封垫(单位: mm)	应用项目	建成或开建年份	隧道直径/m	管片厚度/mm	最大水头/m	防水设防要求
	苏通 GIL 电力综合管廊外侧	2018(建成)	11.6	550	80	张开 8mm、错台 15mm 工况下初始设防水压 2.0MPa
	苏通 GIL 电力综合管廊内侧					
	苏埃通道工程(内外侧同款密封垫)	2020(建成)	14.5	600	40.85	张开 15mm、错台 10mm 工况下设防水压 0.8MPa
	江阴靖江长江隧道外道	2020(开建)	15.5	650	82	张开 8mm、错台 15mm 工况下初始设防水压 2.0MPa
	江阴靖江长江隧道内道					

3. 存在问题与适用范围

从管片接缝抗弯能力及拼装受力来看，第三代接缝防水体系中，在螺栓孔两侧分别布置三元乙丙橡胶密封垫可使管片拼装受力更均匀合理，且对管片正弯刚度的削弱不大，但由于螺栓孔防水难以达到与弹性密封垫同样的防水效果，因此整个防水体系的防水性能也相应下降。相比之下，在螺栓孔外侧集中布置双道弹性密封垫，由于弹性密封垫压缩反力均作用在管片外侧，对管片拼装受力有一定影响，但随着盾构机装备和施工技术的发展，该问题已得到了有效控制，并已在江阴靖江长江隧道的施工中得到解决。同时，针对外侧集中布置双道弹性密封垫时沟槽对接头正弯刚度的削弱问题，当管片达到一定厚度时可保证接缝有效接触面积，从而满足接缝受力安全，特别是由于该种布置方式与在螺栓孔两侧布置相比，削弱了接缝的正弯刚度，负弯刚度反而得到加强，实际上更有利于整个衬砌环的弯矩均衡(其效果是使正弯矩减小、负弯矩增大)。因此，大直径盾构隧道采用的大尺寸管片可保证足够的管片厚度，给第三代接缝防水体系的灵活性设计提供了足够的空间。第三代接缝防水体系主要适用于超大断面、超高水压及地质条件较差的隧道。

2.2 国内外盾构隧道接缝防水标准与技术措施

2.2.1 国内盾构隧道接缝防水标准与技术措施

1. 《地下工程防水技术规范》(GB 50108—2008)的相关规定

我国《地下工程防水技术规范》(GB 50108—2008)[6]对盾构隧道防水体系、管片制作偏差、管片混凝土抗渗等级、密封垫材料、密封垫沟槽、螺栓孔防水、嵌缝防水、管片外防水涂料、隧道与其他结构物连接部位防水等进行了规定,与接缝防水相关的主要有:

(1)管片模具

管片应采用高精度钢模制作,钢模宽度及弧、弦长允许偏差宜为±0.4mm。

(2)管片制作允许偏差

环宽±1.0mm,弧、弦长±1.0mm,厚度+3～-1mm。

(3)密封垫

接缝弹性密封垫应被完全压入密封垫沟槽内,密封垫沟槽的截面积应大于或等于密封垫的截面积,其关系宜符合下式:

$$A=(1\sim1.15)A_0 \tag{2-1}$$

式中,A 为密封垫沟槽截面积;A_0 为密封垫截面积。

接缝弹性密封垫应满足在计算的接缝最大张开量和估算的错位量下、埋深水头的 2～3 倍水压下不渗漏的技术要求;重要工程中选用的接缝弹性密封垫,应进行一字缝或十字缝水密性的试验检测。

2. 《盾构隧道工程设计标准》(GB/T 51438—2021)[7]的相关规定

我国国标《盾构隧道工程设计标准》(GB/T 51438—2021)对防水体系、管片制作偏差等进行了规定,与接缝防水相关的主要有:

(1)管片制作允许偏差

环宽:±1.0mm(管片外径小于 10m 时),或为±0.4mm(管片外径不小于 10m 时)。

弧、弦长±1.0mm;厚度+3～-1mm;螺栓孔直径及螺栓孔位置应为±1.0mm;混凝土接触面不平整度应为±0.5mm,每延米平整度应为±0.2mm。

(2)衬砌环整环水平拼装试验的拼装允许偏差

环缝间隙和纵缝间隙均不得大于 2mm;成环内直径±2mm,成环外直径+6～-2mm;螺栓孔不同轴度应小于 1mm。

(3)密封垫

管片接缝至少应设置一道弹性密封垫,当管片厚度不小于 400mm 且隧道位于富水区域时,应设置两道弹性密封垫;当管片厚度小于 400mm 且处于富含水区域时,宜在管片弹性密封垫表面增设遇水膨胀橡胶条等加强防水。

2.2.2　国外盾构隧道接缝防水标准与技术措施

2.2.2.1　德国的技术标准

德国 DS 853 标准提出了盾构法隧道管片接缝防水技术标准[8]，主要内容有：

(1)接缝应采用弹性密封垫防水，弹性密封垫供货时应为框架形式并带有型号标志。

(2)弹性密封垫沟槽的宽度不小于 35mm，深度为 10～14mm。

(3)管片制作精度：

①角度允许偏差

- 管片角度：±0.02°(非封顶块)，管片角度：±0.01°(小封顶块)
- 纵缝面沿环向的偏角：±0.04°
- 纵缝面沿隧道方向的锥度：±0.01°

②直线尺寸允许偏差

- 管片环宽：±0.3mm
- 管片厚度：±2.0mm
- 管片弦长：±0.6mm(非封顶块)；±0.3mm(小封顶块)
- 管片内径(单块)：±1.5mm
- 管片外径(单块)：±2.0mm
- 弹性密封垫沟槽中心线：±1.0mm
- 管片接触面中心线：±1.0mm

③管片接触面平整度允许偏差

- 纵缝平整度：±0.3mm
- 环缝平整度：±0.3mm

④细部允许偏差

- 拼装机手柄中心线：±2.0mm
- 密封垫沟槽：±0.1mm
- 螺栓安装面：±1.0mm
- 内侧嵌缝槽：±2.0mm

⑤成环管片允许偏差

- 外径：±10mm
- 内径：±10mm
- 外周长(沿环宽方向测 3 个断面)：±15mm
- 内周长(沿环宽方向测 3 个断面)：±15mm
- 拼装最大错台量：8mm

2.2.2.2　德国凤凰公司的防水技术进展

德国凤凰公司(Phoenix)是世界上最早从事盾构隧道管片接缝防水产品技术研发与生

产的公司，是世界上最早采用 EPDM 作为管片接缝防水材料的公司，其产品应用于世界各地多座隧道。现该公司已于 2012 年与瑞士的一家公司合并，其最新的技术发展如下。

1) 密封垫安装技术

弹性密封垫安装经历了三代不同的方式。第一代采用胶粘；第二代采用预埋，即在弹性密封垫两侧设置橡胶唇(图 2-5)，但该方式有可能使混凝土产生开裂，因此，为了减少弹性密封垫被过分压缩，在弹性密封垫沟槽设置一定的富余空间(图 2-6 中的黄色部位)。

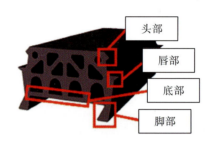

图 2-5　预埋锚固式弹性密封垫

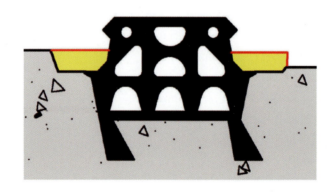

图 2-6　预埋锚固式弹性密封垫的缓冲区示意图

第三代方式采用纤维固定，如图 2-7 所示，起自美国的 South Hartford 隧道，即采用数以千计的小纤维丝代替橡胶支脚。

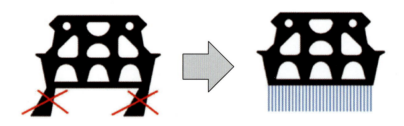

图 2-7　采用纤维丝固定弹性密封垫

2) 密封垫防水能力的安全系数

EPDM 弹性密封垫因应力松弛、老化等原因，防水能力需要有安全系数，按不同国家的要求执行，德国采用 2.2，英国采用 2.85。

　　3）水压力达 1.5MPa 的防水试验

隧道使用期越来越长，长度越来越大，水压越来越高。比如挪威的 Follo Line 隧道和纽约的 Rondout West Branch Bypass 隧道，需要针对水头超过 100m 的需求进行专门试验。按此趋势，需要进行防水能力为 1.5MPa 的试验。水压越高，一般要求弹性密封垫的宽度和高度也越大，因此需要研究减小接缝错台的措施，以减小弹性密封垫的防水难度。

2.2.3　国内外盾构隧道接缝防水技术标准对比

　　由上可见，国内外盾构隧道均特别关注接缝弹性密封垫设计和高精度管片制作，具体体现在：①国外对高精度管片制作精度的控制更为细致、更为全面，也更为严格；②国外对如何加强弹性密封垫的防水性能也处于不停探索和改进阶段；③国内外均是将接缝防水作为单独的设计内容，未与结构受力性能有机结合。

　　应该看到，盾构法隧道防水性能的可靠性与结构安全性密切相关，局部防水缺陷亦有可能引发严重的后果。这是因为结构的过大变形会引发接缝渗漏甚至形成漏水漏泥，漏水漏泥又会加剧隧道沉降和结构变形，形成不断恶化的局面。而由于盾构法隧道采用拼装式管片衬砌，每一块管片既是整体结构中的一个构件，也是整体防水系统中的一个单元，二者相辅相成，不能为强调结构性能而影响防水性能，也不能为刻意加强防水性能而影响结构性能，必须采用结构与防水一体化设计的方法，使结构受力性能与防水性能整体上达到最优。

2.3　接缝弹性密封垫防水机理的新发现

2.3.1　既有弹性密封垫防水机理及存在问题

2.3.1.1　基于接触应力的弹性密封垫防水机理

　　盾构隧道管片接缝密封垫的材料多采用三元乙丙橡胶(EPDM)和遇水膨胀橡胶(或遇水膨胀弹性体)。对于遇水膨胀弹性体，由于膨胀材料的析出率对于橡胶老化理论适应性不够[9]，常规的老化试验难以实现对其耐久性的准确预测，从而引发了对遇水膨胀弹性体老化性能的担忧。当前国内盾构隧道接缝防水技术主要采用多孔三元乙丙橡胶材质的密封垫，欧美国家也多采用该类型的防水密封垫。针对三元乙丙复合遇水膨胀型密封垫，国内亦有相关研究[10,11]。

　　三元乙丙橡胶密封垫是多孔结构，其防水的原理是利用弹性密封垫在压缩过程中橡胶体产生较大的变形，并在弹性复原力作用下产生较大的接触应力，阻止液体在接触间隙中流动，从而达到密封防水的目的[12,13]。

当管片拼装时，弹性密封垫受力压缩，在密封垫与密封垫之间、密封垫与沟槽之间这两条渗水路径上分别产生初始接触应力 P_{10}、P_{20}；当受到水压力 P_w 的作用时，密封垫与密封垫之间、密封垫与沟槽之间分别产生附加接触应力(自封作用)P_{11}、P_{21}；此时密封垫间的接触应力为 $P_{10}+P_{11}$，密封垫与沟槽间的接触应力为 $P_{20}+P_{21}$，当水压力大于任何一条渗水路径的接触应力，即 $P_w > \min\{P_{10}+P_{11}, P_{20}+P_{21}\}$ 时，将发生渗漏(图 2-8)。

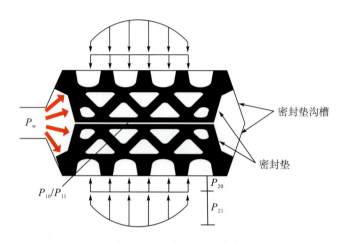

图 2-8　弹性密封垫接触应力防水原理图

2.3.1.2　弹性密封垫气密性试验

一直以来，基于接触应力的弹性密封垫防水机理是业界的共识，并在弹性密封垫的设计中得到了广泛应用。然而，作者团队在研究穿越沼气地层的盾构隧道弹性密封垫防气性能时，发现其防气能力远低于防水能力，证明仅依靠接触应力止水的防水机理存在缺陷，需要完善。以下以某水下隧道为例对弹性密封垫气密性试验进行介绍。

1. 试验原理与方法

针对研究案例内、外侧采用不同的弹性密封垫-沟槽构造形式，分别设计接缝模拟装置，进行接缝气密性试验。由于采用钢和 C60 混凝土两种材料制作接缝模拟装置的管片部分，因此试验一共有 4 组，即"钢试件内侧密封垫试验""钢试件外侧密封垫试验""混凝土试件内侧密封垫试验""混凝土试件外侧密封垫试验"，分别用"Test-SI""Test-SO""Test-CI""Test-CO"表示。

出于安全考虑，采用空气代替沼气进行气密性试验。不同的气体，其物理力学性质不同，相同的条件下，泄漏率也会有差别，其中，气体的黏度对气体流动的影响较大。

气体的温度、压力等均会影响气体的黏度，气体压力对气体动力黏度的影响很小，可以忽略，但气体温度对动力黏度的影响较大，不能忽视。因此，试验中需要监测气体的温度，以便将各组测量下得到的气体泄漏率在统一的温度(本研究均取 20℃)和对应动力黏度下进行修正，以方便对比。空气和甲烷的动力黏度与温度的关系如图 2-9 所示。

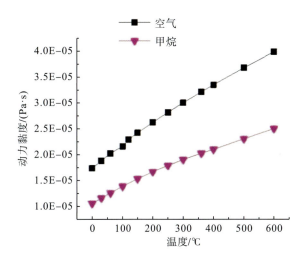

图 2-9 甲烷与空气动力黏度-温度关系图

试验中通过高精度减压阀控制并稳定加载的气压。为了方便读取气压和确定气压是否稳定，另设置高灵敏度的气压传感器实时监测装置内部气压。试验方法如图 2-10 所示，采用对接的开槽钢试件(或混凝土块)和内、外两圈回形橡胶密封垫组合成接缝模拟装置。试验时，通过加压充气泵将高压空气压入装置中间的气腔内并维持气压，通过流量计测量泄漏率。内圈弹性密封垫及对应钢板开槽模拟实际工程中管片接缝内侧或外侧弹性密封垫-沟槽构造，外圈弹性密封垫用于封闭体系，防止通过内圈密封垫处泄漏的气体扩散到装置外部环境中去，导致其无法测量。

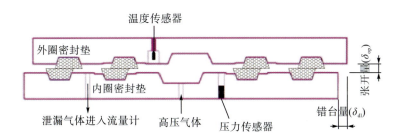

图 2-10 弹性密封垫气密性试验方法示意图

2. 试验装置

试验所需装置主要包括：接缝模拟装置、气体流量计、加压充气泵、气压传感器、温度传感器以及压载系统。接缝模拟装置按照实际工程的接缝构造设计，由上、下两块开槽钢板(或混凝土块)和橡胶密封垫圈组成，如图 2-11 所示。试验使用的 EPDM 弹性橡胶密封垫和实际工程使用的弹性密封垫断面相同。

(a)钢试件接缝模拟装置   (b)混凝土试件接缝模拟装置

图 2-11   接缝模拟装置实物图

3. 试验工况

试验采用"张开量+错台量"的组合工况,其中张开量用δ_{op}表示,错台量用δ_{dl}表示。上、下两条弹性密封垫不受压时的高度共 48mm,完全压紧后(δ_{op}=0mm)的高度共 26mm,因此接缝理论上的最大张开量为 22mm。考虑工程设计要求,试验工况如表 2-4 所示。

表 2-4   弹性密封垫气密性试验工况

试验组别	管片材料	密封垫形式	接缝张开量δ_{op}取值/mm	接缝错台量δ_{dl}取值/mm
Test-SI	钢	内侧	4、6、8、10、13	0、10
Test-SO	钢	外侧	4、6、8、10、13、15	0、10
Test-CI	混凝土	内侧	4、6、8、10、13	0、10
Test-CO	混凝土	外侧	4、6、8、10、13、15	0、10

4. 试验结果与分析

1)试验结果

将试验结果在20℃的条件下进行修正,得到的气压加载全过程的试验结果如图2-12～图 2-15 所示。试验中,气体泄漏率的范围很大,跨越超过 5 个数量级,微弱泄漏和大规模泄漏均有发生,取决于加载的气压大小和接缝的变形(接缝张开量及错台量)。气密性能完好的情况下,仅仅发生微弱泄漏,此时的泄漏率很小。对于接缝张开量较小的工况,在气压加载的全过程中,接缝的气密性能始终保持很好,气体只发生微弱泄漏,此时,随着气压的增加,气体泄漏率增长缓慢、保持稳定或者略有降低。对于接缝张开量较大的工况,在气压较小时,气体发生微弱泄漏,随着气压的增大,泄漏率缓慢增大;当气压增大到一定程度后,泄漏率开始加速增大,紧随其后,在气压增加不大的情况下,泄漏率急剧增加并最终超过流量计的最大量程。

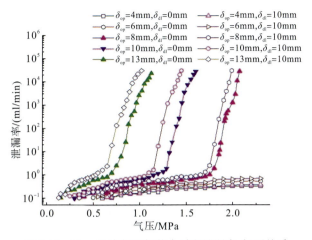

图 2-12　Test-SI 中气压加载全过程泄漏率-气压关系

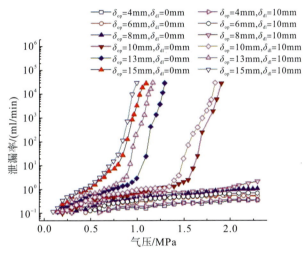

图 2-13　Test-SO 中气压加载全过程泄漏率-气压关系

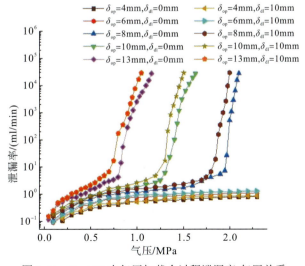

图 2-14　Test-CI 中气压加载全过程泄漏率-气压关系

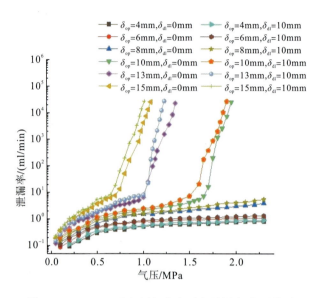

图 2-15   Test-CO 中气压加载全过程泄漏率-气压关系

2) 大规模泄漏阶段接缝弹性密封垫气密性能分析

为了方便对比分析，在气体大规模泄漏阶段以"临界气压"，即每延米接缝发生100ml/min 的气体泄漏率时对应的气压值，作为接缝弹性密封垫气密性能失效的评价指标。当气压超过临界气压后，随气压的增加，泄漏率接近直线增长，可以认为接缝弹性密封垫的气密性能此时已基本丧失。

对泄漏率-气压关系进行 B-Spline 曲线拟合，得到了各个工况下的临界气压，如图 2-16 所示。可以看出，接缝张开量和接缝错台量对临界气压均有影响，其中接缝张开量的影响更为显著。临界气压与接缝张开量的关系如图 2-17 所示，可以看出，随着接缝张开量的减小，临界气压值呈现出加速增长的趋势，可见接缝张开量对临界气压的影响非常显著。

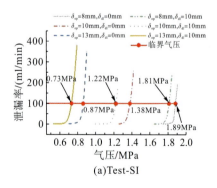

(a)Test-SI

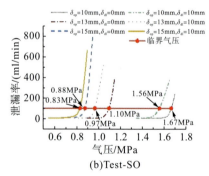

(b)Test-SO

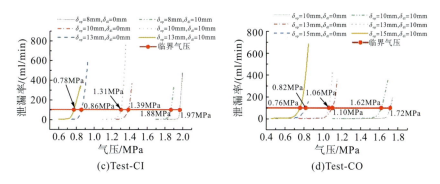

图 2-16　各工况下大规模泄漏的临界气压

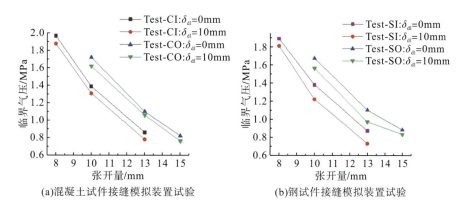

图 2-17　大规模泄漏临界气压-接缝张开量关系

3)微弱泄漏阶段接缝弹性密封垫气密性能分析

在微弱泄漏阶段,接缝张开量对弹性密封垫气密性能的影响较大,而 10mm 接缝错台量的影响较小。相同的加载气压下,泄漏率和接缝张开量的关系如图 2-18～图 2-21 所示。

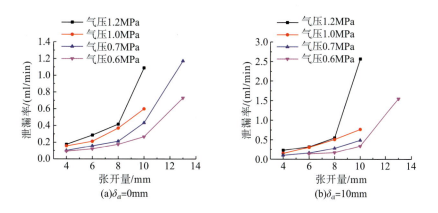

图 2-18　Test-SI 中相同气压下泄漏率-接缝张开量关系

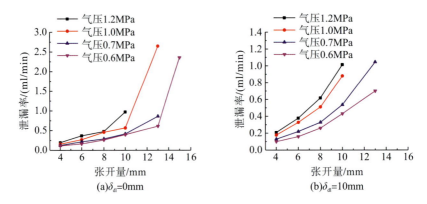

图 2-19　Test-SO 中相同气压下泄漏率-接缝张开量关系

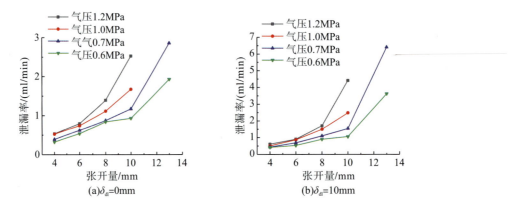

图 2-20　Test-CI 中相同气压下泄漏率-接缝张开量关系

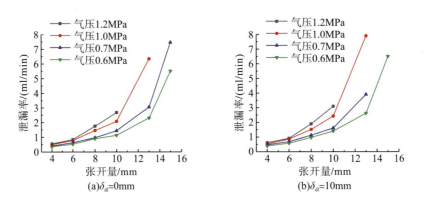

图 2-21　Test-CO 中相同气压下泄漏率-接缝张开量关系

　　可以看出，在气压值相同的情况下，气体泄漏率随接缝张开量的增加而加速增长。另外，很明显的一点是，在微弱泄漏阶段，相同试验工况，混凝土试件接缝模拟装置试验中得到的气体泄漏率明显大于钢试件接缝模拟装置试验中得到的气体泄漏率，这是因为钢板沟槽表面更为光滑，说明接缝面的表面粗糙程度对管片接缝在微弱泄漏阶段的气密性能有着较大的影响。

2.3.1.3　弹性密封垫气密性试验与防水试验的对比

1. 弹性密封垫防水性能试验

经过多组工况试验，分别获得了外道弹性密封垫和内道弹性密封垫防水性能与接缝张开量、错台量的关系如图 2-22 和图 2-23 所示。

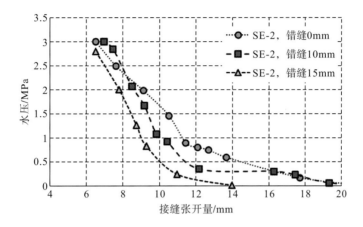

图 2-22　外道弹性密封垫(SE-2)防水性能曲线

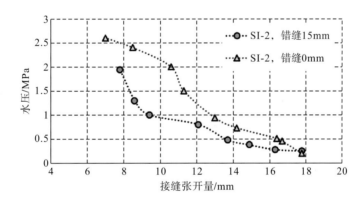

图 2-23　内道弹性密封垫(SI-2)防水性能曲线

2. 弹性密封垫防水与防气性能的对比

由防水性能试验结果可见，外道弹性密封垫 SE-2 在张开量 8mm、错缝量 15mm 的组合情况下，其防水能力为 1.8MPa；内道弹性密封垫 SI-2 在张开量 8mm、错缝量 15mm 的组合情况下，其防水能力为 1.94MPa。而相同的弹性密封垫在张开量 8mm、错缝量 10mm 的组合情况下，在不同气压下均发生了可观的泄漏量，说明弹性密封垫的防气能力远低于防水能力。实际上，由图 2-12～图 2-15 可见，即使在气压仅为 0.2MPa、张开量仅为 4mm 的情况下，泄漏就已经发生，只是其量值相对较小，这与防水性能明显不同。

2.3.2　基于接触面粗糙度泄漏的弹性密封垫防水机理

　　针对接缝弹性密封垫的防水性能目前主要采用数值模拟和试验两种手段开展研究,通常考虑弹性密封垫接触应力、压缩力、接缝张开量与错台量、防水数值等指标,但从微观角度对弹性密封垫防水性能的研究较少。本节在前人研究的基础上,从弹性密封垫表面微观形貌着手,基于 Roth 模型建立管片间弹性密封垫在压缩状态下的微观泄漏通道模型,推导弹性密封垫间流体的泄漏率公式;建立微观下弹性密封垫表面的粗糙峰有限元模型,研究粗糙度的变化对弹性密封垫密封性能和泄漏率的影响;进行不同影响因子下的灰色关联度分析,得到影响弹性密封垫密封性能的主次因子排序,可为改善盾构隧道接缝弹性密封垫防水性能提供新思路。

2.3.2.1　弹性密封垫间泄漏通道建模

1. 微观接触模型分析

　　粗糙度指加工表面上具有的较小间距峰谷所组成的微观几何形状特性,一般可用轮廓算术平均偏差 R_a 表示,单位 μm。从微观上看,弹性密封垫的表面由众多服从高斯(Gauss)分布的随机波峰或波谷组成,波峰也称为粗糙峰。粗糙峰具有充分的随机性,其形貌受包括粗糙度在内的一些参数的影响,用傅里叶(Fourier)变换及其逆变换在计算机上生成随机粗糙表面,如图 2-24 所示。

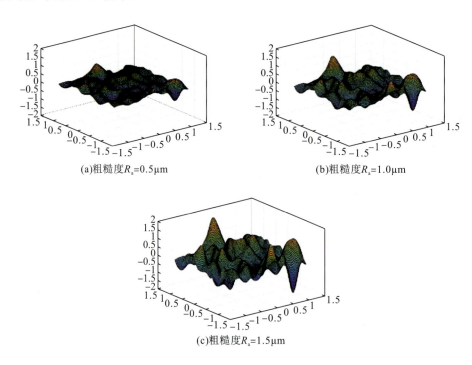

(a)粗糙度R_a=0.5μm   (b)粗糙度R_a=1.0μm

(c)粗糙度R_a=1.5μm

图 2-24　基于 Gauss 分布的表面粗糙度

可见，粗糙峰会随着粗糙度的增大而变得陡峭。所以弹性密封垫的防水机理从根本上说，是弹性密封垫相互挤压，其表面微观波峰或波谷相互接触、挤压和填充，缩小密封间隙进而达到防水的目的。

弹性密封垫的粗糙表面接触常用的接触模型有：圆柱-平面接触、圆锥-平面接触和球体-平面接触。本研究通过表面轮廓仪的观察，选用更符合实际情况的圆锥-平面接触模型，如图 2-25 所示。随机粗糙表面模型过于复杂，不便于计算和分析，而 Roth 模型是用连续相同的等腰三角形去简化随机粗糙峰，该模型结构简单，能直观地反映微观表面的接触情况，便于计算和分析流体在接触面间的泄漏情况。两弹性密封垫相互接触的 Roth 模型如图 2-26 所示。

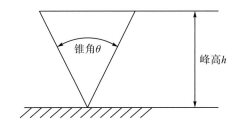

图 2-25　圆锥-平面接触模型

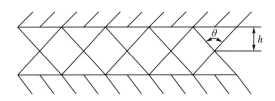

图 2-26　两密封垫接触的 Roth 模型

2. 泄漏率公式推导

泄漏率是在单位时间内，在一定条件下从泄漏点流出流体的体积值。本研究基于 Roth 模型推导弹性密封垫的泄漏率。由于相互接触的两弹性密封垫具有相同的粗糙度，则可将 Roth 模型转化为一个光滑的刚性表面和另一个粗糙度为 $\sqrt{2}\,R_a$ 的弹性表面相接触的形式[14]，如图 2-27 所示。

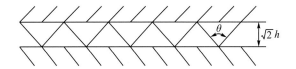

图 2-27　转化为光滑的刚性表面和弹性表面接触的 Roth 模型

假设弹性密封垫间液体为均匀牛顿流体，根据雷诺数可判断其流动状态为层流，液体流动的 Navier-Stokes（纳维-斯托克斯）方程为

$$\begin{cases} \rho\left(\dfrac{\partial u}{\partial t} + u\dfrac{\partial u}{\partial x} + v\dfrac{\partial u}{\partial y} + w\dfrac{\partial u}{\partial z}\right) = f_x - \dfrac{\partial P}{\partial x} + \mu\left(\dfrac{\partial^2 u}{\partial x^2} + \dfrac{\partial^2 u}{\partial y^2} + \dfrac{\partial^2 u}{\partial z^2}\right) \\[2mm] \rho\left(\dfrac{\partial v}{\partial t} + u\dfrac{\partial v}{\partial x} + v\dfrac{\partial v}{\partial y} + w\dfrac{\partial v}{\partial z}\right) = f_y - \dfrac{\partial P}{\partial y} + \mu\left(\dfrac{\partial^2 v}{\partial x^2} + \dfrac{\partial^2 v}{\partial y^2} + \dfrac{\partial^2 v}{\partial z^2}\right) \\[2mm] \rho\left(\dfrac{\partial w}{\partial t} + u\dfrac{\partial w}{\partial x} + v\dfrac{\partial w}{\partial y} + w\dfrac{\partial w}{\partial z}\right) = f_z - \dfrac{\partial P}{\partial z} + \mu\left(\dfrac{\partial^2 w}{\partial x^2} + \dfrac{\partial^2 w}{\partial y^2} + \dfrac{\partial^2 w}{\partial z^2}\right) \end{cases} \quad (2\text{-}2)$$

将流动简化为一维流动,且忽略液体流动过程中的惯性力以及质量力,则上述方程满足以下条件:

(1) $\dfrac{\partial}{\partial t} = 0$;

(2) $v = w = 0$;

(3) $\dfrac{\partial^2}{\partial^2 x} = \dfrac{\partial^2}{\partial^2 z} = 0$;

(4) $f_x = f_y = f_z = 0$;

(5) 流体的密度 ρ = 常数,流体黏度系数 μ = 常数。

则方程(2-2)可化简为:$\dfrac{\partial^2 u}{\partial y^2} = \dfrac{1}{\mu}\dfrac{\partial P}{\partial x}$,式中 u 是液体层流速度,μ 是液体黏度系数,连续积分两次可得

$$u = \dfrac{1}{2\mu}\dfrac{\partial P}{\partial x}y^2 + C_1 y + C_2 \quad (2\text{-}3)$$

将边界条件 $y=0$,$u=0$;$y=h$,$u=0$ 代入可得速度分布函数:

$$u = \dfrac{1}{2\mu}\dfrac{\partial P}{\partial x}\left(y^2 - hy\right) \quad (2\text{-}4)$$

忽略在弹性密封垫压缩过程中泄漏通道形状的改变,即泄漏通道始终保持等腰三角形形状,取图 2-27 泄漏通道中的一个微元,其横截面面积为:$\mathrm{d}S = 2y\tan\dfrac{\overline{\theta}}{2}\mathrm{d}y$。

对单个泄漏通道积分可得其体积泄漏率为

$$Q = \int_0^h u\,\mathrm{d}S = \int_0^h \dfrac{1}{2\mu}\dfrac{\partial P}{\partial x}\left(y^2 - hy\right)2y\tan\dfrac{\overline{\theta}}{2}\,\mathrm{d}y = \dfrac{h^4\tan\dfrac{\overline{\theta}}{2}\Delta p}{12\mu B} \quad (2\text{-}5)$$

假设弹性密封垫的接触长度为 L,由图 2-27 可知每个泄漏通道的底边宽度为 $2h\tan\dfrac{\overline{\theta}}{2}$,则泄漏通道的数量为

$$N = \dfrac{L}{2h\tan\dfrac{\overline{\theta}}{2}} \quad (2\text{-}6)$$

所以总的泄漏率为

$$Q_a = Q \cdot N = \dfrac{h^3\Delta pL}{24\mu B} \quad (2\text{-}7)$$

式中，h 为间隙高度；Δp 为密封界面内外两侧压差；L 为密封面长度；B 为密封宽度；μ 为水的黏度系数。

3. 泄漏率参数计算

在泄漏率公式(2-7)中，Δp 为密封界面内外两侧压差，在未发生泄漏时即为外界水压；L 为密封面长度，一般是已知参数；B 为密封宽度，在无错位的情况下即为密封垫的宽度；μ 为流体的黏度系数，即水的黏度系数，取值一般为 $\mu = 0.8949 \times 10^{-3} \mathrm{Pa \cdot s}$。间隙高度 h 则由有限元仿真间接获得，首先将计算机随机生成的粗糙表面离散化，把每一个数据点的高度作为自变量，利用分布抽样，生成服从预设粗糙度要求的轮廓曲线高度数据样本，将一系列数据点用折线连起来形成粗糙表面轮廓曲线，显然轮廓曲线由众多三角峰组成，计算出三角峰的平均高度和角度，将其作为预设粗糙度下锥形峰的初始高度和角度，由于弹性橡胶密封垫的粗糙度一般小于 1.6μm，所以在抽样范围 0.2～1.6μm 中统计出不同粗糙度的锥形峰初始值如表 2-5 所示，并建立微观接触模型如图 2-28 所示，在圆锥的顶面施加均布载荷 P，可以得到锥形峰被压缩的高度，从而得出泄漏通道的高度。

表 2-5 不同粗糙度下锥形峰初始参数

粗糙度/μm	角度/(°)	高度/μm
0.2	102	0.25
0.4	71	0.50
0.6	55	0.74
0.8	46	1.00
1.0	40	1.22
1.6	30	1.93

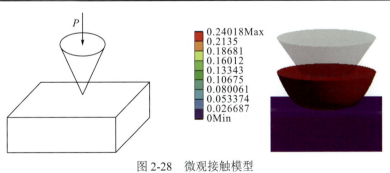

图 2-28 微观接触模型

2.3.2.2 弹性密封垫数值模型的建立

1. 数值模型

本研究采用的弹性密封垫尺寸及沟槽尺寸如图 2-29 所示，其在有限元软件上建立模型如图 2-30 所示，由于混凝土管片的刚度远大于弹性密封垫，所以可以将沟槽设置为刚体，弹性密封垫则选用超弹性材料。由于 2D 模型不适用于显式动力学，3D 模型又过于占用计算资源，所以建立 2.5D 模型，即用一层网格覆盖所有实体；下沟槽设置固定约束，沟槽与弹性密封垫间设置面接触，并采用罚函数减少穿透，弹性密封垫间设置自接触；限制全部实体在非 x、y 方向上的自由度，并对上沟槽的所有面施加位移约束以完成弹性密封垫的压缩过程。

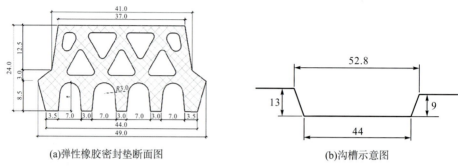

(a)弹性橡胶密封垫断面图   (b)沟槽示意图

图 2-29 弹性密封垫和沟槽的尺寸（单位：mm）

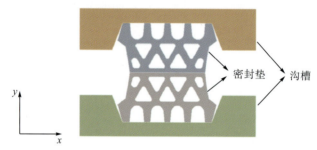

图 2-30 弹性密封垫和沟槽有限元模型

三元乙丙橡胶材料是超弹性体，具有材料、几何和接触上的非线性，表征橡胶材料本构关系的模型较多，本节采用 Mooney-Rivlin 参数模型，其满足的应变势能函数关系为

$$W = C_{10}(I_1 - 3) + C_{01}(I_2 - 3)$$
(2-8)

其中，W 为应变能函数；I_1、I_2 为应变张量不变量；C_{10}、C_{01} 为模型中的两个重要参数，其数值由拉伸与压缩实验数据拟合得到。橡胶材料的弹性模量 E 与橡胶硬度（邵氏硬度）H_a 以及参数 C_{10}、C_{01} 满足如下关系：

$$E = 6(C_{10} + C_{01}) = (15.75 + 2.15H_a)/(100 - H_a)$$
(2-9)

$$C_{10} = 4C_{01}$$
(2-10)

本研究选取四组不同硬度的橡胶材料，其 Mooney-Rivlin 模型参数值如表 2-6 所示。

表 2-6 四组不同硬度的橡胶材料的 Mooney-Rivlin 模型参数值

硬度(°)	C_{10}/MPa	C_{01}/MPa	E/MPa
67	0.640	0.160	4.8
65	0.588	0.147	4.41
60	0.496	0.124	3.72
55	0.384	0.096	2.88

2. 模型验证

为了验证材料参数选取、接触设置、网格划分等步骤是否合理，对本节建立的密封垫沟槽接触模型和微观锥形峰接触模型进行对比验证。相关文献[15]使用 ANSYS 有限元软件对弹性密封垫进行了压缩模拟，在张开量为 6mm 工况下提取出其表面应力分布，与本节在同样张开量得出的数值模拟结果进行对比，如图 2-31 所示。

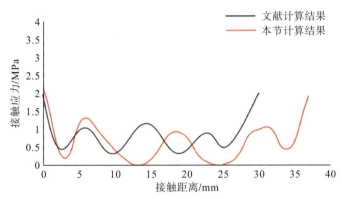

图 2-31　张开量为 6mm 工况下密封垫表面应力分布

可以看到本节模型计算出来的数据与文献的数据有着很高的相似性，变化趋势相同，但由于弹性密封垫表面宽度不同，波峰与文献结果相比略有延迟；此外，在局部上数值略有差异，但平均误差均保持在 15% 以内。通过以上对比，验证了本模型的准确性和合理性，可继续开展下一步，即各因素对弹性密封垫防水性能的敏感性分析。

2.3.2.3　数值模拟结果与分析

1. 不同影响因素下微观泄漏率分析

1) 粗糙度对泄漏率的影响

从微观上看，不同粗糙度的弹性密封垫表面锥形峰具有不同的初始高度和锥角，进而泄漏通道尺寸和泄漏率不同。在上述沟槽弹性密封垫数值模型中将硬度 67(邵氏硬度，下同)对应的参数赋给弹性橡胶密封垫，并设置 0mm 错台量、8mm 张开量，在压缩完成后在弹性密封垫一侧施加 2MPa 均布载荷以模拟水压作用，在加载完成后得出接触面上的平均正压力为 1.34MPa，用不同粗糙度对应的参数建立微观锥形峰数值模型，将此正压力加载在圆锥的顶面，结果如图 2-32 所示。

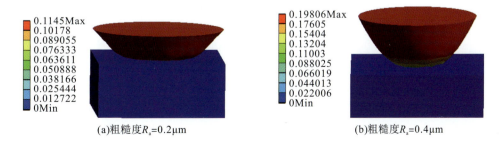

(a)粗糙度 R_a=0.2μm　　　　　　　(b)粗糙度 R_a=0.4μm

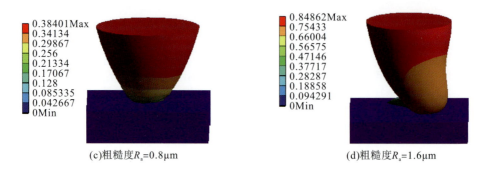

(c)粗糙度R_a=0.8μm (d)粗糙度R_a=1.6μm

图 2-32 施加正压力条件下不同粗糙度圆锥顶面有限元模拟

从图 2-32 可以看出，当粗糙度较小时，在弹性密封垫压缩和水压作用下锥形峰的高度明显降低，泄漏通道尺寸变小，有效地抑制了泄漏发生。因此，在一定的外水压作用下，较小的表面粗糙度可能提升弹性密封垫的密封性能。若假设密封长度为 1m，由公式(2-7)计算出不同粗糙度对应的泄漏率如表 2-7 和图 2-33 所示。

表 2-7 不同粗糙度对应的泄漏率

粗糙度/μm	泄漏通道高度/μm	泄漏率/(mm³·s⁻¹)
0.2	0.1355	6.26×10^{-3}
0.4	0.3019	6.93×10^{-2}
0.6	0.455	2.37×10^{-1}
0.8	0.616	5.88×10^{-1}
1.0	0.724	9.55×10^{-1}
1.6	1.0814	3.18

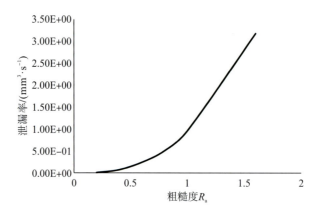

图 2-33 泄漏率与不同粗糙度的关系

如图 2-33 所示，随着粗糙度的增大，泄漏率逐渐增大，尤其是当粗糙度大于 0.8μm 时，泄漏率几乎呈现指数型增长，所以控制密封垫表面的粗糙度对密封性能至关重要，但降低粗糙度意味着增加成本，所以建议粗糙度控制在 0.4～0.8μm 之间。

2）正压力对泄漏率的影响

既有研究表明，弹性密封垫表面的正压力会直接影响其防水能力，正压力越大，微观上锥形峰会被压缩得越低，泄漏通道尺寸缩小，进而泄漏率减小。对粗糙度为 0.8μm 对应的锥形峰模型做数值模拟，在橡胶材料硬度设置为 67 时用不同正压力进行加载，计算出泄漏率数值如表 2-8 和图 2-34 所示。

表 2-8　橡胶材料硬度设置为 67 时泄漏率数值

正压力/MPa	粗糙度/μm	间隙高度/μm	泄漏率/(mm³·s⁻¹)
0.1	0.8	0.877	1.70
0.3	0.8	0.798	1.28
0.5	0.8	0.746	1.04
1.0	0.8	0.661	7.27×10^{-1}
3.0	0.8	0.497	3.05×10^{-1}
5.0	0.8	0.414	1.79×10^{-1}

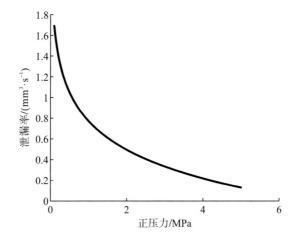

图 2-34　泄漏率与正压力关系

由图 2-34 可以看出，泄漏率与正压力呈负指数下降，且当正压力超过 2MPa 时，正压力继续增长对泄漏率减小的效果并不显著，所以不能一味地增加正压力来提升密封垫防水能力，并且考虑密封垫过大的压力易造成混凝土管片开裂，正压力不宜过大。

2. 弹性密封垫防水性能影响因素的灰色关联度分析

各影响因素对弹性密封垫防水性能均有影响，但影响程度不明确，为此本节采用灰色关联度分析对各影响因子进行讨论，以评价其相关影响程度。

1）防水性能各因素正交实验

正交实验是研究多因素多水平的一种设计方法，为分析包括粗糙度、橡胶硬度、张开量、错台量等因素对弹性密封垫防水性能的影响规律，以泄漏率为主要评价指标、平均正压力为辅助评价指标对上述因素设计四因素四水平的正交实验。实验共 16 组工况，实验结果如表 2-9 所示。

表 2-9　四因素四水平的正交实验

组号	粗糙度/μm	张开量/mm	硬度/(°)	错台量/mm	平均正压力/MPa	泄漏率/(mm³·s⁻¹)
1	0.4	8	55	0	0.641	0.212
2	0.4	10	60	4	0.426	0.277
3	0.4	12	65	8	0.485	0.310
4	0.4	14	67	12	0.506	0.356
5	0.6	8	60	8	0.553	0.952
6	0.6	10	55	12	0.430	1.09
7	0.6	12	67	0	0.642	0.735
8	0.6	14	65	4	0.429	0.868
9	0.8	8	65	12	0.611	2.74
10	0.8	10	67	8	0.638	2.32
11	0.8	12	55	4	0.379	2.28
12	0.8	14	60	0	0.459	1.93
13	1.0	8	67	4	0.559	3.78
14	1.0	10	65	0	0.681	3.13
15	1.0	12	60	12	0.452	5.23
16	1.0	14	55	8	0.332	4.88

2) 各因素相对关联度计算与分析

在灰色关联度分析中，首先确定评价单元序列，设有 m 个评价指标，有 n 个样品，本节单元序列分别为粗糙度、张开量、硬度和错台量，目标序列为平均正压力和泄漏率。在多指标评价中因各指标单位、量级不同，无法进行直接评价，故需对原始数据进行无量纲化处理，即用原始数据除以该组数据的算术平均值，得到初始数据 x_{ik}、y_{ik}，再由相关度公式可计算其相关度：

$$\xi_i(k) = \frac{\min_i \min_k |y(k) - x_i(k)| + \rho \max_i \max_k |y(k) - x_i(k)|}{|y(k) - x_i(k)| + \rho \max_i \max_k |y(k) - x_i(k)|} \tag{2-11}$$

式中，$\xi_i(k)$ 为 x_i 对 $y(k)$ 在 k 点的关联系数；$|y(k) - x_i(k)|$ 为第 k 点 y 与 x_i 的绝对差；$\min_i \min_k |y(k) - x_i(k)|$ 为 y 数列与 x_i 数列在 k 点的二级最小差绝对值；$\max_i \max_k |y(k) - x_i(k)|$ 为 y 数列与 x_i 数列在 k 点的二级最大差绝对值；ρ 为灰色分辨系数，取值 0～1，一般取 0.5。将各因素关联系数代入上述公式可求出 x_i 与 $y(k)$ 的关联度，再由以下公式即可计算评价因素对目标序列的关联度：

$$r_i = \frac{1}{n} \sum_{k=1}^{n} \xi_i(k) \tag{2-12}$$

由此可得出各因素之间的关联度如表 2-10 所示。

表 2-10 各因素之间的关联度

目标	影响因子	关联度	排序
平均正压力	粗糙度	0	4
	张开量	0.7134	2
	硬度	0.7754	1
	错台量	0.5237	3
泄漏率	粗糙度	0.7496	1
	张开量	0.6262	3
	硬度	0.6363	2
	错台量	0.5884	4

由表 2-10 可以得出影响平均正压力的主次因素顺序为：硬度、张开量、错台量、粗糙度，其中硬度和张开量的影响明显，错台量的影响较小，粗糙度不参与对平均正压力的影响，而且硬度越大，平均正压力越大，这与以往的认知基本一致；错台量对平均正压力的影响并不是线性的，而是高低起伏的，但显而易见的是，0mm 错台工况下平均正压力最大，所以在实际工程中，控制错台量对防水也至关重要。

影响泄漏率的主次因素顺序为：粗糙度、硬度、张开量、错台量。其中粗糙度的影响尤其显著，因为粗糙度直接决定了微观锥形峰的初始高度；泄漏率公式中没有与张开量和硬度直接相关的参数，所以这两个因素的影响稍弱；错台量对泄漏率的影响排在第四位，但显然泄漏率也会随错台量的增大而增大，一方面是因为错台量影响了正压力进而间接影响锥形峰高度，另一方面错台量增大会造成密封宽度减小，由泄漏率公式可知此时泄漏率增大；外水压是正交实验中未包含的因素，但外水压作用于弹性密封垫一侧，一方面通过挤压弹性密封垫增加密封垫接触应力进而缩小泄漏通道高度，另一方面作为泄漏率公式中的参数正比例影响泄漏率。

3. 基于泄漏率的密封垫防水能力评价

从微观上看，弹性密封垫的表面由众多服从 Gauss 分布的随机粗糙峰组成，这些粗糙峰具有充分的随机性，但在实际的有限元仿真中，将密封垫简化为二维模型，因此提取表面应力分布作为弹性密封垫防水性能并不准确，即弹性密封垫不同界面的应力分布总是不相同的，所以需要采用平均应力结合泄漏率的评价标准，既能宏观地考虑应力影响因素，也能微观地反映粗糙峰的影响，进而对弹性密封垫的防水性能进行评价。

2.3.3 基于总泄漏率的接缝密封垫防水性能评价方法

目前弹性密封垫防水性能主要采用平均接触压力和有效接触应力(高于设计水压的接触面应力)评定，未考虑弹性密封垫接触面凹凸不平和存在极细微渗漏孔洞的影响。并且在采用平均接触压力和有效接触应力进行防水能力判断时，其判据仍存在一定的争议，依据两种接触应力指标计算有水压力作用下弹性密封垫的防水能力，得到的结果与弹性密封垫防水试验结果有差异。针对弹性密封垫防水能力的数值计算，现有接触应力指标仅能对不同断面形式弹性密封垫的防水性能进行定性判断，尚不能对弹性密封垫的具体防水能力做出准确量化。基于 2.3.2 节的防水机理，本节提出基于总泄漏率的弹性密封垫防水性能评价方法，认为泄漏率低的弹性密封垫防水性能更好。

2.3.3.1　总泄漏率防水性能指标计算方法

将高于设计水压的泄漏率定义为有效泄漏率，图 2-35(b) 为弹性密封垫接触面应力图，图中高于设计水压(图中以 0.8MPa 为例)的有效泄漏率为 Q_1、Q_2、Q_3、Q_4 和 Q_5，有效泄漏率中的最小值称为最小泄漏率。通过数值模拟计算得出有效泄漏率段的高度 h_1、h_2、h_3、h_4 和 h_5，由于弹性密封垫上每一高于设计水压段的有效泄漏率均相等，它们的压差 Δp_1、Δp_2、Δp_3、Δp_4 和 Δp_5 之和为设计水压(0.8MPa)，因此可根据式(2-13)～式(2-15)求出 Δp_1、Δp_2、Δp_3、Δp_4 和 Δp_5 任何一个值，进而计算出弹性密封垫的有效总泄漏率。

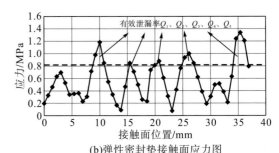

(a)沟槽和弹性密封垫有限元模型　　　(b)弹性密封垫接触面应力图

图 2-35　弹性密封垫接触面应力数值计算

$$\frac{h_1^3 \Delta p_1 L}{24\mu B_1} = \frac{h_2^3 \Delta p_2 L}{24\mu B_2} = \frac{h_3^3 \Delta p_3 L}{24\mu B_3} = \frac{h_4^3 \Delta p_4 L}{24\mu B_4} = \frac{h_5^3 \Delta p_5 L}{24\mu B_5} \tag{2-13}$$

$$\Delta p_1 + \Delta p_2 + \Delta p_3 + \Delta p_4 + \Delta p_5 = 0.8 \tag{2-14}$$

求出 Δp_1、Δp_2、Δp_3、Δp_4 和 Δp_5 任何一个值，代入公式(2-13)，得弹性密封垫间有效总泄漏率：

$$Q_{\text{密封垫有总}} = \frac{h_1^3 \Delta p_1 L}{24\mu B_1} \tag{2-15}$$

需说明的是，接缝中存在密封垫与密封垫之间、密封垫与两侧沟槽之间共三条泄漏路径，因此，总泄漏率是该三条泄漏路径各自的有效总泄漏率之和，即：

$$Q_{\text{总}} = Q_{\text{密封垫有总}} + Q_{\text{沟槽有总1}} + Q_{\text{沟槽有总2}} \tag{2-16}$$

2.3.3.2　有效应力占比法与总泄漏率法密封垫防水性能评价对比分析

以某盾构隧道(设计水压 0.8MPa)弹性密封垫的防水试验研究为对象，考虑有水压工况下的数值模拟，比较有效总泄漏率与以往常用的有效接触应力占比(接触应力高于水压力的区段占接触面总长度的比值)评价指标的合理性。在对多种密封垫进行初选的基础上，优选出两种弹性密封垫进行性能评价对比，弹性密封垫编号分别为 6 号和 7 号，其断面形状如图 2-36 所示。

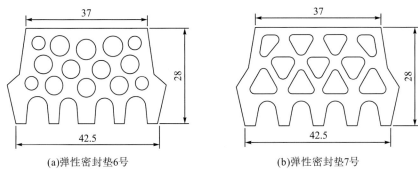

(a)弹性密封垫6号　　　　　　　　　　　　　(b)弹性密封垫7号

图 2-36　弹性密封垫 6 号、7 号断面图(单位：mm)

1. 弹性密封垫防水性能两种方法评价指标的计算对比

1) 不同错台量的数值模拟对比

对于弹性密封垫 6 号和 7 号，在外侧水压为 0.8MPa、密封垫压缩量为 16mm(即接缝张开量为 10mm)时，在正常压缩(接缝无错台)、错台 15mm 两种工况下，密封垫接触面有效应力占比数值模拟的结果如表 2-11 所示。由表 2-11 可见，7 号弹性密封垫在正常压缩情况下，与沟槽之间的接触面上有效应力占比过低；在有错台情况下，7 号弹性密封垫有效应力占比总体上不如 6 号弹性密封垫。因此，从有效应力占比来看，6 号弹性密封垫防水性能更优。

表 2-11　弹性密封垫各工况有效应力占比

密封垫编号	密封垫接触面有效应力占比/%			
	正常压缩		错台压缩	
	密封垫间	密封垫与沟槽	密封垫间	密封垫与沟槽
6	13.37	36.17	54.96	19.17
7	61.85	3.38	33.57	44.85

采用有限元模型，对弹性密封垫 6 号、7 号在正常压缩、张开 10mm 错台 15mm、张开 12mm 错台 15mm、张开 10mm 错台 17mm 四种工况下的有效总泄漏率进行数值模拟，结果如表 2-12 所示，表中数据考虑了长期运营应力松弛情况(松弛系数取 0.65)。由表 2-12 可见，7 号弹性密封垫接触面之间、密封垫与沟槽之间的有效总泄漏率均低于 6 号，显示 7 号弹性密封垫防水性能更优，这与表 2-11 结果明显不同。

表 2-12　弹性密封垫有效总泄漏率计算结果(考虑应力松弛)

密封垫编号	有效总泄漏率/$(mm^3 \cdot s^{-1} \cdot m^{-1})$									
	正常压缩	张 10mm 错 15mm			张 12mm 错 15mm			张 10mm 错 17mm		
	密封垫间	密封垫间	沟槽面	三路径总泄漏	密封垫间	沟槽面	三路径总泄漏	密封垫间	沟槽面	三路径总泄漏
6	0.2149	0.7598	0.2803	1.3204	1.008	0.2955	1.5990	0.9798	0.3052	1.5902
7	0.1036	0.3613	0.1926	0.7465	0.4515	0.2706	0.9947	0.3855	0.1922	0.7394

2) 不同张开量的数值模拟对比

7 号弹性密封垫在错台 15mm、不同张开量情况下的有效总泄漏率与有效接触应力占比计算结果如表 2-13 所示，对其进行归一化处理的结果见表 2-14 和图 2-37。可见，当弹性密封垫张开量达到 16～18mm 时，泄漏率急剧增加，实际上已大于蒸发量(根据计算，当渗漏水温度为 10℃、洞内空气温度为 20℃、洞内风速为 0.5m/s、每延米接缝区蒸发面积为 0.1m^2、空气湿度为 40%时，蒸发量为 1.78 mm^3·s^{-1}·m^{-1})，因而接缝处会有明显湿渍，已不满足防水要求；但从接触应力防水指标的角度看，此时接触应力仍高于水压，仍具有足够的防水能力。因此，接触应力与泄漏率两个评价方法的结论相矛盾，有必要通过防水试验进行对比与验证。

表 2-13　有效总泄漏率与有效接触应力占比计算结果统计表

张开量 /mm	错台量 /mm	外界水压 /MPa	密封垫间泄漏率 /(mm^3·s^{-1}·m^{-1})	密封垫间有效接触应力占比/%	三路径总泄漏率 /(mm^3·s^{-1}·m^{-1})
8			0.2717	31.2	0.4103
10			0.3460	25.0	0.5922
12			0.4515	18.7	0.7258
14	15	0.8	0.6235	14.6	0.8540
16			0.6766	14.6	0.9067
18			1.8509	6.2	2.8655
20			2.5369	4.2	4.0157

表 2-14　有效总泄漏率与有效接触应力占比计算结果归一化处理

张开量 /mm	错台量 /mm	外界水压 /MPa	密封垫间泄漏率 /(mm^3·s^{-1}·m^{-1})	密封垫间有效接触应力占比	三路径总泄漏率 /(mm^3·s^{-1}·m^{-1})
8			0.1071	1.0000	0.1022
10			0.1364	0.8013	0.1475
12			0.1780	0.5994	0.1807
14	15	0.8	0.2458	0.4679	0.2127
16			0.2667	0.4679	0.2259
18			0.7296	0.1987	0.7135
20			1.0000	0.1346	1.0000

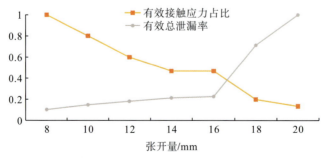

图 2-37　有效总泄漏率与有效接触应力占比归一化处理图

2. 两种弹性密封垫防水试验验证结果对比

针对两种弹性密封垫，开展不同张开量及错台量条件下"T"字缝的防水能力试验，试验结果以及数值模拟得到的有效总泄漏率如表 2-15 所示。

表 2-15 弹性密封垫 6 号、7 号防水试验结果

密封垫编号	张开量 /mm	错台量 /mm	密封垫耐水水压 /MPa	密封垫间泄漏率 /(mm³·s⁻¹·m⁻¹)	三路径总泄漏率 /(mm³·s⁻¹·m⁻¹)
	10	15	2.0	0.7598	1.3204
6	10	15	1.8	0.7598	1.3204
	10	17	1.8	0.9798	1.5902
	12	15	1.7	1.008	1.5990
	10	15	3.1	0.3613	0.7465
7	10	15	3.3	0.3613	0.7465
	10	17	2.8	0.3855	0.7394
	12	15	2.6	0.4515	0.9947

根据试验结果，在接缝张开 10mm、错台 15mm 的情况下，6 号密封垫两次试验的耐水水压分别为 2.0MPa、1.8MPa，7 号密封垫分别为 3.1MPa、3.3MPa，表明 7 号密封垫防水性能更优。可见，试验结果证明了泄漏率评价方法的合理性。

3. 同一弹性密封垫不同张开量的试验结果

针对 7 号弹性密封垫，保持 15mm 错台量不变，研究其张开量由 10mm 逐步增加至 15mm 时的防水能力。为了减小试验中的误差，每个工况做三次试验，取其最小值作为该工况下的耐水水压。试验结果以及有效总泄漏率计算结果见表 2-16，根据试验结果得出的不同张开量耐水水压能力曲线如图 2-38 所示。由于试验时无法考虑弹性密封垫的应力松弛，因而其实际防水能力应乘以 0.65 的折减系数。由表 2-16 可见，当弹性密封垫张开量为 15mm 时，考虑应力松弛后的防水能力为 0.78MPa(1.2MPa×0.65 = 0.78MPa)，已略低于设计水压力 0.8MPa。将表 2-16 中耐水水压和有效总泄漏率归一处理比较(图 2-38)，可见，该试验结果与泄漏率模拟计算结果趋势基本一致，并且耐水水压和有效总泄漏率归一化后比较偏差在 10%以内。该试验同样表明泄漏率可以作为弹性密封垫防水性能的一个评价指标。

表 2-16 7 号弹性密封垫不同张开量防水试验结果

张开量 /mm	错台量 /mm	耐水水压 1 /MPa	耐水水压 2 /MPa	耐水水压 3 /MPa	密封垫间泄漏率 /(mm³·s⁻¹·m⁻¹)	三路径总泄漏率 /(mm³·s⁻¹·m⁻¹)
11		2.9	3.1	2.9	0.3813	0.6413
12		2.7	2.6	2.6	0.4515	0.7258
13	15	2.2	2.2	2.2	0.4772	0.7691
14		1.8	1.9	1.8	0.6235	0.8540
15		1.2	1.2	1.2	0.6753	0.8920

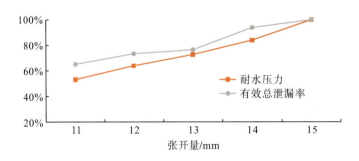

图 2-38　弹性密封垫耐水水压和有效总泄漏率归一处理后比较

2.3.3.3　研究结论

现有弹性密封垫防水性能主要采用平均接触压力和有效接触应力占比评定,未考虑密封垫接触面凹凸不平以及存在极细微渗漏孔洞的影响,造成数值模拟与试验结果有较大差异。本节推导了弹性密封垫有效总泄漏率公式,针对实际工程应用的弹性密封垫,在考虑水压、不同错台和张开量条件下,采用数值模拟和防水试验手段,证明了有效总泄漏率作为弹性密封垫防水性能评价指标的合理性,为弹性密封垫防水性能的评价提供了一种新的途径, 得到结论如下:

(1)有效总泄漏率可以作为评价弹性密封垫防水性能的一个量化指标。

(2)由于弹性密封垫接触面凹凸不平,存在极细微渗漏孔洞,在其设计时不仅要计算有效接触应力占比,还要计算有效总泄漏率。

(3)当弹性密封垫接触应力较大且有效接触应力占比较高时,其防水能力由接触应力控制;当接触应力较小或有效接触应力占比较低时,其防水能力由有效总泄漏率控制。

2.3.4　错台加载方式模拟及对密封垫防水能力的影响

现有错台状态下管片接缝弹性密封垫的防水性能数值计算和试验方法是"先错台后压缩",即先建立错台的弹性密封垫模型,后完成压缩。但是在实际工程的管片拼装施工中,接缝初始错台控制量均较小,而且纵缝经拼装机扭矩挤压作用,环缝经千斤顶推力作用,压缩量均较大,在拼装阶段呈现出来的是高压缩低错台的变形特征。

随着盾构的推进,管片脱出盾尾后,浮力、土压力等逐步施加上来,管片的受力出现了一次重分布,错台量大概率发生在这个阶段,另外,运营期外部荷载的变化及施工扰动也会引起错台量的增大,从拼装到施工完成呈现的是一种压缩后再错台的变形特征。因此,以往的理论研究与实际场景是有差距的。

本节对现有"先错台后压缩"和实际"先压缩后错台"加载方式进行数值模拟比较,考虑水压对弹性密封垫防水能力的影响,还原工程中的实际情况以深入研究错台量对弹性密封垫防水能力的影响。

1. 管片接缝弹性密封垫建模

根据图 2-39 的三元乙丙弹性密封垫和沟槽的尺寸建立 1∶1 的三维模型,上下密封垫之间以及密封垫与沟槽之间设置面接触,并设置罚函数以减少穿透,弹性密封垫的孔洞设置自接触。

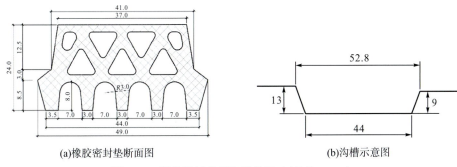

(a)橡胶密封垫断面图　　　　　　　　　　　　　　(b)沟槽示意图

图 2-39　弹性密封垫和沟槽的尺寸(单位:mm)

2. 材料本构

三元乙丙橡胶材料的本构模型按公式(2-8)和公式(2-9)采用。

3. 载荷工况

如图 2-40 所示,约束模型在 z 方向的自由度,并将下侧沟槽和下侧弹性密封垫设为固定约束,只留上侧密封垫和上侧沟槽在 x、y 两个方向的自由度。

对于"先压缩后错台"数值模拟工况,将整个加载过程拆分为两个加载步:第一步让上沟槽沿着 y 轴负方向位移,以完成对弹性密封垫的压缩模拟;第二步让上沟槽沿着 x 轴负方向位移,完成对错台的模拟。该模拟工况的载荷工况是先完成 14mm 的压缩量(张开量为 8mm),再分别错台 0mm、3mm、6mm、9mm、12mm、15mm。

对于"先错台后压缩"数值模拟工况,也将整个加载过程拆分为两个加载步:第一步让上沟槽沿着 x 轴负方向位移,以完成对弹性密封垫的错台模拟;第二步让上沟槽沿着 y 轴负方向位移,完成对压缩的模拟。该模拟工况的载荷工况是先完成错台 0mm、3mm、6mm、9mm、12mm、15mm,再完成 14mm 的压缩量(张开量为 8mm)。

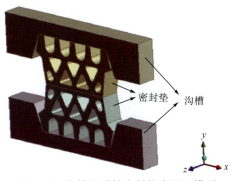

图 2-40　沟槽和弹性密封垫有限元模型

4. 考虑外侧水压的载荷

当隧道投入使用后，弹性密封垫将面临外部水压作用，此时弹性密封垫的变形形态和防水能力都会与不考虑外部水压时有较大差异，所以有必要在数值模拟阶段考虑外部水压的作用。如图 2-41 所示，在先压缩后错台的基础上，在弹性密封垫的一侧施加 0.8MPa 的均布水压，以模拟管片接缝弹性密封垫所面临的实际工作环境，错台量依然选取 0mm、3mm、6mm、9mm、12mm、15mm。

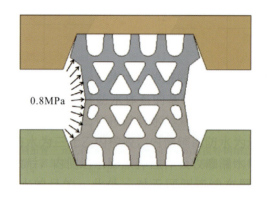

图 2-41   在一侧施加 0.8MPa 水压模拟

5. 模拟结果对比

不同错台模拟方式时弹性密封垫变形情况对比见图 2-42，三种工况的数值模拟计算结果如图 2-43～图 2-45 所示，通过分析可以得出以下结论：

（1）由于接缝闭合压缩使弹性密封垫接触面间产生巨大的摩擦力，所以在管片接缝错台时，弹性密封垫接触面并不会错开，而只是整体向一侧倾斜，接触宽度仍然是密封垫的初始宽度，这对于进一步研究弹性密封垫的微观泄漏率至关重要。

（2）"先压缩后错台"和"先错台后压缩"两种不同加载方式计算结果对比显示，不论错台量多少，实际"先压缩后错台"的防水能力均比现有"先错台后压缩"高，"先错台后压缩"的计算防水能力值偏于保守。

（3）"先压缩后错台"工况的计算结果显示，弹性密封垫的防水能力随着管片错台量的增加而逐渐减小，下降率先增大后减小；"先错台后压缩"工况的弹性密封垫防水能力也呈现相同的趋势，但具体数值之间差异明显，故本节的数值模拟方式能对实际工程中弹性密封垫的防水能力做出更准确的评估。

（4）考虑外侧水压"先压缩后错台"工况的弹性密封垫防水能力较无水压条件有一定的提升，即具有"自愈性"，表明水压的作用使弹性密封垫进一步压缩从而提高了表面接触应力，提升了防水能力，此外水压的作用也影响防水能力下降率的变化，使得下降率转折区域推迟出现。

(a)先错台后压缩　　　　　　　　　　　(b)先压缩后错台

图 2-42　两种加载方式的弹性密封垫变形情况对比

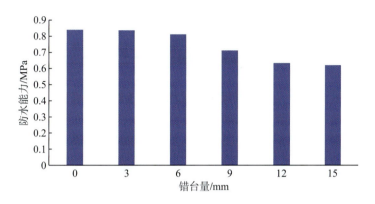

图 2-43　不同错台量对应的防水能力

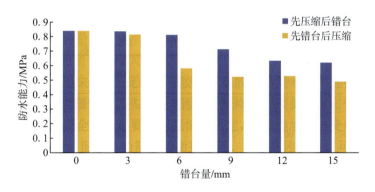

图 2-44　不同错台量下两种加载方式的防水能力对比

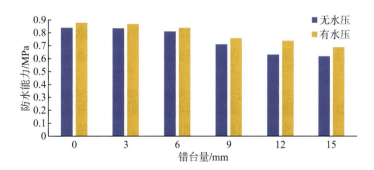

图 2-45　不同错台量下有水压和无水压防水能力对比

2.4 转角部位弹性密封垫设计

2.4.1 转角部位弹性密封垫的结构设计

目前盾构隧道弹性密封垫角部多为实心或局部加孔[16](图 2-46)，其截面积明显大于开孔的弹性密封垫直条段，造成管片拼装时弹性密封垫角部堆积情况严重，错缝拼装时会造成管片局部应力集中，导致管片拼装过程中出现破损(图 2-47)和角部渗漏(图 2-48)。现有弹性密封垫的设计规范及压缩率计算方法仅针对直条段，管片角部密封垫的设计计算方法尚属空白。因此需根据管片拼装的特点推导弹性密封垫角部开孔率的计算方法，并根据此计算方法设计弹性密封垫角部构造。

图 2-46　传统的弹性密封垫角部实心构造

图 2-47　管片角部破损　　　　　　　图 2-48　管片角部渗漏

在标准的直条段，弹性密封垫在横截面内(平面)压缩，体积压缩计算较为简单，设计压缩量为 $h-h'$。而在转角处，为三维(空间)压缩，体积压缩的计算与标准直条段不同。为便于理解，现以角部为直角的情形加以说明及推导，如图 2-49 和式(2-17)～式(2-22)所示。

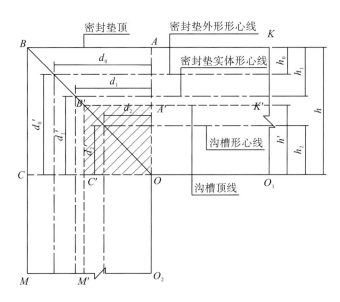

图 2-49　转角处弹性密封垫及沟槽立面投影图

OABC 为弹性密封垫角部；*OA'B'C'* 为沟槽角部；*h* 为弹性密封垫高度；*h'* 为管片接缝沟槽高度；h_0 为弹性密封垫外形形心至密封垫顶距离；h_1 为弹性密封垫实体形心至密封垫顶距离；h_2 管片接缝沟槽形心至沟槽底距离；d_0, d_0' 为弹性密封垫外形形心在水平、竖向的投影长度；d_1, d_1' 为弹性密封垫实体形心在水平、竖向的投影长度；d_2, d_2' 为接缝沟槽形心在水平、竖向的投影长度

　　为达到设计压缩量，需将转角处弹性密封垫 *OABC* 压入管片沟槽 *OA'B'C'*。物体的空间体积等于横截面面积乘以形心处长度。因此，转角处密封垫 *OABC* 的外形体积 $V_0 = A_0 \times (d_0 + d_0')$（$A_0$ 为弹性密封垫外包面积，由图 2-50 中 0~7 点围合），转角处密封垫 *OABC* 的实体体积 $V_1 = A_1 \times (d_1 + d_1')$（$A_1$ 为弹性密封垫实体面积，即图 2-50 中阴影面积），转角处沟槽体积 $V_2 = A_2 \times (d_2 + d_2')$（$A_2$ 为管片接缝沟槽面积）。为控制弹性密封垫压入沟槽时的拼装应力，沟槽体积略大于密封垫实体体积，$V_2 \approx \beta V_1$，β 取为 1~1.15。

　　在设计转角处密封垫的开孔率时，管片接缝沟槽及弹性密封垫的形状及外形尺寸已基本确定，即 A_2、h'、A_0、h 均已知。

$$h_0 = \frac{\int_A y\, \mathrm{d}A}{A_0} \tag{2-17}$$

$$d_0 = h \times \tan \angle AOB \tag{2-18}$$

$$d_0' = h \times \tan \angle COB \tag{2-19}$$

$$h_2 = \frac{\int_A y\, \mathrm{d}A}{A_2} \tag{2-20}$$

$$d_2 = h_2 \times \tan \angle AOB \tag{2-21}$$

$$d_2' = h_2 \times \tan \angle COB \tag{2-22}$$

根据 $V_0 = A_0 \times (d_0 + d_0')$、$V_2 = A_2 \times (d_2 + d_2')$，即可确定 V_0、V_2。根据 $V_2 = \beta V_1$ 从而可确定 V_1，开孔率 $k = (V_0 - V_1)/V_0$。如几何尺寸复杂、不规则，也可以通过建立三维模型，测量 V_0、V_1、V_2，反算得到开孔率 k。

进而初步拟定截面积 A_1，同理求得 h_1、d_1、d_1' 后，通过几次试算、调整，求得转角处最优的弹性密封垫实体面积 A_1，确定开孔尺寸及布置。

本节中的弹性密封垫转角结构由两条直条状密封垫在角部硫化连接构成，内部开孔截面积 A_1 及开孔率 k 通过计算确定。如图 2-50 和图 2-51 所示，较直角密封垫，角部非直角密封垫设置倒角或倒圆角，减少了弹性密封垫体积。根据前述计算，还可以辅之以管片角部设置倒角或倒圆角以适当增大管片接缝沟槽体积。因此，非直角处弹性密封垫可以显著改善角部直角密封垫开孔率过大导致弹性密封垫内部挤压应力不足、防水能力欠佳的问题。

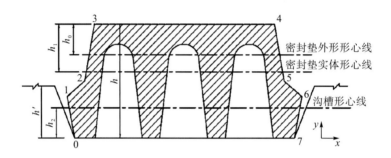

图 2-50　转角处密封垫横剖面示意图

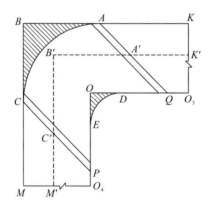

图 2-51　转角非直角示意图

经计算验证后的角部非直角弹性密封垫(图 2-52 和图 2-53)的技术特征为：角部非直角，内部设置脚肋形成"桥洞"开孔，两侧设置隔板与直条段连成一体。隔板适当倾斜以便于转角模具的脱模，在保证脱模的前提下也可设置为直角。

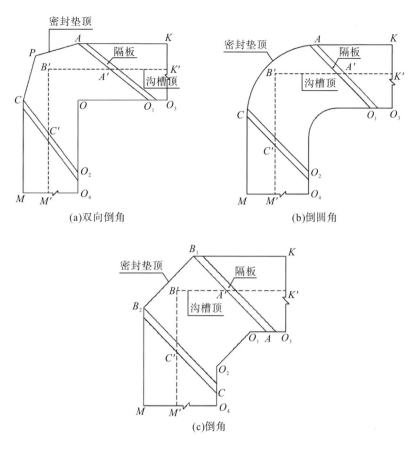

(a)双向倒角　　　　　(b)倒圆角

(c)倒角

图 2-52　转角非直角密封垫示意

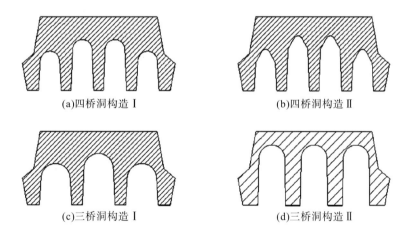

(a)四桥洞构造 I　　　　　(b)四桥洞构造 II

(c)三桥洞构造 I　　　　　(d)三桥洞构造 II

图 2-53　转角非直角弹性密封垫截面示意

2.4.2　转角密封垫的构造

综合上述，弹性密封垫转角变截面设计方法及构造如下：

(1)根据直条段的管片沟槽及弹性密封垫的形状和外形尺寸，计算转角处弹性密封垫外形体积 V_0、沟槽体积 V_2，进而得到合理的开孔率 k 及弹性密封垫实体体积 V_1。

(2)根据体积 V_1 及初步拟定的截面积 A_1 进行 h_1、d_1、d_1' 的试算、调整，得到最优的弹性密封垫截面积 A_1 及内部开孔尺寸和布置。

(3)按照计算确定的开孔尺寸进行试生产。

(4)试件进行耐水压试验及辅之以有限元模拟分析，优化、微调开孔布置及弹性密封垫硬度，定型正式生产。

(5)与直条段连接隔板角度根据脱模要求确定，隔板厚度由与直条段连接强度确定，厚度多为 2～5mm。

(6)桥洞形状及数量根据开孔率要求调整，具体形状及数量多样(包括但不局限于图 2-53 给出的形式)，以桥洞状最为常见，桥洞形状可在转角范围内渐变以便与体积压缩的匹配最优。

2.5　双道弹性密封垫耦合设计方法

第二代防水方式比第一代防水方式增加了一道密封垫[17]，但遇水膨胀橡胶密封垫的防水能力较弱，接缝总防水能力与第一代基本相同。第三代防水方式采用了两道防水能力相当的弹性密封垫，但以往的防水设计思想是：由于两道弹性密封垫均可能存在薄弱之处，地下水一旦突破第一道防线，就会在两道弹性密封垫之间串流，进而从第二道弹性密封垫最薄弱之处发生渗漏，因此双道弹性密封垫并不能提高整个系统的防水能力。然而，本节根据试验研究发现该设计思想存在不合理之处，有必要进一步深入探讨。

2.5.1　双道弹性密封垫"击穿水压"防水机理研究

双道弹性密封垫之间寄生容积(指双道弹性密封垫间的空腔)的存在，使得整个泄漏过程分段发生，并衍生出了"击穿水压"的概念。击穿水压，可定义为使弹性密封垫完全失去黏滞阻力的外界临界水压，此时外界水压和寄生容积内水压相等。所以在外道弹性密封垫被彻底击穿之前，内道弹性密封垫处于一个小于外界水压的环境[18]。

1. 外道弹性密封垫击穿过程分析

如图 2-54 所示，在外道弹性密封垫发生泄漏之前，双道弹性密封防水机理与单道弹性密封相同，此时只有外道弹性密封垫发挥作用。研究显示，弹性密封垫表面接触应力与防水能力密切相关，从接触应力防水的角度分析，弹性密封垫防水能力主要由两部分构成：第一部分是管片拼装时压缩密封垫，提供了初始的接触应力 σ_0；第二部分是外界水压 P_1 作用于外道弹性密封垫迎水侧，使密封垫产生竖向变形，进一步提供了接触应力 σ_1，增大了防水能力。

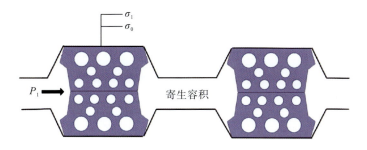

图 2-54　外道弹性密封垫泄漏之前

如图 2-55 所示，在外道弹性密封垫发生泄漏之后，地下水向寄生容积里泄漏，直至寄生容积里形成稳定水压。在外道弹性密封垫被击穿之前，由于接触面黏滞阻力的存在，寄生容积内的水压 P_2 小于外界水压 P_1，此时内道弹性密封垫除了初始的接触应力外，还受到寄生容积内地下水的侧向挤压，产生接触压力，防水能力继续提升；外道弹性密封垫则同时受到两侧水压的挤压作用，一定程度上修复了外道弹性密封垫的不对称变形，使其防水能力得到提升。

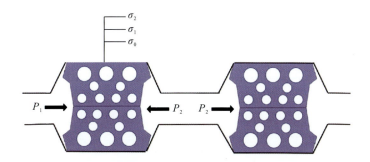

图 2-55　外道弹性密封垫泄漏后

如图 2-56 所示，当外道弹性密封垫被击穿后，寄生容积内水压和外界水压 P_1 相等，此时外道弹性密封垫完全失效，只有内道弹性密封垫发挥作用。

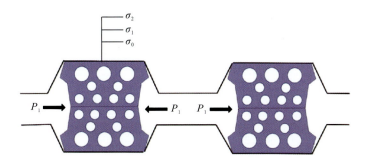

图 2-56　外道弹性密封垫击穿后

2. 外道弹性密封垫击穿水压数值估算

双道弹性密封垫能提高整体防水能力的直接原因是外道弹性密封垫接触面间的黏滞阻力很大程度降低了水压，从而使整体防水能力高于单道密封。但如果外界水压较大，超出外道弹性密封垫的初始防水能力，此时弹性密封垫会被完全击穿，寄生容积水压和外界水压相等，双道密封的整体防水能力又会降低至与内道密封垫相等。

如图 2-57 所示，对外道弹性密封垫表面进行受力分析，G 表示弹性密封垫表面的弹性复原力；在微观尺度下，弹性密封垫表面的接触实际是粗糙峰之间的相互接触(图 2-58)，存在非接触面积，且随着地下水渗入接触面，水压逐渐增大的同时非接触面积增大，用 A_w 表示垂直方向上水与弹性密封垫的接触面积，A 表示整个接触面积，且 $0 < A_w \leqslant A$。

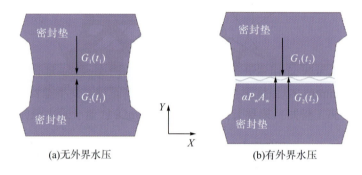

(a)无外界水压   (b)有外界水压

图 2-57　弹性密封垫受力示意图

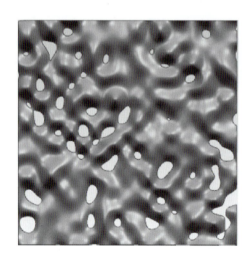

图 2-58　微观尺度下弹性密封垫表面粗糙峰

t_1 时刻，无外界水压时，Y 方向上外力的合力为 0，可得

$$G_1(t_1) = G_2(t_1) \tag{2-23}$$

t_2 时刻，外界水压为 P_w，假设弹性密封垫间外侧水压和寄生容积水压的平均值为 αP_w $(0 < \alpha < 1)$。由于水压作用引起的上下弹性密封垫位移为 Δx，该位移将引起粗糙峰之间有

分离的趋势，进而减少接触力。则此工况下有

$$G_1\left(t_2\right) = G_2\left(t_2\right) + \alpha P_{\mathrm{w}} A_{\mathrm{w}} \tag{2-24}$$

设由于位移量 Δx 引起的弹性复原力为 ΔG，对于上弹性密封垫，水压的作用使其向上位移 Δx，下弹性密封垫向下位移 Δx，则由式 (2-23)、式 (2-24) 相减可得式 (2-25)：

$$2\Delta G = \alpha P_{\mathrm{w}} A_{\mathrm{w}} \tag{2-25}$$

需说明的是，由于是估算，因此公式 (2-24) 中忽略了粗糙峰回弹前后接触面积的变化，近似认为二者相等。

弹性密封垫的线性刚度为 K，弹性模量为 E，厚度为 h，则有计算公式为

$$K = E\frac{A}{h} \tag{2-26}$$

对于弹性密封垫有

$$\Delta G = K\Delta x \tag{2-27}$$

将式 (2-25)、式 (2-26) 代入式 (2-27) 得

$$\Delta x = \frac{\alpha P_{\mathrm{w}} A_{\mathrm{w}} h}{2EA} \tag{2-28}$$

从弹性密封垫中选取一个微元体进行分析，在无水压作用情况下有

$$\begin{cases} \sigma_x = 0 \\ \sigma_y = \sigma_0 \\ \varepsilon_y = \varepsilon_0 = \dfrac{x}{h} \\ \varepsilon_z = 0 \end{cases} \tag{2-29}$$

代入平面应变问题的物理方程得

$$\frac{x}{h} = \frac{1-\mu^2}{E}\cdot\sigma_0 \tag{2-30}$$

在水压 P_{w} 的作用下：

$$\begin{cases} \sigma_x = P_{\mathrm{w}} \\ \sigma_y = \sigma_p \\ \varepsilon_y = \varepsilon_0 = \dfrac{x - \Delta x}{h} \\ \varepsilon_z = 0 \end{cases} \tag{2-31}$$

代入物理方程得

$$\frac{x}{h} - \frac{\Delta x}{h} = \frac{1-\mu^2}{E}\cdot\sigma_y - \frac{\mu(1+\mu)}{E}P_{\mathrm{w}} \tag{2-32}$$

由式 (2-28)、式 (2-30)、式 (2-32) 可得

$$\sigma_y = \sigma_0 - \left(\frac{\alpha P_{\mathrm{w}} A_{\mathrm{w}}}{2\left(1-\mu^2\right)A} - \frac{\mu P_{\mathrm{w}}}{1-\mu}\right) \tag{2-33}$$

式中，σ_y 表示水压作用后微观下粗糙峰相接触产生的垂直应力；σ_0 表示水压作用前的垂直应力；μ 为橡胶材料泊松比，数值接近 0.5。令

$$\phi = \frac{A_{\mathrm{w}}}{A} \tag{2-34}$$

$$\frac{1}{b} = \frac{\alpha}{2\left(1-\mu^2\right)} \tag{2-35}$$

定义 ϕ 为孔隙率，$0 < \phi \leqslant 1$。求解公式(2-35)可得 $b \geqslant 1.5$，将式(2-35)、式(2-31)代入式(2-29)得

$$\sigma_y = \sigma_0 - \left(\frac{\phi}{b}-1\right)P_{\mathrm{w}} \tag{2-36}$$

当粗糙峰完全分离时，可以认为弹性密封垫被彻底击穿，此时 $\phi=1$，根据有限元仿真的规律，弹性密封垫失效时接触应力与外界水压十分接近，$\sigma_y = P_{\mathrm{w}}$。则

$$P_{\mathrm{w}} = b\sigma_0 \tag{2-37}$$

其中，$b \geqslant 1.5$。弹性密封垫的初始防水能力 P 与接触面初始接触应力密切相关，可用下式表示：

$$P = \lambda\sigma_0 \tag{2-38}$$

式中，λ 为密封系数，可取 $0.8 \sim 1.1$。将式(2-38)代入式(2-37)得

$$P_{\mathrm{w}} = \frac{b}{\lambda}P \tag{2-39}$$

式(2-39)中 $\frac{b}{\lambda} \geqslant 1.36$，所以至少当外界水压大于初始防水能力的 1.36 倍时，外道弹性密封垫被完全击穿。

2.5.2　双道弹性密封垫永久防水能力计算

根据前述章节研究结果，建立双道弹性密封垫整体防水能力计算公式：

$$P_{\mathrm{w}} = (P_2 + \alpha P_1)/K \tag{2-40}$$

式中，P_{w} 为隧道承受的最大水压力(MPa)；P_1、P_2 分别为不考虑弹性密封垫老化与应力松弛时，外侧和内侧弹性密封垫各自的防水能力(MPa)；α 为外侧弹性密封垫残余防水能力折减系数(一般由试验方式得出)；K 为考虑弹性密封垫老化与应力松弛以及设计安全余量后的安全系数，一般取 $2 \sim 3$。

2.5.3　双道弹性密封垫的布置方法与技术要求

1. 采用双道弹性密封垫

两道弹性密封垫既可以分开布置于管片接缝的内侧和外侧，也可以并排布置在管片接缝外侧，但防水能力强的弹性密封垫应布置在外侧。当分开布置于内侧和外侧时，应保证两道弹性密封垫之间的螺栓孔防水能力不低于内侧弹性密封垫；当并排布置在外侧时，根据以往设计经验，两道弹性密封垫之间的净距宜比管片设计错台量大 5mm 以上。

2. 采用双道弹性密封垫与遇水膨胀橡胶止水条组合方式

此时,防水能力强的弹性密封垫应布置在外侧。由于遇水膨胀橡胶必须在膨胀空间受限的环境中才能充分发挥膨胀力的止水作用,因此应布置在两道弹性密封垫之间,且两道弹性密封垫之间的净距一方面要大于设计错台量,同时需要满足止水条在未膨胀时的安装与弹性压缩空间要求。

2.5.4　双道弹性密封垫的防水试验

2.5.4.1　依托工程防水方案概况

某盾构法水下隧道管片外径 15.5m,内径 14.2m,运营期最大水压力 0.8MPa。管片接缝采用三道密封垫防水(图 2-59),编号分别为密封垫 1、密封垫 2、密封垫 3。密封垫 1和密封垫 3 采用 EPDM 弹性密封垫,且密封垫 1 为大密封垫,密封垫 3 为小密封垫;密封垫 2 采用聚醚聚氨酯止水条。密封垫 2 仅作为防水能力局部补强备用,不计入总防水能力,因此试验时不进行模拟,也即仅对密封垫 1 和密封垫 3 进行防水试验。

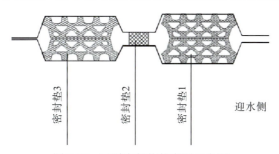

图 2-59　三道密封垫的布置示意图

2.5.4.2　击穿水压试验

1. 试验装置

试验装置如 2-60 所示,可以模拟"一字缝"和"T 形缝"的防水。每个工况试验开始后,在试验装置内部的橡胶密封圈内装满水,设置每 5min 将水压增加 0.1MPa 直至密封垫渗水,测试最大抗水压值。

(a)试验组装后的情况　　　　　　　(b)密封组装时的情况

图 2-60　双道密封垫防水试验装置

2. 击穿水压试验结果与分析

1）试验工况与结果

试验工况和试验结果如表 2-17 所示，包括：单道密封垫不同位置试验、双道密封垫不同组合布置方式试验、不同错台量试验等。工况 1 寄生容积水压和外部水压变化过程实测情况如表 2-18 所示。

表 2-17　弹性密封垫试验工况和防水试验结果

	工况	布置方式 （由外到内）	张开量/错台量 /mm	最大防水压 值/MPa	寄生容积水 压/MPa	击穿水压（寄生容积水 压=外侧水压）/MPa
1	密封垫 1 位于外侧 （有错台量）	密封垫 1—密封垫 3	8/15	3.6	3.6	2.0
2		密封垫 1—空	8/15	1.5	—	—
3		空—密封垫 3	8/15	3.6	—	—
4	密封垫 3 位于外侧 （有错台量）	密封垫 3—密封垫 1	8/15	3.9	2.0	未测试到
5		空—密封垫 1	8/15	2.0	—	—
6		密封垫 3—空	8/15	3.0	—	—
7	密封垫 3 位于外侧 （无错台量）	密封垫 3—密封垫 1	8/0	6.0	1.2	未测试到
8		空—密封垫 1	8/0	3.8	—	—
9		密封垫 3—空	8/0	4.9	—	—

注：（1）"密封垫 1—空"工况表示，仅在外侧布置弹性密封垫 1，另一侧空置，其他工况同理。

（2）工况 4、7 未测试到击穿水压，原因是密封垫 1 的防水能力小于密封垫 3，寄生容积水压提前超过密封垫 1 的防水能力产生了渗漏。

表 2-18　寄生容积水压与外部水压变化过程试验数据（工况 1）

加载步	外部水压/MPa	寄生容积水压/MPa	备注
1	2.0	0	
2	1.5	0.3	
3	1.6	0.8	
4	1.7	1.2	
5	1.8	1.7	
6	1.9	1.8	
7	2.0	2.0	击穿水压
8	2.2	2.2	
9	2.3	2.3	
10	2.4	2.4	
11	2.5	2.5	
12	2.6	2.6	
13	2.7	2.7	
14	2.8	2.8	
15	2.9	2.9	

续表

加载步	外部水压/MPa	寄生容积水压/MPa	备注
16	3.0	3.0	
17	3.1	3.1	
18	3.2	3.2	击穿水压
19	3.3	3.3	
20	3.4	3.4	
21	3.5	3.5	渗漏

注：部分加载步外部水压降低的原因为试验工装不能稳压引起。

2) 击穿水压试验结果分析

根据试验结果，工况 1 测试到弹性密封垫 1 的击穿水压大约为 2.0MPa，为其自身防水能力 1.5MPa 的 1.33 倍，与 2.5.1 节计算值 1.36 非常接近(这是由于一方面每组试验本身存在一定的偶然性；另一方面本章所提的击穿水压系数 1.36 为估算值)；工况 4、7 未测试到弹性密封垫 3 的击穿水压，原因是弹性密封垫 1 的防水能力小于弹性密封垫 3，寄生容积水压提前超过弹性密封垫 1 的防水能力产生了渗漏。

从 2.5.1 节理论推导与试验结果看，当缺乏试验数据时，可取 1.36 倍的自身防水能力值作为弹性密封垫的击穿水压估算值。具体到本试验，弹性密封垫 1 的击穿水压约为 2.04MPa，弹性密封垫 3 的击穿水压约为 4.08MPa。

结合工况 1、2、3，外道弹性密封垫 1 面对的外界水压 3.6MPa 大于其自身击穿水压 2.04MPa，此时外道弹性密封垫 1 没有任何残余防水能力，被彻底击穿，双道弹性密封垫整体防水能力与内道单道弹性密封垫相等；不同的密封垫布置方式会影响双道弹性密封垫的防水能力，由工况 4、5、6 可知，当防水能力更强的密封垫 3 布置在外侧时，外界水压 3.9MPa 小于其自身击穿水压 4.08MPa，外道弹性密封垫不会被击穿，仍有残余防水能力，双道弹性密封垫总防水能力也有所增强；由工况 7、8、9 也可得出与工况 4、5、6 相同的结论。因此，在实际双道弹性密封垫的应用中，需要将防水能力更强的弹性密封垫布置在外侧，且双道弹性密封垫的防水能力差距不宜过大，或者将内外侧设置成完全相同的弹性密封垫，这样能保证内侧弹性密封垫的防水能力应对寄生容积水压时完全富足。

2.5.4.3　残余防水能力与总防水能力试验

1. 试验工况与结果

对双道弹性密封垫在两种不同布置方式和不同错台量情况下的总防水能力和残余防水能力进行试验，试验工况与结果见表 2-19 和表 2-20。

双道弹性密封垫布置方式一：弹性密封垫 1 在外、弹性密封垫 3 在内，包括张开 8mm 错台 0mm 和张开 8mm 错台 15mm 两种情况。

双道弹性密封垫布置方式二：弹性密封垫 3 在外、弹性密封垫 1 在内，仅试验了张开 8mm、错台 15mm 的情况。

表 2-19   双道弹性密封垫防水能力试验工况（布置方式一：弹性密封垫防水能力外大内小）

工况	密封垫数	弹性密封垫布置方式(由内往外)	接缝张开量/错台量/mm	试验值		外侧弹性密封垫	
				三次试验值/MPa	两密封垫中间水压/MPa	残余防水能力(平均值)/MPa	α系数
1	1	密封垫1	8/15	3.1/2.8/3.0 (2.97)	—	—	—
2	1	密封垫3	8/15	1.9/2.0/2.2 (2.03)	—	—	—
3	2	密封垫3、1	8/15	3.6/3.5/3.9 (3.67)	2.2/2.1/2.0 (2.17)	1.57	0.53
4	1	密封垫1	8/0	4.9/5.0/4.8 (4.90)	—	—	—
5	1	密封垫3	8/0	3.9/3.8/3.9 (3.87)	—	—	—
6	2	密封垫3、1	8/0	6.0/6.0/6.0 (未漏)	1.1/1.3/1.4 (1.27)	3.67	≥0.74

注：(1) 括号中数值为三次试验值的平均值。

(2) 工况 6 是受设备能力限制，加载至 6.0MPa 仍未出现渗漏，为非极限工况数据。

表 2-20   双道弹性密封垫防水能力试验工况（布置方式二：弹性密封垫防水能力外小内大）

工况	密封垫数	弹性密封垫布置方式(由内往外)	接缝张开量/错台量/mm	试验值		外侧弹性密封垫	
				三次试验值/MPa	两密封垫中间水压/MPa	残余防水能力(平均值)/MPa	α系数
7	1	密封垫3	8/15	1.4/1.6/1.4 (1.47)	—	—	—
8	1	密封垫1	8/15	3.5/3.6/3.7 (3.60)	—	—	—
9	2	密封垫1、3	8/15	3.8/3.6/3.6 (3.67)	3.8/3.6/3.6 (3.67)	0	0

注：括号中数值为三次试验值的平均值。

2. 残余防水能力与总防水能力分析

由表 2-19 和表 2-20 的试验结果可见，采用布置方式二时，在水压超出外侧弹性密封垫防水能力后，外侧弹性密封垫残余防水能力为 0，双道弹性密封垫整体防水能力相比单道没有提升，因此不宜采用该布置方式。需说明的是，对比表 2-19 和表 2-20 可见，同一弹性密封垫布置在内侧时的防水能力要高于布置在外侧的情况，这是由于内外侧沟槽存在局部差异，也说明了沟槽形状与尺寸对弹性密封垫防水能力有一定影响。

对布置方式一的试验结果进行回归分析，可得出双道弹性密封垫整体防水能力计算公式如下。

双道弹性密封垫布置方式一，8mm 张开 0mm 错台：

$$P_{\mathrm{w}} > 0.74P_1 + P_2 \tag{2-41}$$

双道弹性密封垫布置方式一，8mm 张开 15mm 错台：

$$P_{\mathrm{w}} = 0.53P_1 + P_2 \tag{2-42}$$

由于管片接缝防水需要考虑适当张开与错台的不利条件，因此设计防水能力可按式 (2-42) 计算。

2.6　管片本体防水

2.6.1　混凝土渗透试验方法概述

液体、气体和离子可能通过渗透、扩散和迁移的方式(统称为渗透)进入混凝土内部[19]，这些过程往往不是单独发生，而是同时发生且相互作用。混凝土所处环境不同，渗透的方式也不同。目前的混凝土渗透性试验大多是以其中一种介质为主要研究对象来进行。早期的渗透性试验是根据流体力学[20]的达西(Darcy)定律，将混凝土视为多孔固体材料，用渗透系数来评价混凝土的抗渗性。随着混凝土材料和施工技术的发展，混凝土的抗渗性能不断提高，使得渗透系数试验受到一定的限制。同时，由于混凝土使用范围扩大，往往要求对混凝土抵抗各种有害离子侵蚀的能力做出评价，各种离子扩散系数试验和电参数试验逐渐成为主流。根据试验原理的不同，渗透性试验大致可以分为三类：渗透系数法、离子扩散法和电参数法[21]。

2.6.1.1　渗透系数法

渗透系数法是指利用流体在一定压力条件下通过被测对象的孔隙，从一端向另一端逐渐渗透的原理研究混凝土渗透性的方法。在我国，为了兼顾实际工程应用的便利性，主要采用定性的渗透系数法(抗渗标号法)来评价混凝土的抗渗性能。此外，还可采用渗水高度法、相对渗透系数法直接或者间接地表达出近似的相对渗透系数。

对于多孔材料如混凝土，当一种流体在一定压力差作用下流过此材料时，根据达西定律，流量与压力差之间存在以下关系：

$$Q = K\frac{A\Delta P}{\mu L} \tag{2-43}$$

$$K = \mu\frac{QL}{A\Delta P} \tag{2-44}$$

式中，Q 为流体体积流量；ΔP 为流动液体透过多孔材料的总横截面面积；L 为多孔材料的厚度；K 为多孔材料的渗透系数；μ 为流体的黏度。

由此，可将渗透性定义为衡量多孔固体中流体流动速率的一个参数，它是反映多孔材料本身特性的物理量。对混凝土而言，即混凝土的渗透性，而不是流体介质的渗透性。

1. 抗渗标号法

抗渗标号法是我国标定混凝土抗渗性能的主要方法，在《普通混凝土长期性能和耐久性能试验方法标准》(GB/T 50082—2009)中称为逐级加压法。试验步骤如下：

(1)按照规范要求对试件进行密封和安装。

(2)试验时，水压从 0.1MPa 开始，以后应每隔 8h 增加 0.1MPa 水压，并应随时观察试件端面渗水情况。当 6 个试件中有 3 个试件表面出现渗水时，或加至规定压力(设计抗渗等级)在 8h 内 6 个试件中表面渗水试件少于 3 个时,可停止试验,并记录此时的水压力。在试验过程中, 当发现水从试件周边渗出时, 应按标准进行重新密封。

混凝土的抗渗等级应以每组 6 个试件中有 4 个试件未出现渗水时的最大水压力乘以 10 来确定。混凝土抗渗等级应按下式计算:

$$P=10H-1 \tag{2-45}$$

式中, P 为混凝土抗渗等级; H 为 6 个试件中有 3 个试件渗水时的水压力, 单位:MPa。

抗渗标号法具有以下缺陷:

(1) 如 1994 年南京水利科学研究院材料结构研究所吴绍章测定的抗渗标号与渗透系数表(表 2-21)所示,按抗渗等级的分级来评定混凝土的渗透性,不能确切地反映出混凝土的渗透性能,同一数量级下的渗透系数,其混凝土抗渗等级有较大的差异,特别是抗渗标号较高时,差异较大。

表 2-21　混凝土抗渗标号与渗透性

抗渗标号	渗透系数/(cm/s)	抗渗标号	渗透系数/(cm/s)
P1	0.391×10^{-7}	P10	0.177×10^{-8}
P2	0.196×10^{-7}	P12	0.129×10^{-8}
P4	0.783×10^{-8}	P16	0.767×10^{-9}
P6	0.419×10^{-8}	P18	0.236×10^{-9}
P8	0.261×10^{-8}		

此外,据国内已有的结构检测结果,强度等级大于 C30 的混凝土,其抗渗等级多数达到了 P18 以上。因此, 对于 C30 以上的混凝土,用抗渗标号法标定其真实的抗渗等级耗时近一周左右,难以满足实际工程所需的便利性要求。

(2) 混凝土的抗渗等级不能直接用于混凝土结构设计上的透水性计算。

(3) 由于渗透还与渗透时间有关, 时间越久, 渗透深度与渗透量越大, 而抗渗等级则未能反映。

2. 渗水高度法

渗水高度法用以测定硬化混凝土在恒定水压力下的平均渗水高度来表示混凝土的抗渗性能。该法同样采用圆台形混凝土试件,一次加压 1.2MPa 并稳定 24h,试验结束后将试件劈开,测量试件中水的平均渗透高度,再取同一批次试件的平均渗水高度作为抗渗性能指标。

3. 相对渗透系数法

相对渗透系数法原理如图 2-61 所示。

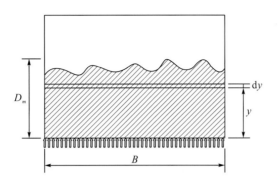

图 2-61　相对渗透系数法原理图

根据达西定律，水力梯度 J 的表达式为

$$J = \frac{H}{y} \text{ 或者 } v = KJ = K\frac{H}{y} \tag{2-46}$$

单位时间内水的流量为

$$dq = mBdy = Bvdt \tag{2-47}$$

将式 (2-47) 两边同乘 y，可得

$$mydy = vydt \tag{2-48}$$

将 $vy=KH$ 代入式 (2-48)，并对方程两边从 0 到 t 积分，假设 t 时间内水面上升高度为 D_m，可得

$$K = \frac{mD_m^2}{2tH} \tag{2-49}$$

式中，K 为相对渗透系数；m 为孔隙比；D_m 为平均渗水高度；t 为渗水时间；H 为试件高度。

采用渗水高度法中的平均渗水高度，代入式 (2-49) 计算即可得出相对渗透系数。

理论上，D_m 与 $t^{\frac{3}{7}}$ 成正比，但由于水泥溶出物等的影响，吴绍章[22]于 1994 年经过反复试验，得出的结果是 D_m 与 $t^{\frac{3}{7}}$ 成正比。若令 $\alpha = t^{\frac{3}{7}}$，则式 (2-49) 应改为

$$K = \alpha\frac{mD_m^2}{2tH} \tag{2-50}$$

由此可知，根据已知具有某一渗透系数的混凝土，可推求出所能渗透的深度，或根据允许的渗透深度，求该混凝土相应的抗渗能力。而这些均能同建筑物的使用年限联系起来，也便于将现场的检测结果与室内试验统一起来。

杨钱荣等于 2003 年通过对压力水在混凝土中的渗透与时间及压力关系的研究发现，在一定压力下，随着时间的变化，吸水量增长率逐渐减小，其值主要取决于前 1h，并且在 6h 后增长极为缓慢；而水压力与渗透高度呈近似线性的关系，且混凝土的渗透高度随压力增加呈增长的趋势。

2.6.1.2 电参数法与离子扩散法

电参数法是指通过各种实验方法测量混凝土材料在不同饱和溶液条件下的电阻(或电导、电导率)、通电量等电参数,并以此来评价混凝土的渗透性。混凝土导电有三种途径:通过骨料、通过水泥浆体、通过骨料-浆体界面区。由于骨料的导电性一般比水泥浆体低得多,混凝土导电主要通过水泥浆体,因此其导电性主要取决于混凝土的浆骨比,但是混凝土的导电性与其浆骨比之间并不是简单的关系,因为当骨料增加时,一方面降低了混凝土的导电组分水泥浆体,另一方面增加了界面区的含量,界面区中孔隙率高且易连通,相当于增加了混凝土的导电通道。实际上,混凝土导电是由于其中的骨料、水泥浆体、界面区中含有孔隙,并且孔隙中存在含有离子的毛细孔隙水和胶孔水,当孔隙水中的化学成分作为常量考虑时,混凝土的导电性可以反映其内部的孔隙情况,从而反映混凝土的渗透性。

扩散是指当物质有浓度差而无压力差时物质在介质中传输的形式,该过程可采用德国学者菲克的两个经验公式进行定量描述。离子扩散方法主要有:氯离子扩散试验和氯离子电迁移试验等。由于管片结构主要考虑压力水作用下混凝土材料的渗透性能,尽管用氯离子渗透试验法来测定混凝土的渗透性表现出一定的优越性,但考虑到氯离子渗透试验数据稳定性的影响因素是多方面的,同时,在混凝土发生裂缝的情况下,通电法是不适用的,因此其难以取代用水做介质来评价混凝土的渗透性。

1. 电通量法

电通量法属于氯离子渗透试验法的一种,是 ASTM C1202 推荐的测量混凝土渗透性的方法,已受到广泛的认可。我国行业标准《混凝土氯离子电通量测定仪》(JG/T 261—2009)亦有相关表述。

根据总导电量,ASTM C1202 对混凝土的渗透性进行评定,并对混凝土进行适当的分类,如表 2-22 所示。

表 2-22 ASTM C1202 导电量及其对混凝土的分类

6h 导电量/C	氯离子渗透性	相应类型的混凝土
>4000	高	水灰比>0.6 的普通混凝土
2000~4000	中	中等水灰比(0.5~0.6)的混凝土
1000~2000	低	低水灰比混凝土
100~1000	非常低	低水灰比,掺 5%~10%硅灰的混凝土
<100	可忽略不计	聚合物混凝土,掺 5%~10%硅灰的混凝土

2. 快速氯离子迁移系数法

快速氯离子迁移系数法(test method for rapid chloride ions migration coefficient,RCM)适用于测定以氯离子在混凝土中非稳态迁移的迁移系数来确定混凝土抗氯离子渗透性能。

RCM 试验方法适用于骨料最大粒径不大于 25mm(一般不宜大于 20mm)的实验室制作的或者从实体结构取芯获得的混凝土试件。此方法测定的氯离子扩散系数表示的是材料抵抗氯离子渗透的能力,试验数据可以用于混凝土施工时的配合比设计和混凝土质量检验的评定依据,也可用于混凝土结构使用寿命的预测和评估。根据同济大学杨钱荣(2003年)、哈尔滨工业大学樊杰(2006 年)等的研究发现,用氯离子渗透率表征的混凝土渗透性能,与用压力水表征的混凝土渗透性能线性相关性较高。

2.6.2　水在混凝土内的非 Darcy 渗流

混凝土作为防水的主体,其防水性能从根本上决定了结构的防水能力与耐久性,研究混凝土的防水耐久性须从多孔介质渗流力学角度出发。混凝土作为典型的多孔介质,一般认为水在其内的渗流满足线性 Darcy 定律。近年来大量研究表明[23-25],在低渗介质(绝对渗透率在 $10^{-3}\mu m^2$ 左右)中的非线性渗流现象很明显,而水泥石的绝对渗透系数一般都在 $10^{-18}m^2$(即 $10^{-6}\mu m^2$)以下。因而,混凝土的渗透系数远远小于一般意义上的低渗介质,不难推测,水在其内的渗透应表现出很强的非达西性。

2.6.2.1　启动压力梯度

启动压力梯度作为低渗多孔介质的一个特性,一般认为由以下两个方面的原因引起:

(1)水在岩石、混凝土等亲水性的介质中流动时,会与介质产生吸附作用,吸附层的产生降低了介质的渗透率,对渗流产生很大影响。因此,必须有一个附加的压力梯度克服吸附层的阻力才能开始流动,介质的孔径越小这种作用越明显。

(2)一般来说水是牛顿流体,但是当它在很细小的孔道中流动时也呈现出很强的非牛顿流体性,并呈现出非线性渗流特征。

启动压力梯度并不是混凝土特有的一个特性,而是低渗介质共有的一个特性。

2.6.2.2　线性、非线性下渗透的区别

以某混凝土试件为例,在 0.5MPa 水压下渗透深度随渗透时间的变化关系如图 2-62 所示。

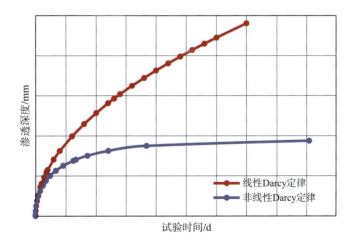

图 2-62　线性、非线性 Darcy 模型的比较

从图 2-62 可以看出，在线性 Darcy 模型下，只要存在起始压力，水就可以在混凝土中渗流，因而随着时间的推移渗透深度会不断地增大。而在非线性 Darcy 定律下在渗透初期渗透深度随时间推移不断增加，而当达到一定时间后渗透逐渐趋于平衡，渗透深度不再增加。从图中同样可以看出，无论线性 Darcy 模型还是非线性 Darcy 模型，渗透速度均是随渗透时间增长而变小。

2.6.2.3　水渗透的影响因素

影响混凝土管片水渗透性的主要因素有启动压力梯度、水压力、混凝土渗透系数等。根据相关研究可知：①普通强度混凝土的渗透系数远低于出现明显非线性渗流的低渗介质的渗透系数，水在其内的渗流并不符合线性 Darcy 定律，存在明显的启动压力梯度；②由于启动压力梯度的存在，水在混凝土内的渗透存在一个渗透平衡深度，并且渗透平衡深度由启动压力梯度决定；③同等条件下，水压越高、渗透系数越低以及启动压力梯度越低，渗透达到平衡的时间越长。

2.6.2.4　混凝土自防水性能的分析

目前防水混凝土基本遵照《普通混凝土长期性能和耐久性能试验方法标准》（GB/T 50082—2009)，通过限定抗渗等级的方法来设计。但在实际试验中，即使混凝土在恒定水压下也需要很长的时间才能渗穿试件，所以对于加压制度为从 0.1MPa 开始每隔 8h 增加 0.1MPa 水压的抗渗试验来说，即使水压加到渗穿所需最小水压（P_{min}）混凝土也基本不会渗穿，水胶比在 0.5 左右的混凝土能达到的抗渗等级很高，对于隧道管片混凝土的低水胶比，抗渗是非常容易满足的。

因此，由于管片混凝土的渗透系数极低，同时由于启动压力梯度的存在，混凝土的自身防水性能非常好，管片混凝土出现渗漏的原因并不在混凝土本身的防水问题上，这也是为什么隧道的渗漏大多出现在接缝处，以及由于混凝土体积变形等而产生的裂缝处。

2.6.3　拉应力作用下混凝土的渗透性

隧道混凝土在服役过程中，总是伴随着应力作用，而拉应力则是影响混凝土性能劣化的一个直接原因。研究拉应力下混凝土的渗透性以及混凝土的劣化机理对隧道工程有较大的指导意义[26]。

根据有关试验研究，在拉应力较小的情况下，渗透系数随拉应力的增加变化不明显，而当拉应力达到一定值之后，渗透系数增加幅度变大并导致混凝土发生断裂，因而在拉应力作用下混凝土渗透系数的变化并不是一个缓慢增加的过程，而是在某一较窄应力范围内突变的过程。试验结果表明，混凝土受拉应力时，在弹性范围内混凝土的渗透系数略有增加但增加并不明显（图 2-63，增大系数不超过 1.1），为安全起见，可以取弹性范围内的拉应力对渗透系数的影响系数为 1.2（即拉应力使零应力混凝土渗透系数提高 1.2 倍）。

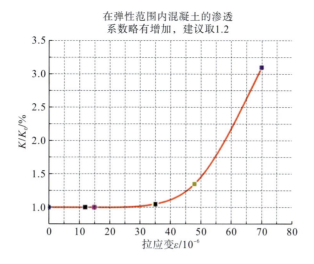

图 2-63　拉应力对混凝土渗透系数的加速系数

2.6.4　超高水压下管片混凝土抗渗等级的计算

对于高强高性能混凝土管片,在不产生贯穿裂缝的情况下,管片本体的防水性能取决于其渗透性[27-29],而对于低水胶比的混凝土,抗渗是很容易满足的,最主要的是避免贯穿裂缝的产生。目前《盾构隧道工程设计标准》(GB/T 51438—2021)仅规定管片抗渗等级不小于 P10,《地下工程防水技术规范》(GB 50108—2001)将管片混凝土抗渗等级作为一个主要技术指标,因此,设计中必须提出管片混凝土的抗渗等级要求。同时规范中又规定:"对于埋置深度大于 30m 的隧道,要求管片的抗渗等级为 P12"。当水压高于 30m 时,混凝土抗渗等级为 P12,也就是说,即使水压力达到上百米甚至更高,抗渗等级仍为 P12,显然不太合理,抗渗等级应与水压力有关。因此,需要对超高水压情况下的混凝土抗渗等级设计值进行研究。

以下以最大设计水头达 125m 的珠三角城际铁路广佛线东环隧道为例,按允许渗水量不大于蒸发量的方法,对抗渗等级的设计计算进行介绍。

1. 管片壁面蒸发量计算

假如隧道管片壁面为水分蒸发源,根据《室内空气质量标准》(GB/T 18883—2002)[30]要求,以低蒸发量的环境条件,计算允许值。隧道壁面蒸发量根据下面的道尔顿蒸发公式进行计算:

$$W = A' \times (E - e) \times P' \times S \tag{2-51}$$

$$A' = (A + 0.00363 \times V) / 10^5 \tag{2-52}$$

$$P' = P_0 / P \tag{2-53}$$

式中,W 为蒸发量,kg/(s·m^2);A' 为蒸发系数,kg/(N·s);A 为扩散系数,kg/(N·s),根据墙表面温度查相关手册可以获得该数据;V 为表面风速,m/s;E 为表面水分压力,Pa,根据墙表面温度查相关手册可以获取该数据;e 为空气水分压力,Pa,根据空气温度查相关手册可获得该数据；P'为大气修正系数；P_0为标准大气压，101.325kPa；P为实际大气压，kPa；S为面积，m^2。

按隧道壁面渗入的水不容易蒸发的状态进行取值计算。计算时取隧道内温度与壁面最大温差为0～3.0℃，风速取最不利值$V=0$m/s，计算主要温度区域蒸发量见表2-23。

表2-23　地下室室内不同温度环境蒸发量

参数	空气温度/℃	壁面温度/℃	蒸发量/[kg/(s·m²)]
	26.0	23.0	5.14×10^{-6}
	25.0	22.0	4.69×10^{-6}
	24.0	21.0	4.23×10^{-6}
风速：0m/s	23.0	20.5	7.05×10^{-6}
气压：101.325kPa	22.0	19.5	6.53×10^{-6}
相对湿度：80%	21.0	19.0	8.94×10^{-6}
	20.0	18.0	8.35×10^{-6}
	19.0	17.5	10.40×10^{-6}
	18.0	16.5	9.69×10^{-6}

对于常规盾构法隧道，隧道外地下水的温度较恒定，而洞内温度随外界气温而变化，除洞口段外，洞内气温总体上高于管片壁面温度，本计算中取气温21℃、管片壁温19℃进行计算，即蒸发量取8.94×10^{-6}kg/(s·m²)，也即8.94×10^{-9}m³/(s·m²)。

2. 渗水范围的面积计算

珠三角城际铁路广佛线东环隧道管片外径8.8m、内径8.0m，环宽1.6m，采用7分块方式。由于水在混凝土中的渗透性表现出很强的非达西性，因此仅计算地下水从管片接缝面的渗出量(而不考虑地下水渗透整个管片的情况)。假设接缝弹性密封垫内侧边沿距管片外侧为10cm，接缝面渗水区域为5cm，则：

(1)环缝处两侧渗水壁面面积约为：$\pi/4\times(8.6^2-8.55^2)\times2=1.347m^2$。

(2)纵缝处的渗水壁面面积约为：$0.05\times1.6\times7\times2=1.12m^2$。

(3)总计渗水面积：$1.347+1.12=2.467m^2$。

3. 渗水路径的水头梯度

取125m水头，渗水区段为管片外壁面至接缝渗水区的平均长度15cm，则水头梯度为125/0.15=833。

4. 允许渗透系数K计算

假设蒸发区面积与渗水区面积相同，则$K\times833\times2.467\leqslant8.94\times10^{-9}$，解得：$K\leqslant4.35\times10^{-12}$m/s。

5. 抗渗等级计算

按表 2-21，$K \leqslant 4.35 \times 10^{-12}$m/s 时，对应的抗渗等级高于 P16、低于 P18。考虑到管片制作时，管片四周的混凝土受模板影响，其密实度可能低于中间部位，因此，取混凝土抗渗等级 P18 作为设计值。

2.6.5　裂缝对混凝土渗透性的影响

混凝土的服役过程总是存在着开裂现象，裂缝的存在使得混凝土各项性能劣化[31]，也是造成隧道渗漏现象的最基本原因。混凝土结构中的裂缝(特别是贯穿裂缝)为渗水提供了便捷的传输通道，是造成结构渗漏的最主要原因之一。实际混凝土中的裂缝总是粗糙、迂曲的，因而对水在混凝土裂缝中的渗流方程进行研究具有很高的实用性。

2.6.5.1　理想等宽裂缝中的渗流

宽度为 b 的理想裂缝如图 2-64 所示。

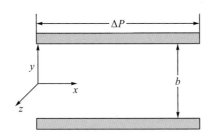

图 2-64　理想等宽单缝示意图

根据纳维-斯托克斯方程(N-S 方程)，在一维层流条件下有

$$\frac{\partial u_x}{\partial x} + \frac{\partial u_y}{\partial y} + \frac{\partial u_z}{\partial z} = 0 , \quad u_y = u_z = 0 \qquad (2\text{-}54)$$

由 $\dfrac{\partial u_x}{\partial x} = 0$，$\dfrac{\partial^2 u_x}{\partial x^2} = 0$，式 (2-54) 可简化为

$$\begin{cases} -\dfrac{1}{\rho}\dfrac{\partial p}{\partial x} + v\left(\dfrac{\partial^2 u}{\partial y^2} + \dfrac{\partial^2 u}{\partial z^2}\right) = 0 \\[2mm] \dfrac{\partial p}{\partial y} = 0 \\[2mm] \dfrac{\partial p}{\partial z} = 0 \end{cases} \qquad (2\text{-}55)$$

可以推得

$$\frac{\mathrm{d}^2 u_x}{\mathrm{d} y^2} = \frac{1}{\mu}\frac{\mathrm{d} p}{\mathrm{d} x} = -\frac{\Delta p}{\mu L} \qquad (2\text{-}56)$$

即：

$$u = -\frac{\Delta p}{2\mu L} y^2 + c_1 y + c_2 \tag{2-57}$$

由边界条件 $y = -\dfrac{b}{2}$，$u = 0$；$y = \dfrac{b}{2}$，$u = 0$ 可求得速度分布为

$$u = \frac{\Delta p}{2\mu L} \left(\frac{b^2}{4} - y^2 \right) \tag{2-58}$$

平行平面间的流量 Q 为

$$Q = \int_A u \,\mathrm{d}A = B \int_{\frac{b}{2}}^{\frac{b}{2}} \frac{\Delta p}{2\mu L} \left(\frac{b^2}{4} - y^2 \right) \mathrm{d}y = \frac{Bb^3}{12\mu L} \Delta p \tag{2-59}$$

其中，B 为缝在 z 轴方向上的长度。

平均流速 u 为

$$u = \frac{Q}{A} = \frac{Q}{Bb} = \frac{\Delta p}{12\mu L} b^2 \tag{2-60}$$

2.6.5.2　迁曲、粗糙裂缝中的渗流

何勇明等[32]通过引入迁曲度对弯曲裂缝进行了简化，并推导了图 2-65 所示的迁曲单裂缝的渗流方程，结果如式(2-61)所示。

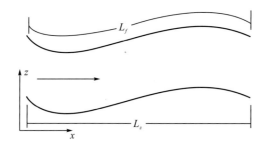

图 2-65　迁曲单裂缝示意图

$$q = \frac{Q}{B} = \frac{b^3}{12\mu\tau} \frac{\Delta p}{L} = \frac{b^3 \rho g}{12\mu\tau} J \tag{2-61}$$

式中，τ 为迁曲度，$\tau = \dfrac{L_f}{L_z}$；L_z 为缝视长；L_f 为缝真实长度。

光滑平直裂缝、光滑迁曲裂缝以及真实裂缝(迁曲、粗糙裂缝)中渗流速度和水力梯度的关系均为线性关系，因而三者渗流方程可以通过添加系数进行转化。通过在光滑平直裂缝渗流方程基础上引入迁曲度得到了光滑迁曲裂缝的渗流方程，同理可以在光滑迁曲裂缝渗流方程基础上引入粗糙度影响系数 m 得到真实裂缝的渗流方程，表达式如下：

$$q = \frac{b^3 \rho g}{12\mu\tau} \frac{1}{m} J \tag{2-62}$$

此时渗透系数 K'' 为

$$K'' = \frac{b^2}{12\mu\tau m} \tag{2-63}$$

根据有关试验，虽然不同裂缝的迂曲度有一定差异，但一般不超过 1.1，表面粗糙性影响系数一般不超过 1.2，将放大后的影响系数代入式(2-62)、式(2-63)得

$$q = \frac{b^3\rho g}{12\mu\tau} \frac{1}{m} J = \frac{b^3\rho g}{12\mu\tau} \cdot \frac{1}{1.1} \cdot \frac{1}{1.2} J = \frac{b^3\rho g}{12\mu\tau} \cdot \frac{1}{1.32} J \tag{2-64}$$

$$K'' = \frac{b^2}{12\mu\tau} \cdot \frac{1}{1.32} \tag{2-65}$$

通过上式结合渗透深度和渗透时间的关系可以计算：在 1m 厚的混凝土中如果含有 0.1mm 宽的贯穿裂缝，在 1m 高水压下，仅需 2min 左右时间水就可以渗穿混凝土。因而只要混凝土内有肉眼可见的贯穿裂缝，混凝土结构必然发生渗漏。同样对管片衬砌，控制贯通裂缝是管片本体防水设计的关键。

2.6.6　横向内力作用下结构裂缝的宽度与深度研究

本节以江阴靖江长江隧道管片原型试验为例，研究水、土压力作用下管片结构裂缝的发展，探明水下盾构隧道管片裂缝宽度与深度的关系。该隧道管片结构外径 15.5m，内径 14.2m，管片厚度 65cm。

1. 通缝拼装结构(单环结构)裂缝分析

单环结构破坏试验在 82.4m 水压条件下进行，加载示意图如图 2-66 所示。试验过程中保持水压不变，不断增大对拉力，并观察结构的破坏现象，对拉力加载至 3308.1kN 时，结构失效，最终得到结构裂缝发展情况如图 2-67 所示。

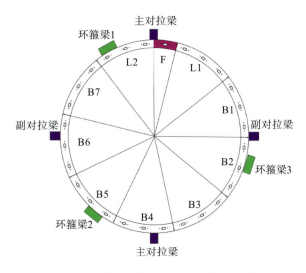

图 2-66　管片结构破坏试验加载示意图

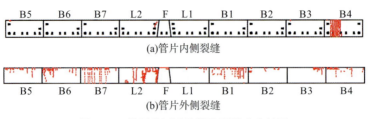

图 2-67　单环破坏试验管片裂缝分布情况

　　管片衬砌结构的裂缝首先出现在拱底 B4 块内侧，由幅宽方向中间向两侧发展，最终贯通，形成 8 条主裂缝(图 2-68)，裂缝最大宽度均不超过 0.18mm，且卸去荷载后裂缝基本闭合，最大宽度为 0.04mm。管片内侧出现贯通裂缝后逐步向管片厚度方向扩展，最大开展深度约为 15cm。B4 块管片裂缝贯通后，其裂缝宽度和深度增长变缓，同时，管片衬砌结构拱肩处开始出现沿幅宽方向的裂缝，并在 B7 和 L2 两块管片的外侧形成贯通裂缝。

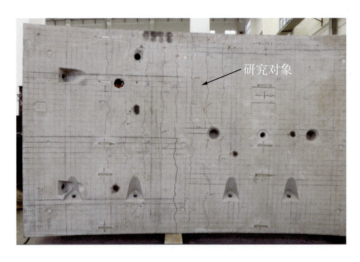

图 2-68　拱底 B4 块裂缝发展情况

1) 内弧面裂缝宽度和深度分析

　　由于通缝拼装结构 B4 块内弧面裂缝宽度和深度均较大，因此以 B4 块管片内弧面正对主对拉梁的裂缝为例进行宽度和深度关系的分析(变化情况如图 2-69 所示)。

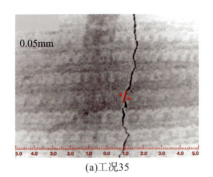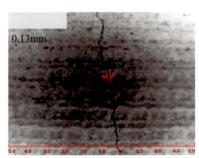

(a)工况35　　　　　　　　　　　　(b)工况39

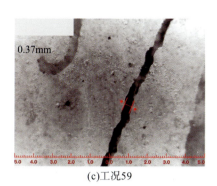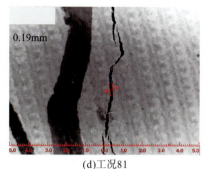

(c)工况59　　　　　　　　　(d)工况81

图 2-69　部分工况裂缝图像

由图 2-70 可知，拱底 B4 块主裂缝宽度和深度(图中宽度和深度均是该条贯通裂缝上的最大宽度和最大深度)与主对拉荷载的增大和减小变化规律一致，具体如下：

(1)裂缝宽度随着加载的进行先快速增大，当裂缝宽度达到 0.28mm 时，裂缝宽度的增长逐渐放缓，当裂缝宽度达到 0.38mm 时，裂缝宽度变化更为缓慢，卸载过程中裂缝迅速闭合，当环箍和对拉荷载均卸载完成后，裂缝残余宽度为 0.05mm。

(2)裂缝深度先随着荷载的增大而缓慢增大，当裂缝深度达到 4.2cm 时，裂缝深度的增长速率加快，当裂缝深度达到 12.5cm 时，裂缝深度增长的速率逐渐放缓，直到达到其最大值 15.3cm，卸载过程中裂缝深度迅速减小，最终裂缝深度残余量为 1cm。

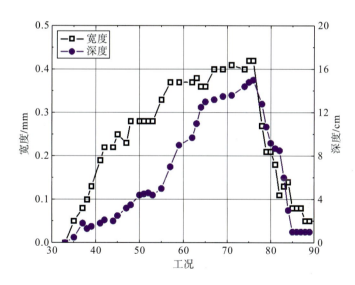

图 2-70　拱底 B4 块主裂缝宽度与深度的变化情况

2)外弧面裂缝宽度和深度分析

外弧面裂缝分析以 B7 块管片为例，裂缝深度和宽度数据如图 2-71 所示。

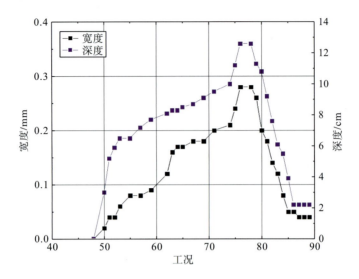

图 2-71　拱肩 B7 块主裂缝宽度与深度的变化情况

由图 2-71 可知，外弧面拱肩 B7 块管片裂缝贯通时间相比内弧面裂缝贯通时间较晚，B7 块主裂缝宽度和深度(图中宽度和深度均是该条贯通裂缝上的最大宽度和最大深度)与主对拉荷载的增大和减小变化规律一致，具体如下：

(1)裂缝宽度在主对拉达到最大前随对拉荷载几乎呈线性变化，最大裂缝宽度为 0.28mm，卸载过程中，裂缝宽度迅速减小，与荷载的变化量呈线性关系，卸载完成后裂缝宽度残余量为 0.04mm。

(2)裂缝深度先随着荷载的增大而迅速增大，当裂缝深度达到 6.5cm 时，裂缝深度的增速放缓，当裂缝深度达到 10.0cm 时，裂缝深度的增速变大，直到达到其最大值 12.6cm，卸载过程中裂缝深度迅速减小，最终裂缝深度残余量为 2.2cm。

2. 错缝拼装结构(组合环结构)裂缝分析

试验采用幅宽 2000mm 的目标环和幅宽 1000mm 的上下半环，环缝间错缝水平拼装，相邻环的封顶块旋转 180°，管片拼装方式如图 2-72 所示。

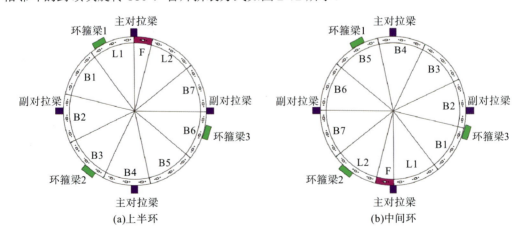

(a)上半环　　　　　　　　　　　　　(b)中间环

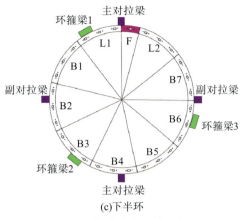

(c)下半环

图 2-72　管片结构拼装示意图

由于错缝拼装结构破坏试验中主要破坏现象为管片裂缝，且管片上产生的裂缝较多，因此本节将对裂缝发生发展情况进行详细说明，具体如下。

1) 内弧面裂缝发展过程与分布规律

随着主对拉梁压力的不断增加，内弧面裂缝主要出现和发展于上下半环拱顶的标准块 B4，以及中间环拱底标准块 B4，共三处。此小节将对中间环拱底标准块 B4 内弧面裂缝发展情况进行阐述。

图 2-73 为破坏试验后中间环拱底标准块 B4 的相对位置以及其裂缝存在情况。中间环 B4 裂缝发展相对上下半环 B4 发展较晚，共同之处在于三者的裂缝分布均以在幅宽方向的多条贯通纵向裂缝为主，多条发散细小斜裂缝为辅。

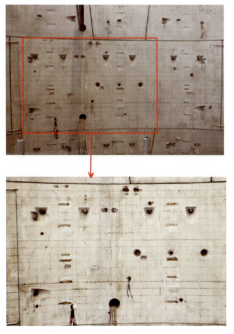

图 2-73　中间环拱底标准块 B4 内弧面裂缝总览

2) 内弧面裂缝宽度和深度分析

图 2-74 为裂缝宽度随主对拉力增大的变化情况，裂缝宽度随着主对拉力的加大不断增大。在主对拉力不超过 8MPa 时，裂缝宽度基本无增加，约为 0.1mm。主对拉力超过 8MPa 后，裂缝宽度进入快速扩张阶段。随着裂缝宽度的不断扩展，其深度也在增加，呈现先快后慢的趋势，其关系可用对数函数较好拟合，如图 2-75 所示。当裂缝宽度扩展至 0.3mm 后，深度扩展进入相对缓慢和停滞阶段，数值约为 15～20cm。

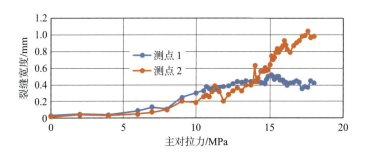

图 2-74　中间环标准块 B4 裂缝宽度-主对拉力曲线图

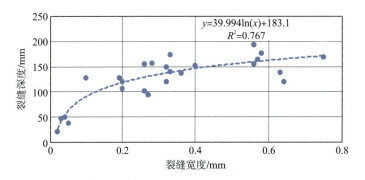

图 2-75　中间环标准块 B4 裂缝宽度与深度拟合关系

3) 外弧面裂缝发展过程与分布规律

外弧面裂缝主要出现和发展于两侧拱肩及其轴对称位置，具体为上下半环的标准块 B1、B7，以及中间环标准块 B5、B6，共四处。此小节将对上下半环标准块 B1 外弧面裂缝发展情况进行阐述。

与内弧面裂缝发展类似，拱肩位置上下两半环相比中间整环更早出现裂缝。图 2-76 为破坏试验后上半环标准块 B1 的相对位置以及其裂缝存在情况，主要为贯通纵向裂缝。

4) 外弧面裂缝宽度和深度分析

对上半环标准块 B1 两测点裂缝宽度与深度数据进行分析，测点位置见图 2-77，图 2-78 为裂缝宽度随主对拉力增大的变化情况。

由图 2-78 可见，当主对拉力增至约 12MPa 时，裂缝开始出现，宽度约为 0.05mm。随着主对拉力的增大，裂缝宽度呈增加趋势。当增至约 14MPa 后，由于钢绞线的束缚，裂缝宽度增加幅度变小，数值稳定在 0.1～0.12mm。虽然因钢绞线的束缚作用，在加载后期裂缝宽度发展不明显，但其深度在不断增加，如图 2-79 所示。主对拉力增至破坏荷载 18MPa 时，裂缝宽度约为 0.15mm，深度约为 19cm。

图 2-76　上半环标准块 B1 外弧面裂缝总览

图 2-77　上半环标准块 B1 裂缝宽度与深度测点布置

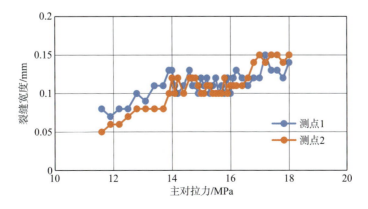

图 2-78　上半环标准块 B1 裂缝宽度-主对拉力曲线图

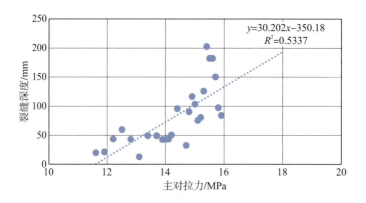

图 2-79　上半环标准块 B1 裂缝深度与主对拉力拟合关系

3. 裂缝对管片防水影响分析

根据以上分析可得如下结论：

(1)通缝拼装结构破坏试验中，当裂缝宽度随着加载的进行首先是迅速增大，随后裂缝宽度的增长逐渐放缓，裂缝最大宽度达到 0.42mm 时，卸载完成后，裂缝残余宽度为 0.05mm；裂缝深度首先随着荷载的增大而缓慢增大，随后裂缝深度的增长速率加快，裂缝深度最大值为 15.3cm，卸载完成后裂缝深度残余量为 1cm。

(2)错缝拼装结构破坏试验中，与中间环拱顶标准块 B4 相比，上下半环拱底标准块 B4 裂缝出现最早，且发育更加迅速，在幅宽方向上有多条贯通纵向裂缝；下半环拱顶标准块 B4 裂缝的相对位置与上半环 B4 类似，在幅宽方向上可见多条贯通纵向裂缝，与上半环 B4 不同之处在于，由于下半环螺栓手孔的存在，手孔局部的裂缝呈放射状向四周发散；中间环 B4 裂缝发展相对上下半环 B4 发展较晚，共同之处在于三者的裂缝分布均以在幅宽方向的多条贯通纵向裂缝为主，多条发散细小斜裂缝为辅。

(3)错缝拼装结构破坏试验中，在主对拉力不超过 8MPa 时，裂缝宽度基本无增加，约为 0.1mm；主对拉力超过 8MPa 后，裂缝宽度进入快速扩张阶段。随着裂缝宽度的不断扩展，其深度也在增加，呈现先快后慢的趋势，其关系可用对数函数较好拟合，当裂缝宽度扩展至 0.3mm 后，深度扩展进入相对缓慢和停滞阶段，数值约为 150～200mm。

(4)盾构隧道管片的保护层厚度一般为 40～60mm，根据通缝拼装和错缝拼装管片内、外侧裂缝宽度与深度的关系，当裂缝深度发展至钢筋保护层位置时，通缝拼装结构管片内、外侧裂缝宽度分别为 0.28～0.35mm、0.04～0.07mm，错缝拼装结构管片内、外侧裂缝宽度分别为 0.0279～0.0461mm、0.08～0.116mm。可见，当管片裂缝开展为 0.2mm 时，裂缝最大深度约 10～15cm，而管片接缝弹性密封垫沟槽底内边沿至管片外表面的距离一般为 10cm 左右，在正常使用极限状态下，裂缝扩展深度不会形成接缝渗漏水；在承载能力极限状态下，虽然裂缝深度可能超出弹性密封垫沟槽底面，但由于裂缝宽度小，具备裂缝自愈条件，因而裂缝扩展深度对接缝防水效果的影响较小。

2.7　本　章　小　结

本章针对盾构隧道接缝弹性密封垫防水和管片本体防水的关键技术问题展开研究与探讨，重点对弹性密封垫防水机理、弹性密封垫性能评价方法、双道弹性密封垫设计理论与方法、新型接缝防水体系、管片本体抗渗等级设计方法以及管片结构受荷开裂对防水性能的影响等进行了研究，得到如下结论：

(1) 系统研究了我国盾构隧道接缝防水体系演化历程，针对盾构隧道管片接缝防水体系的特征提出了代系划分方法，并详细阐述了各代系的使用场景及主要适用范围，具体包括三代：采用单道三元乙丙橡胶密封垫的第一代接缝防水体系，以单道三元乙丙橡胶+遇水膨胀弹性体形成"一主一辅"的第二代接缝防水体系，以双道三元乙丙橡胶密封垫为主体的第三代接缝防水体系。

(2) 国内外盾构隧道均特别关注弹性接缝密封垫设计和高精度管片制作，但国外对高精度管片制作精度的控制更为细致、更为全面，也更为严格；在防水密封垫方面，国内外对如何加强弹性密封垫防水性能均在不停探索和改进，同时既有设计均是将接缝防水作为单独的内容，未与结构本身的特性有机结合。

(3) 由于弹性密封垫接触面凹凸不平，存在极其细微渗漏通道，因此，其防水能力受接触面最大接触应力和接触面细微通道的水流阻力双控制。基于 Roth 模型建立了密封垫接触面的泄漏通道模型，推导出了泄漏率计算公式，并提出可采用泄漏率作为评价密封垫防水性能的一个重要指标，在以往仅采用单一接触应力（或有效接触应力占比）作为密封垫性能定性评价指标的基础上，进一步完善了密封垫防水机理，建立了密封垫性能定量评价方法。

(4) 有效总泄漏率可以作为评价弹性密封垫防水性能的一个量化指标。弹性密封垫设计时不仅要计算有效接触应力占比，还要计算有效总泄漏率。当接触应力较大且有效接触应力占比较高时，防水能力由接触应力控制；当接触应力较小或有效接触应力占比较低时，防水能力由有效总泄漏率控制。

(5) 针对双道弹性密封垫防水开展了理论分析与试验研究，提出了双道弹性密封垫"击穿水压"防水理论，基于弹性力学的方法提出了密封垫击穿水压值估算公式，得出了"当外界水压大于外道弹性密封垫初始防水能力的 1.36 倍时，弹性密封垫被完全击穿，从而不具备任何残余防水能力"的结论，进而建立了双道弹性密封垫耦合设计方法。

(6) 以往认为双道弹性密封垫仅能减小渗漏水概率，不能提高防水能力。基于双道弹性密封垫"击穿水压"防水理论，研发了双道弹性密封垫集中布置于管片接缝外侧的新型防水体系，提高防水能力约 30%，突破了"多道密封垫不能提高防水能力"的传统思维，进而提出了双道弹性密封垫总防水能力的计算方法及其布置方法与技术要求。

(7) 针对以往管片角部弹性密封垫因体积过大造成管片拼装时弹性密封垫角部堆积严重，甚至出现破损和角部渗漏的难题，提出了角部弹性密封垫的结构设计方法，开发了新型的角部弹性密封垫：角部非直角、内部设置脚肋形成"桥洞"开孔、两侧设置隔板与直条段连成一体。

（8）现有规范对管片混凝土抗渗等级的技术要求沿用建筑结构标准，对管片本体防水能力的设计仅有抗渗等级一个指标，已不能满足高水压隧道建设的要求。基于非达西渗流理论，提出了管片混凝土渗漏量与蒸发量相平衡的抗渗等级设计方法，进而得出了百米级超高水压情况下管片混凝土本体抗渗等级的计算方法，修正了现有技术规范的不足。

（9）当管片裂缝开展为 0.2mm 时，裂缝最大深度约 10～15cm，而管片接缝弹性密封垫沟槽底内边沿至管片外表面的距离一般为10cm 左右，在正常使用极限状态下，裂缝扩展深度不会形成接缝渗漏水；在承载能力极限状态下，虽然裂缝深度可能超出弹性密封垫沟槽底面，但由于裂缝宽度小，具备裂缝自愈条件，因而裂缝扩展深度对接缝防水效果的影响较小。

参 考 文 献

[1] 朱祖熹. 城市隧道防水技术的现状与展望[J]. 地下工程与隧道, 1995(04): 18-24.

[2] 王士民, 谢宏明. 高水压盾构隧道管片接缝防水研究现状与展望[J]. 隧道与地下工程灾害防治, 2020, 2(02): 66-75.

[3] 朱祖熹. 当今国内外盾构隧道防水技术比较谈[J]. 地下工程与隧道, 2002(01): 14-20, 55.

[4] 拓勇飞, 舒恒, 郭小红, 等. 超高水压大直径盾构隧道管片接缝防水设计与试验研究[J]. 岩土工程学报, 2013, 35(S1): 227-231.

[5] 肖明清. 大型水下盾构隧道结构设计关键问题研究[D]. 成都: 西南交通大学, 2014.

[6] 中华人民共和国住房和城乡建设部. 地下工程防水技术规范(GB 50108—2008)[S]. 北京: 中国计划出版社, 2008.

[7] 中华人民共和国住房和城乡建设部. 盾构隧道工程设计标准(GB/T 51438—2021)[S]. 北京: 中国建筑工业出版社, 2021.

[8] 刘清文. 地铁工程防水技术研究[D]. 成都: 西南交通大学, 2005.

[9] 大冢正博. シールド工事用セグメントの水膨張シール 材による止水設計法に関する研究[D]. 东京: 早稻田大学, 2002.

[10] 张稳军, 丁超, 张高乐, 等. 盾构隧道管片接缝复合型密封垫选型设计研究[J]. 隧道建设(中英文), 2020, 40(02): 246-255.

[11] 朱祖熹. 盾构隧道管片接缝防水技术的新认识[J]. 隧道与轨道交通, 2017(S1): 10-16.

[12] 董林伟, 江玉生, 杨志勇, 等. 隧道管片接缝密封垫防水机理及试验研究[J]. 岩土工程学报, 2017, 39(03): 469-474.

[13] 肖明清, 薛光桥, 钟元, 等. 盾构法隧道管片接缝双道密封垫防水试验研究[J]. 铁道工程学报, 2021, 38(02): 85-91.

[14] Rivlin R S. Large Elastic Deformations of Isotropic Materials. I. Fundamental Concepts[J]. Philosophical Transactions of the Royal Society of London. Series A, Mathematical and Physical Sciences(1934-1990), 1948, 240(822).

[15] 郭志明, 李拼, 鲁志鹏, 等. 水压施加对盾构管片接缝防水性能的影响分析[J]. 铁道标准设计, 2021, 65(07): 149-153.

[16] 金跃郎, 丁文其, 肖明清, 等. 苏通 GIL 综合管廊超高水压盾构隧道接缝防水性能试验研究[J]. 隧道建设(中英文), 2020, 40(04): 538-544.

[17] 李拼. 高水压盾构隧道双道密封垫防水机理与设计方法研究[D]. 成都: 西南交通大学, 2021.

[18] 肖明清, 虞雄兵, 薛光桥, 等. 考虑击穿水压的双道密封垫防水机制研究[J]. 隧道建设(中英文), 2022, 42(05): 791-797.

[19] 余红发. 盐湖地区高性能混凝土的耐久性、机理与使用寿命预测方法[D]. 南京: 东南大学, 2004.

[20] 禹华谦. 工程流体力学: 水力学[M]. 成都: 西南交通大学出版社, 2007.

[21] 吴晓梅. 混凝土渗透性测试方法比较分析[J]. 水利科学与寒区工程, 2019, 2(04): 33-38.

[22] 吴绍章. 混凝土抗渗性及其评定方法[J]. 水利水运科学研究, 1994(03): 267-277.

[23] 徐维生, 柴军瑞, 王如宾, 等. 低渗透介质非达西渗流研究进展[J]. 勘察科学技术, 2007(03): 20-24.

[24] 任晓娟, 齐银, 张宁生, 等. 低渗孔隙介质中低速非达西渗流特征研究进展[C]//第九届全国渗流力学学术讨论会论文集（二）, 2007: 35-39.

[25] 任晓娟, 张国辉, 缪飞飞. 低渗多孔介质非达西渗流启动压力梯度存在判识[J]. 辽宁工程技术大学学报（自然科学版）, 2009, 28(S1): 273-276.

[26] 夏溪芝. 应力-温度-渗透压耦合下超高性能混凝土的损伤及传输性能研究[D]. 徐州: 中国矿业大学, 2021.

[27] 封坤, 何川, 张力, 等. 高水压水下盾构隧道管片结构破坏现象研究[J]. 隧道与地下工程灾害防治, 2020, 2(03): 95-106.

[28] 曹淞宇, 王士民, 刘川昆, 等. 裂缝位置对盾构隧道管片结构破坏形态的影响[J]. 东南大学学报（自然科学版）, 2020, 50(01): 120-128.

[29] 李治国. 高水压富水隧道地下水控制技术探讨[J]. 隧道建设, 2015, 35(03): 204-209.

[30] 国家质量监督检验检疫总局. 室内空气质量标准(GB/T 18883—2002)[S]. 北京: 中国标准出版社, 2002.

[31] 夏意. 高水压对混凝土的损伤机理及抑制方法研究[D]. 徐州: 中国矿业大学, 2022.

[32] 何勇明, 熊勇, 张悦, 等. 同时考虑启动压力和迂曲度的窜流函数及形状因子模型[J]. 成都理工大学学报（自然科学版）, 2019, 46(01): 101-104.

第 3 章　防水与结构一体化的结构体系

　　装配式管片衬砌是目前水下盾构隧道的主要承载结构,其结构体系的优劣直接影响隧道结构的受力和防水安全性,因此,采用合理的结构体系,对于隧道的长久安全至关重要。本章首先针对公路、铁路、公铁合建等不同使用属性和单层、双层等不同结构断面情况,重点对可一体化保障隧道结构安全与防水性能的防灾疏散救援方式及总体布置形式、通用楔形环管片结构设计技术、衬砌结构类型等内容进行介绍。然后针对盾构法隧道承受的地层水土荷载在施工期和运营期差别较大的特殊性质,提出了可以优化结构配筋的盾构隧道结构两阶段设计法。

3.1　基于一体化结构体系的隧道防灾疏散与总体布置技术

　　火灾情况下的安全疏散与救援是水下隧道必须考虑的最重要的问题之一。在两隧道车道孔之间设置连接人行或车行的横通道是双管(或多管)水下隧道最主要的疏散方式,但横通道的设置问题一直是水下隧道总体设计的难点和存在争议的焦点。横通道的设置可以提高疏散救援的便利性,但也会威胁水下隧道的结构安全与防水稳定性,是运营防水和抗震的最不利部位。因此,对于大直径水下盾构隧道,采用无横通道疏散救援技术是一体化提升隧道的结构安全与防水性能的重要措施。

3.1.1　盾构法水下隧道疏散救援方式概述

　　隧道发生火灾的风险与隧道的长度、交通量、通行车辆类型密切相关[1]。由于水下隧道出入口少,疏散路线长,通风照明条件差,隧道内一旦发生火灾,危害性非常严重。面临的主要问题有:

　　(1)烟气量大,温度高,能见度低,蔓延速度快[2]。隧道是近乎封闭的空间,其火灾多为不完全燃烧,燃烧会产生大量的烟雾和有毒气体 CO 等。同时,由于很难进行自然排烟,热量不容易散发,烟气在高温产生的浮力和机械通风的作用下,会沿隧道纵向迅速蔓延。

　　(2)车辆多,通道容易堵塞。发生火灾时,若交通控制不及时,大量车辆在不知情的情况下鱼贯而入,难以疏散,易造成严重堵塞。加之隧道内高温烟气蔓延速度快,极易使得火势顺车辆蔓延,增大损失。

　　(3)人员疏散困难。火灾发生时,由于隧道内空间较小,障碍物多(车辆、隧道壁上分布的电缆架、消防箱等），能见度低，惊慌失措的乘客往往无法辨别方向而影响疏散速度，甚至造成跌倒、踏伤的严重后果。

(4) 救援困难，扑救难度大[3]。一是隧道出入口少，内部能见度低，障碍物多，能深入火场内部的消防员有限；二是隧道内壁经长时间的烘烤，辐射热非常大，消防员将面临高温考验；三是隧道发生火灾后，当隧道控制中心因断电不能正常运行时，有线应急电话和无线电话的使用有可能受到影响，消防队员又不能从外部直接观察起火点的燃烧情况，这些都大大增加了隧道火灾的扑救难度。

随着盾构法技术的发展，隧道的形式不断创新，车道数、交通量也相应增加，由最初的单孔两车道，发展至单孔多车道、单孔双层多车道、双孔双层多车道等形式，隧道规模的扩大增加了火灾发生的概率。盾构法隧道主要修建于软弱地层，其疏散救援方式的确定对结构安全与防水性能的影响很大[4]。盾构法隧道设置安全疏散设施的难度较大，设置对外出口、疏散用连接通道较为困难，火灾发生时人员的安全疏散问题更为突出。通常而言，水下隧道防灾设计应坚持以下原则[5]：优选安全疏散距离短、疏散救援便利程度高的方式，以保证隧道内人员的及时疏散，避免和减少人员伤亡；尽可能保证隧道结构本身不发生难以修复的破坏，保证其正常使用功能；减小隧道内车辆和设施的损失。

目前国内外水下隧道防灾疏散救援设置主要有以下方式[6,7]：

(1) 疏散隧道方式。这种方式是在运营隧道之外，另外建造用于疏散救援的专用隧道。

(2) 横通道疏散方式。在两条以上运营隧道间设置横通道，当一条隧道发生灾难时可通过另一条隧道避难，需要按照一定的间隔建设数条横通道。

(3) 纵向通道疏散方式。利用隧道内行车道路面以下的空间建成纵向疏散通道，每隔一定间距设置紧急出口及滑梯道，与路面之下的疏散通道连通。隧道救援也可利用底部疏散通道。

(4) 隧道内上下层互通疏散(纵向)方式。当隧道内部空间较大时，可在隧道内设置上下双层车道，隧道内每隔一定间距设置连通口及楼梯道，实现上下层之间的互连。

(5) 横向与纵向结合的疏散救援方式。横通道疏散方式是双管(或多管)水下隧道最主要的疏散方式，横通道将隧道分为若干段，有效地缩短了疏散救援距离，同时，横通道与车道在相同标高上，平面疏散方式更为便捷，也更符合行为习惯，但横通道是盾构法水下隧道最大的施工风险源之一，也是运营防水和抗震的最不利部位，因此采用无横通道的疏散方式可以大幅提升隧道的结构安全与防水性能。

3.1.2　长大单层盾构隧道防灾疏散救援方式与结构布置

1. 公路盾构隧道防灾疏散救援方式

1) 横通道疏散救援方式

该方式是以往水下公路隧道常用的方式，其中代表性工程有荷兰的西斯凯尔特河隧道[8]。该隧道是连接泽兰省与南贝弗兰岛的公路隧道，由两管平行盾构隧道组成，隧道盾构段长 6.6km，每管内设两条 3.5m 宽车道，隧道外径 11.33m。两管隧道间每 250m 设一条人行联络横通道，全隧共设置了 26 条。横通道内空净尺寸 2.5m（宽）×2.7m（高），出入口门洞净宽 1.5m，横通道平均长度 12m。横通道处隧道断面如图 3-1 所示。

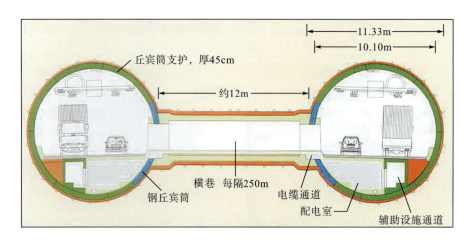

图 3-1 荷兰西斯凯尔特河隧道横断面

2）无排烟道纵向疏散救援方式

世界上首次采用该疏散方式的隧道是日本东京湾海底公路隧道[9]，它位于川崎与木更津人工岛之间，长 9.6km，采用两管分离的盾构隧道。每管隧道外径 13.9m，车道组成为 2×3.5m+2.5m（紧急停车带），隧道横断面如图 3-2 所示。该工程利用行车道路面下部空间作为纵向逃生通道，每隔 300m 设置一处逃生滑梯和消防人员出入口与下部纵向疏散通道相连，火灾时人员进入车道板下逃生通道纵向疏散。车道层顶部间隔一定距离安装射流风机，采用纵向通风[10]。我国南京长江隧道、杭州庆春路隧道亦采用该种方式。

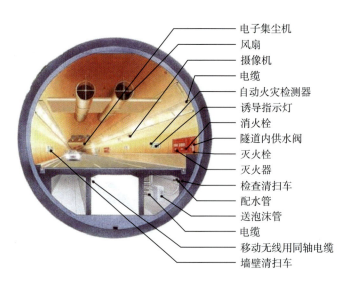

图 3-2 东京湾海底公路隧道断面图

3)有排烟道纵向疏散救援方式

该方式采用排烟道与纵向通道相结合的疏散方式[11]，该方式在隧道顶部或一侧设置排烟道，采用此防灾救援疏散方式的隧道横断面布置见图 3-3。

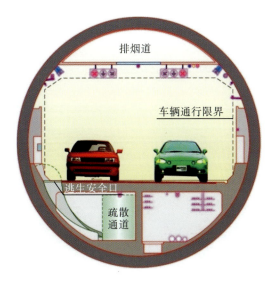

图 3-3　有排烟道纵向疏散方式

代表性工程有江阴靖江长江隧道。该隧道为高速公路兼城市快速路隧道，全长 6.4km，盾构段长 4.9km。盾构隧道外径 15.5m，内径 14.2m，分三层布置，上层为排烟道，中间层为车行道(3 车道)，下层为管线廊道和快速疏散救援通道，净空宽 5m，净空高 3.75m，可通行中小型车辆，如图 3-4 所示。

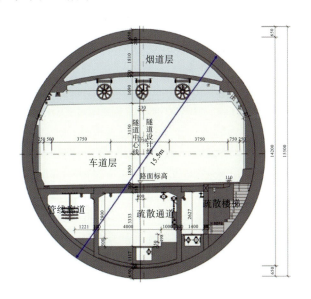

图 3-4　江阴靖江长江隧道断面图

4)有排烟道、纵横向疏散救援方式

该方式采用横通道与纵向通道相结合的疏散方式，且盾构段顶部设置排烟道，代表性工程有上海长江隧道。该隧道长约 8.9km，其中盾构段长 7.6km，隧道外径 15.0m，内部结构上层为单向三车道高速公路，下层为非标准轨道交通空间(图 3-5)。左右线隧道间(公路层)共设置了 8 条联络横通道，平均间距约 830m。公路层和轨道层之间每隔 270m 设有一处上下互通的逃生楼梯道，每管隧道各设 27 个。隧道采用纵向射流通风模式，并在车道层顶部设置了排烟道，火灾条件下启用。

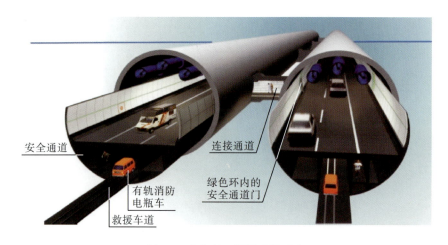

安全通道

连接通道

有轨消防电瓶车

救援车道

绿色环内的安全通道门

图 3-5 上海长江隧道疏散示意

2. 公路盾构隧道横断面布置

1)汽车交通盾构隧道横断面布置应考虑的因素

(1)满足隧道建筑限界要求：汽车交通隧道的建筑限界需根据其道路性质与等级确定，城市交通隧道按《城市道路工程设计规范》(CJJ 37—2012)[12]确定，公路隧道按《公路隧道设计规范》(JTG D70—2004)[13]确定。

(2)考虑防灾救援的需要：对于长大公路隧道，除了设置火灾自动报警系统、排烟控烟系统外，还需配置消防灭火设施。目前隧道内常用的消防灭火设施有：灭火器、消火栓、水成膜泡沫灭火装置，部分城市隧道、水下隧道设置泡沫-水喷雾自动灭火系统。

(3)考虑各种运营设备布置的需要：维持隧道正常运营的设备、电缆和管线需要一定的设备空间。布置这些设备的基本原则是：满足各设备的工艺要求、不得侵入建筑限界、维修保养方便。

(4)考虑隧道内装修的要求：隧道内装修的主要目的是提供舒适、美观的行车环境。顶部装修要求具有防水、引水、防火、吸收噪声的功能，装修层厚度一般为 3~5cm。隧道两侧装修主要考虑美观和防火需要。

(5)考虑施工误差：由于地质、结构以及施工技术等因素，盾构法隧道衬砌的施工误差是不可避免的，需结合工程的具体情况，一般情况下考虑隧道施工径向误差为 150mm，当隧道长度特别大或长距离穿越软硬不均地层时，施工误差可以适当加大至 200mm。

2) 单层盾构隧道横断面布置及选择

目前, 单层隧道根据防灾疏散、通风排烟方式的不同, 横断面的布置分为设排烟道、不设排烟道、设疏散滑梯或设疏散楼梯等不同方式, 见图 3-6。单层隧道排烟道设置于顶部, 火灾时利用烟气上升的特点可以以最短路径排除烟气。排烟道与行车道之间采用烟道板隔离, 烟道板上每间隔一定距离开设装有排烟阀的排烟孔, 火灾时通过隧道中央控制室打开火灾点附近的几个排烟阀进行排烟。疏散滑梯设置于隧道行车道路面横坡的高侧, 其间距根据火灾时隧道内人员数量经计算确定, 平时滑梯开口部位采用钢盖板封闭, 火灾时由现场人员手动开启或电动开启。滑梯还可以改为楼梯, 对疏散更为有利。

(a)同时设排烟道和滑梯的双车道隧道

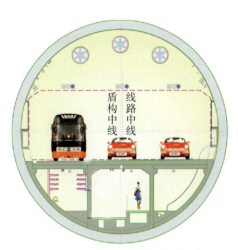
(b)不设排烟道设滑梯的三车道隧道

图 3-6　单层盾构隧道横断面布置图

盾构隧道横断面布置时是否设置排烟道需根据隧道内行车方向、隧道长度、所处交通路网条件、疏散救援方式确定。对于双向交通隧道, 由于火灾点上下游均有车辆, 应设置排烟道排烟; 对于两端接线疏解条件较差、隧道内可能经常发生交通堵塞的隧道, 由于火灾可能与火灾点前方交通堵塞同时发生, 则不管往火灾点上游还是下游排烟, 均会有人员受到危险, 因此宜设置顶部排烟道; 对于两端接线疏解条件好、隧道内不容易发生交通堵塞的隧道, 如城市快速路、高速公路隧道, 则可以不设置排烟道。

隧道内是否设置疏散滑梯与隧道火灾疏散方式有关, 对于采用横通道疏散的隧道, 可以不设置滑梯; 对于采用底部疏散廊道为主的隧道, 则必须设置滑梯或楼梯道联系车道层与疏散廊道层。

3. 铁路盾构隧道防灾疏散救援方式

1) 横通道疏散救援方式

该种疏散救援方式适用于双孔单线铁路隧道, 横通道的间距根据各国的规范确定, 我国铁路隧道的横通道间距要求不大于 500m, 如广深港高铁深港隧道(图 3-7)。

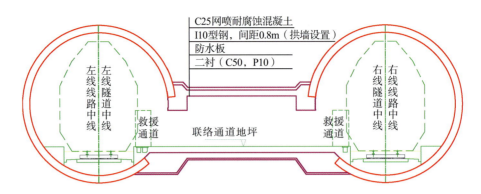

图 3-7 铁路盾构隧道横通道疏散方式

2) 底部廊道疏散救援方式

针对单孔双线盾构法隧道，由于隧道底部存在富余空间，因此可以作为紧急情况下的疏散救援通道(图 3-8)。具体疏散路径为：车上人员→下车至行车道层救援通道→沿救援通道绕过事故列车→跨过轨道进入隧道中线→沿楼梯道进入底部疏散廊道→沿廊道进入两端工作井→沿工作井出地面。采用该种疏散方式的隧道有佛莞城际铁路狮子洋隧道、广深港高铁益田路隧道等。

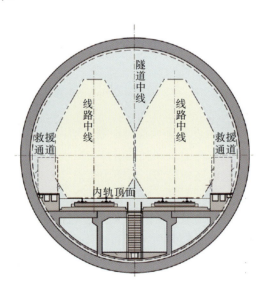

图 3-8 铁路盾构隧道底部廊道疏散方式

3) 服务隧道疏散救援方式

对于超长水下隧道，有在两孔行车隧道之间设置服务隧道的疏散救援方式，如英法海峡隧道(图 3-9)；也有在一座单孔双线隧道外侧设置服务隧道的疏散救援方式，如日本青函海底隧道。

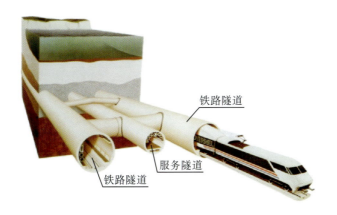

图 3-9　铁路隧道采用服务隧道疏散方式

4）中隔墙左右疏散救援方式

该种方式适用于单孔双线设中隔墙的结构断面形式，即在中隔墙上设置安全门，紧急情况下人员通过安全门从事故隧道侧进入非事故隧道侧，如荷兰绿色心脏隧道，我国武汉、南京一些穿越长江的地铁区间隧道、上海机场联络线区间隧道也采用该种方式。

5）紧急出口疏散救援方式

该种方式适用于单洞铁路隧道，即利用施工中的斜井、横洞、竖井作为紧急出口。德国规定双线隧道紧急出口的间距不大于 1000m，我国《铁路隧道防灾疏散救援工程设计规范》（TB 10020—2017）[14]规定，紧急出口和避难所的间距不宜大于 5km，并规定竖井式紧急出口的垂直高度不宜大于 30m，斜井式紧急出口的长度不宜大于 500m，横洞式紧急出口的长度不宜大于 1000m。

6）疏散救援定点方式

我国《铁路隧道防灾疏散救援工程设计规范》（TB 10020—2017）规定，长度 20km 及以上的隧道或隧道群应设置紧急救援站，紧急救援站之间的距离不应大于 20km。日本在长大隧道内亦设置间距不大于 20km 的紧急救援站。考虑到水下隧道为 V 形纵坡，在失去动力的事故情况下列车有可能依靠重力滑行至隧道最低点，因此在长度较大的水下隧道最低点段设置疏散救援定点，如武广高铁浏阳河隧道。

7）组合疏散救援方式

组合疏散救援方式将上述几种方式进行组合使用，如日本青函海底隧道和我国广深港高铁狮子洋隧道。

（1）青函海底隧道的组合疏散救援方式

日本青函海底隧道是世界上最长的水下隧道，为双线隧道，全长为 53.9km，海下段长度为 23.3km，北岸陆地段长 17km，南岸陆地段长 13.55km。隧道内铺设 1.067m 狭轨和 1.435m 准轨铁路各一条，在隧道的南北两端各设龙飞、吉冈海底车站。青函海底隧道主要由竖井、主隧道、斜井、先行导坑、作业坑道等五大部分构成，形成纵横交错、四通八达的地下网络（图 3-10）。

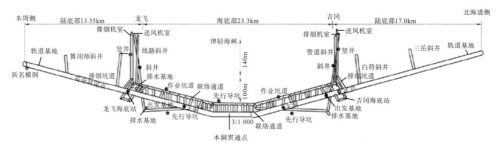

图 3-10　青函海底隧道概貌图

青函海底隧道采用"主隧道+服务隧道"和疏散救援定点相结合的组合疏散救援方式(图 3-11、图 3-12)。隧道内设置了龙飞海底车站和吉冈海底车站作为疏散救援定点,把隧道分成三段。当列车在隧道内发生火灾时,列车接受命令至吉冈或龙飞的安全站紧急停车,让旅客从横通道疏散到避难所或通过辅助导坑疏散到地面,之后列车可以开进避难隧道内。安全站有灭火设备,左右还有各长 500m 的站台连接到约 40m 间距的横通道将旅客疏散到避难所。这些通道设有自动密闭门,可以完全避开险情。当列车失去动力无法停靠至车站时,可以通过横通道将旅客疏散至服务隧道。

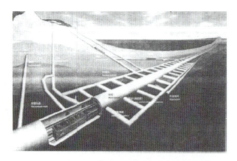

图 3-11　青函隧道局部透视面

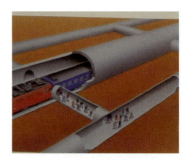

图 3-12　旅客疏散示意图

(2)广深港高铁狮子洋隧道的组合疏散救援方式

广深港高铁狮子洋隧道共在左右线之间设置 20 处联络横通道,其中盾构段 16 处,横通道间距一般不超过 500m。此外,在隧道最低点处设置了疏散救援定点,长 600m。疏散救援定点处的横通道间距为 300m,并设置了水喷雾系统和消防栓系统(图 3-13)。

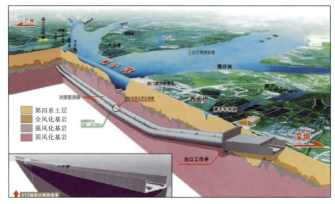

图 3-13　广深港高铁狮子洋隧道概略图

4. 铁路盾构隧道横断面布置

1)铁路隧道横断面布置应考虑因素

铁路隧道横断面布置应考虑的因素与公路隧道基本相同,但由于二者的使用条件有差别,横断面设计时存在以下几点不同。

(1)隧道装修方式的差别

公路隧道的装修需考虑防火、美观、诱导行车等功能,一般采用防火板、防火涂料、装饰板等材料。铁路隧道一般不设置装修层,对于防火保护问题,由于列车行车速度高,隧道内风速大、气压变化大,普通防火板或涂料存在掉落的风险,因而一般不予采用(或在采取严密措施后使用),如隧道内通行危险品货物列车,则宜采用双层衬砌结构进行防火保护,此外对于特别重要或火灾可能引起隧道大范围坍塌的隧道,也宜采用双层衬砌。

(2)隧道轨面以上净空面积要求

除满足隧道建筑限界要求外,当行车速度达到 160km/h 及以上时,铁路隧道净空面积需考虑空气动力学效应的影响。根据行车速度的不同,净空面积要求也不同,我国对隧道净空面积的要求见表3-1。

表 3-1 我国铁路隧道最小净空面积要求

行车速度/(km/h)	单线隧道面积/m²	双线隧道面积/m²
160	42	76
200	50	80
250	58	90
300~350	70	100

(3)隧道轨下结构断面

铁路隧道轨下结构断面的确定,需考虑轨道结构类型(板式无砟轨道、双块式无砟轨道、有砟轨道等)、地质条件等因素。特别是当隧道处于砂土、软黏土地层时,必须考虑振动荷载对砂土液化、软土沉陷的影响,为降低隧底地基土的振动响应,盾构隧道轨下结构应满足一定的厚度要求,或采取综合减振措施。

2)铁路隧道横断面选择方法

(1)铁路隧道横断面类型

铁路隧道有双洞单线、单洞双线、单洞双线设中隔墙等几种形式[15-17],这些形式的断面在国内外铁路盾构隧道中均有应用,见图3-14。当采用双洞单线形式时,为满足火灾时疏散救援要求,必须按规定设置一定数量的横通道;当采用单洞双线或单洞双线设中隔墙的形式时,可以不设置横通道,而利用隧道底部空间作为疏散通道或临时避难所,但当隧道特别长时,宜间隔适当长度设置竖井等出口。

(a)双洞单线   (b)单洞双线

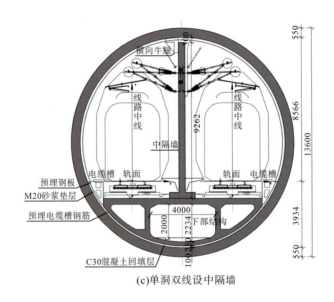

(c)单洞双线设中隔墙

图 3-14 铁路隧道不同断面形式

(2)铁路隧道横断面选择方法

在设计时，铁路水下隧道究竟选择何种结构断面，需要结合工程的建设环境条件、隧道长度、施工难度与风险、运营安全与风险、工程造价等多因素进行比选。从目前国内外长大铁路隧道的工程实例看，除单洞双线设中隔墙的工程实例只有一例(荷兰绿色心脏隧道)外，双洞单线和单洞双线(无中隔墙)的结构断面均有很多实例，是结构断面形式的主流。在国内，广深港高铁狮子洋隧道是首座采用双洞单线的水下隧道，基岩段每间隔500m(最低点段间隔300m)设置一处横通道，软土段不设置横通道。广深港高铁深港段益田路隧道和深港隧道以及佛莞城际铁路狮子洋隧道均采用单洞双线(无中隔墙)的结构断面，在两线路间每间隔 75m 设置一处楼梯道。我国铁路隧道的设计惯例是，一般长度小于 15km 时采用单洞双线形式，长度大于 15km 时采用双洞单线形式。日本和意大利几乎所有的双线铁路隧道均采用单洞双线形式，除意大利外的欧洲其余国家长大隧道多采用双洞单线形式。

5. 地铁隧道防灾疏散救援方式

1) 双洞单线方案

人员疏散路径：区间盾构隧道发生火灾后，车辆内乘客下车后逆风沿着疏散平台或轨行区走行，迎着新风方向疏散至相邻的工作井或相邻的车站，由工作井楼梯或车站出入口疏散至地面。

救援人员进入路径：当相邻的工作井为上风侧时，应通过工作井进入事故隧道，再沿轨行区步行至事故点；当相邻的车站为上风侧时，应从车站进入非事故隧道，再沿轨行区步行至事故点。

排烟路径：根据列车火灾部位，将烟气通过就近的工作井或车站端部的隧道风机排出，保证烟气流向与人员疏散方向相反。

2) 单洞双线方案

单洞双线盾构隧道的断面大，在隧道中间加设隔墙，将隧道分为两个单洞。在隔墙上每隔一定距离可以开一个防火门，火灾时人员可以通过防火门及时疏散到安全隧道。

通风排烟设施：需要紧急疏散时，利用区间隧道通风系统的设施进行通风、排烟，诱导人员疏散。

火灾列车应尽可能驶入前方车站，在前方车站组织疏散乘客和利用前方车站的消防设施灭火和排烟；当列车在区间隧道内着火不能行驶到前方车站时，乘客可通过列车侧门下车到疏散平台，然后步行至最近的联络通道处进入另一条隧道内(安全区)，向邻近车站疏散，同时在整个疏散过程中隧道通风系统将保证事故隧道内烟气按与多数乘客疏散相反方向排出，为防止烟气通过联络通道进入非事故隧道并有一定的诱导作用，隧道通风系统将给非事故隧道送风加压。

在火灾排烟及乘客疏散的过程中，隧道通风系统应按照以下原则组织气流方向：

(1) 保证事故隧道内的烟气按与多数乘客疏散的相反方向排出。

(2) 尽量保证烟气排出的路径最短。

隧道通风系统主要负责隧道火灾的防排烟，同时还需配合全线任一车站的站台火灾运行模式，协助大系统排烟，一般而言，隧道通风系统需要处理的火灾情况主要有如下三种：

(1) 列车停靠在车站隧道时，发生火灾。

(2) 列车在区间隧道行驶时发生火灾，进站停靠站台疏散乘客。

(3) 列车在区间隧道行驶时发生火灾，失去动力停靠在区间隧道内，乘客下车迎新风方向疏散。

当发生火灾情况(1)、(2)时，车站站台一侧屏蔽门两端的两扇滑动门开启，关闭活塞风道风阀，运行车站两端配置的隧道通风系统设备，包括隧道风机、轨道排风机，对车站隧道排烟。新风由车站出入口通道和两端区间自然补充，将烟气控制在车站两端的活塞风道之间，同时在车站站厅到站台的楼扶梯口处形成不小于 1.5m/s 的向下风速，保证乘客经车站站台、站厅安全疏散到地面。

当发生火灾情况(3)时，事故列车停靠在区间隧道，此时的隧道通风运行方式应以乘客疏散模式为依据。依照总体设计中对区间隧道沿内侧设置有疏散平台，火灾时开启靠疏散平台一侧的车门，乘客下到疏散平台面对气流方向纵向疏散，也可以通过联络通道疏散到另外一条隧道中，到达车站逃生。

执行排烟模式，需通过两端车站的隧道通风设备的组合运行，保证火灾隧道的断面风速大于临界通风断面流速，有效控制烟气的流向，防止烟气蔓延。同时，隧道通风系统设备的布置考虑车站一端的 2 台风机应能互备使用，提高系统的安全性和可靠性。

6. 地铁隧道横断面布置

地铁线路为双线，且一般不允许采用单洞双线形式。水下地铁区间隧道一般采用盾构法施工，地质条件较好时也可以采用钻爆法施工。盾构隧道横断面形式需综合区间长度、地质条件、通风排烟方式、施工方法、工程风险、造价等因素综合比选确定。当区间长度较短，或区间较长但有条件设置中间风井从而可以满足一个通风区段内只有一列车运行时，一般采用常规的双洞单线形式(图 3-15)，其隧道直径约 6m，习惯上称之为小洞方案；当区间较长且无中间风井设置条件时，应在隧道内设置排烟风道，此时结构断面有两种布置方式：一种是在普通双洞单线断面的基础上，将隧道内净空加大，满足排烟道的设置要求(图 3-16)，其隧道直径为 8.4m 左右，习惯上称之为中洞方案；另一种是采用单洞双线设中隔墙的方式，利用隧道顶部的富余空间设置左右线共用的排烟道(图 3-17)，其隧道直径为 11m 左右，习惯上称之为大洞方案。

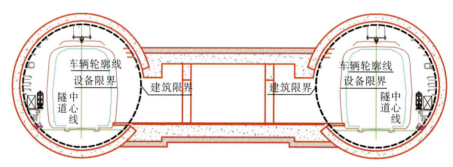

图 3-15 双洞单线地铁区间隧道断面布置

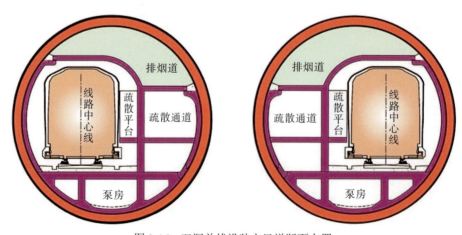

图 3-16 双洞单线设独立风道断面布置

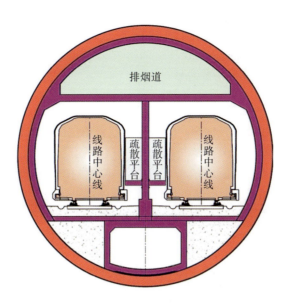

图 3-17　单洞双线设风道断面布置

工程设计实践表明，采用盾构法施工时，中洞方案一般在经济上不具优势，因而目前尚无使用实例，而小洞方案和大洞方案各有优缺点，需根据具体条件比选确定。一般而言，小洞方案的主要优势有：①由于隧道直径小，可以以更小的地层覆盖厚度穿越水域，因而可以适当抬高线路高程(可较大洞方案高出 3～4m)，有利于节能；②与两端车站或区间的连接顺畅，无须设置喇叭口过渡段，施工简单，造价低；③有利于减小车站埋深，节省车站造价；④隧道直径小，施工难度和风险相对较小。小洞方案的主要缺点有：①区间较长时需设置中间风井，而中间风井一般均位于埋深较大处，其基坑施工难度和风险较大；②需在水下设置联络横通道和废水泵房，实施有一定的风险。大洞方案的主要优势有：①在管片结构内部设置了横向联络门，无须设置联络横通道，因此施工风险大大降低，运营期渗透水量大幅减少，且隧道抗震性能大幅提高，特别适合于穿越高水压强透水软弱地层的水下隧道。②可利用隧道上部空间设置专用排烟通道，特别适合于无条件设置水中竖井的超宽水域，降低了工程施工风险与工程投资，运营安全性大幅提升。③大洞方案采用单管隧道形式，通道投影宽度窄，特别适合在城市狭窄空间内进行布设，建筑物影响及征地拆迁量较小。大洞方案的主要缺点有：①盾构直径相对较大，对穿越群桩基础密集区不利；同时路线布设较深，两端车站的埋设深度较深。②中间设置隔墙，线间距较小，端头车站适合采用侧式站台，便利性较差；如果采用岛式站台，则需要用明挖隧道形式进行过渡，增加了投资且地表影响较大。

在国内穿越长江的地铁隧道中，武汉地铁 2 号线、4 号线过江隧道均采用双洞单线形式，而武汉地铁 8 号线、南京地铁 3 号线和 10 号线过江隧道均采用单洞双线设中隔墙的方式。

3.1.3　公路双层盾构隧道防灾疏散救援方式与结构布置

1. 公路双层盾构隧道防灾疏散救援方式

双层隧道[18]是近些年发展起来的，适用于交通流量特别大、双向需要八车道甚至更多车道数的隧道，或接线道路较狭窄、无法满足双管单层隧道布置要求的隧道。

水下双层盾构交通隧道通风排烟与疏散系统，包括上层车道、下层车道、射流风机及风塔，风塔内设置轴流风机，隧道的圆形盾构段一侧面的扇形空间为独立排烟通道，另一侧空间内设置扇形逃生通道，扇形逃生通道内设置连接上下层的楼梯间，楼梯间的第一级阶梯(自下而上)与下层车道侧壁上的下层逃生门间预留一段距离(2～4m)，与墙体形成一个空间作为下层前室，楼梯间的最后一级阶梯与上层车道侧壁上的上层逃生门间设置上层前室，上层前室、下层前室分别与楼梯间共用的墙壁上各安装有正压风机，隧道的上层车道侧壁上端沿纵向每隔 25～40m 设置一个上层排烟口，隧道的下层车道侧壁沿纵向每隔25～40m 设置一个下层排烟口，上层排烟口和下层排烟口均安装有自动排烟防火阀。

如图 3-18～图 3-21 所示，其中，1 为扇形逃生通道，2 为射流风机，3 为上层车道，4 为排烟通道，5 为下层车道，6 为上层排烟口，7 为下层排烟口，8 为楼梯间，9 为正压风机，10 为下层前室，11 为风塔，12 为下层逃生门，13 为火源，14 为上层前室，15 为自动排烟防火阀，16 为轴流风机，17 为上层逃生门。

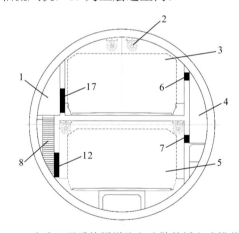

图 3-18　公路双层盾构隧道防灾疏散救援方式横截面图

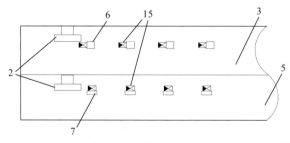

图 3-19　公路双层盾构隧道防灾疏散救援方式纵剖面局部示意图

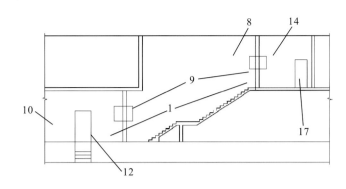

图 3-20　楼梯间示意图

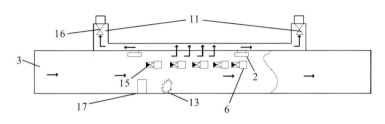

图 3-21　排演组织图

在人员疏散方面，在上下层逃生楼梯设置前室，并安置正压风机，发生火灾后，风机对上、下层前室送风，保证前室处于正压状态，防止烟气进入前室和楼梯间，形成准安全区，也保证了火灾烟气不会在上、下层之间相互扩散蔓延，保证了逃生环境的能见度良好、不被烟气侵袭等必要条件。一旦某层发生火灾，能运用另一层为发生火灾的通道高效、快速地疏散人员，大大缩短逃生时间，减少人员的伤亡，消防救援人员能通过未起火一层迅速接近起火点进行救援，不易造成交通堵塞。

2. 公路双层盾构隧道结构布置

上海复兴东路隧道于 2004 年建成通车，为国内首条双管双层盾构法隧道。该工程全长 2785m，其中隧道全长 1214m。隧道采用双层式设计，建成后上层车道净高 2.6m，为双车道，供小车通行；下层净高 4m，设计为单车道，供大车通行。

复兴东路隧道在疏散设计方面有其特殊性，采用了上、下层分别疏散的连接通道，如图 3-22 所示。因盾构直径较小、车行空间较大的情况导致设备空间必须侵占较多安全疏散空间，隧道再无空间设置上、下层连通的逃生楼梯，只能采用横通道方式进行疏散救援。隧道共设横通道 7 条，上、下层交错布置。上层横通道为 4 条，下层为 3 条，通道间距为150m。

目前国内在建直径最大的城市道路双层盾构隧道是武汉黄鹤楼隧道(图 3-23)，为单管双层六车道隧道，隧道外径 15.4m，内径 14.2m。目前设计直径最大的公路双层盾构隧道是沈海高速公路深圳荷坳隧道(图 3-24)，为双管双层八车道隧道，每层隧道内布置 2 条车道+1 条贯通的紧急停车带，隧道外径 17.5m，内径 16.1m。隧道内除布置了上、下层之间的楼梯道外，为满足公路隧道规范的要求，在两孔隧道之间设置了分别连通上、下层的人行横通道。

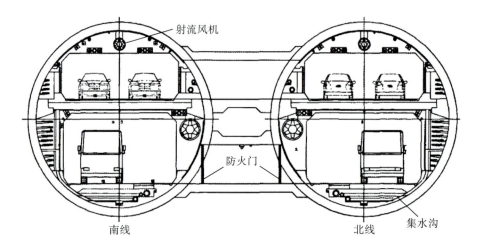

图 3-22　复兴东路隧道双层设计圆隧道横断面图

图 3-23　武汉黄鹤楼隧道横断面布置图

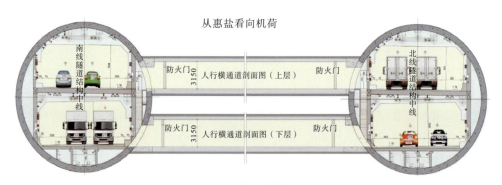

图 3-24　深圳荷坳隧道横断面布置图

3.1.4　公铁合建双层盾构隧道防灾疏散救援方式与结构布置

1. 公铁合建双层盾构隧道防灾疏散救援方式

在城市水下隧道建设中,有时由于通道资源的制约,城市道路和地铁处于同一越江位置,需要考虑合建。公铁合建时,隧道线型需要同时满足公路和铁路(地铁)的要求,由于公路的纵坡大于铁路(地铁),因此一般将铁路(地铁)布置于横断面的下层。

盾构隧道分三层布置(不设顶部排烟道时为二层):上层为道路交通排烟道,中间层为道路交通行车孔,下层布置轨道交通孔以及疏散通道、电缆廊道和排烟道。轨道交通孔布置于下层的中部,其一侧设置管线廊道和轨道交通排烟道,另一侧布置人员疏散通道。轨道交通孔内设有侧向疏散平台,其与疏散通道之间设有中隔墙,在中隔墙上设有第一防火门。疏散通道内设置疏散走行面和道路交通疏散楼梯间,疏散走行面为凹凸起伏状,包括与侧向疏散平台在同一标高的低走行面、与楼梯间入口在同一标高的高走行面以及连接低走行面和高走行面的缓坡。楼梯间由楼梯、隔墙和盾构隧道管片构成。楼梯井隔墙上设有第二防火门和加压风机,如图 3-25 所示。

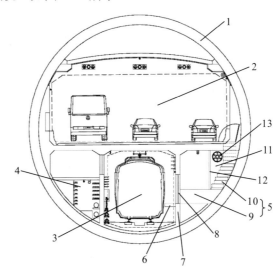

图 3-25　公铁合建双层盾构隧道防灾疏散救援方式横断面示意图

1 为盾构管片, 2 为公路行车道, 3 为轨道交通通行区, 4 为管线廊道, 5 为疏散通道, 6 为疏散平台, 7 为中隔墙, 8 为第一防火门, 9 为走行面, 10 为楼梯, 11 为楼梯井, 12 为楼梯井隔墙, 13 为加压风机

以轨道交通孔内发生火灾为例,说明疏散救援路径如下:

人员疏散路径:①车辆内乘客下车后逆风沿着疏散平台走行,通过最近的防火门进入侧边的纵向疏散通道,然后根据疏散指示方向(根据与工作井的距离远近设定)进入相应的工作井内,通过工作井楼梯疏散至地面;②纵向排烟系统可将烟气控制在事故列车一侧,另一侧为新鲜空气,车辆内乘客下车后迎着新风方向沿着轨行区走行,疏散至工作井内,通过工作井楼梯疏散至地面。

救援人员进入路径：第一选择路径，从道路隧道乘消防车、消防摩托车到达距离火灾点最近的疏散楼梯，从此处下到疏散通道层后，再由火灾点上风侧最近的防火门进入地铁事故隧道；第二选择路径，从道路隧道乘消防车、消防摩托车或从相邻地铁车站步行至火灾点上风侧的工作井，再沿轨行区步行至事故点；第三选择路径，从道路隧道乘消防车、消防摩托车或从相邻地铁车站步行至火灾点最近的工作井，到达工作井后，再乘消防摩托车通过疏散通道到达火灾点上风侧最近的防火门，然后从此处进入事故隧道。

排烟路径：根据列车火灾部位和所处通风区段位置，开启两端工作井内隧道风机，就近将烟气通过工作井排出。

对于公铁合建双层隧道，道路交通和轨道交通采用各自独立的排烟系统，但共用疏散通道，对道路交通而言为纵向疏散模式，对轨道交通隧道而言则为横向疏散模式。因此，公铁合建双层隧道没有必要设置横通道。

2. 公铁合建双层盾构隧道结构布置

图 3-26 为世界首座公铁合建盾构隧道——武汉三阳路长江隧道（公路与地铁合建）的盾构断面布置图[19]，该隧道外径 15.2m，公路为双向六车道，地铁采用 A 型车，设计行车速度 100km/h。为避免在高水压粉细砂地层中设置横通道，采用公路和地铁合用纵向疏散通道的方式。为避免在地铁长区间设置中间风井，利用圆形隧道富余空间设置地铁的排烟道。

图 3-26　武汉三阳路长江隧道横断面布置

济南济泺路穿黄隧道总长 3.89km，公铁合建段采用盾构法施工，盾构外径 15.2m，内径 13.9m，盾构段长 2.52km，分为上下两层，上层为三车道道路层，下层分成四仓，分别是轨道交通、排烟道、纵向疏散通道、管廊，如图 3-27 所示。

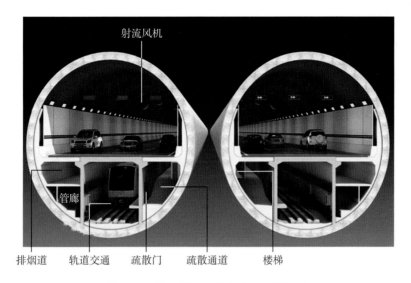

图 3-27　济南济泺路穿黄隧道横断面图

3.2　通用楔形环管片结构设计技术

国内以往一直采用环宽较小的左转弯环、右转弯环和直线环的管片对隧道轴线进行拟合，由于通用楔形环管片可在三维方向对线路进行拟合，在武汉长江隧道施工之后，全国几乎所有大直径盾构隧道均采用通用楔形环技术[20]。本节介绍通用楔形环管片结构设计技术，包括通用楔形环管片楔形量设计及通用楔形环管片分块设计。

3.2.1　盾构隧道管片环形式概述

盾构隧道由预制的单块管片拼装成管片环，然后再由各管片环组合成整条隧道衬砌结构。管片环根据其投影的几何形状，可分为标准环（也称为直线环）和楔形环两种。其中楔形环如图 3-28 所示，又可分为双侧楔形环和单侧楔形环两类，目前国内多采用双侧楔形环[21]。

管片结构设计时，需要考虑采用什么样的管片环类型及其组合模式来实现线路中线的拟合，线路拟合包括路线设计的平面曲线拟合和竖曲线拟合，同时需考虑施工纠偏的需要。管片环类型及组合模式选择不当，可能导致线路中线偏差超标、管片接缝张开量过大引起接缝渗漏、环间抗剪能力不足引起管片错台等病害，直接影响隧道的成型质量、后期运营和耐久性。

盾构隧道管片环组合模式主要有直线环与楔形环组合模式（即标准环+左转弯环+右转弯环的组合）、左右楔形环组合模式（即左转弯环+右转弯环的组合）和通用楔形环组合 3 种。

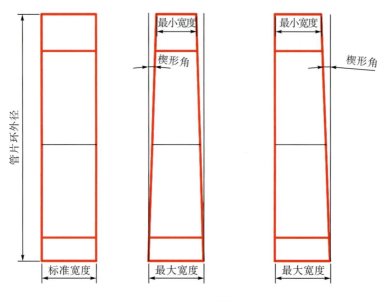

图 3-28　管片环类型

1. 直线环与楔形环组合

盾构隧道在曲线上是以若干段折线（最短折线长度为一环衬砌环宽）来拟合设计的光滑曲线。设计和施工采用楔形管片环与直线环的优选及组合进行线路拟合。根据线路偏转方向及施工纠偏的需要，设计左转弯、右转弯楔形管片环及直线管片环。设计时根据线路条件进行全线衬砌环的排版，以使隧道设计拟合误差控制在允许范围之内。由于采用的管片环类型不完全确定，施工过程中给管片供给带来一定的难度。这种组合方式一般用于拟合平面曲线，在竖曲线地段，需要通过不同厚度的橡胶贴片进行拟合。

2. 左右楔形环组合

这种管片环组合模式设计和施工是采用左转弯环和右转弯环两种楔形管片环，通过楔形衬砌环的优选组合进行线路拟合。在直线段，通过一个左转弯环加一个右转弯环进行拟合；在曲线段，根据曲线的偏转方向来确定两种转弯环的使用数量。

3. 通用楔形环

通用楔形环只采用一种楔形环，通过管片环之间的相对旋转实现隧道向不同方向的偏转。施工时根据线路线形、线路拟合最大误差以及拼装掘进对盾尾间隙的要求等因素，合理确定每环管片的旋转角度，以达到最优的线形拟合和掘进需求。

以上三种盾构隧道衬砌环类型在国内均有应用实例，三种类型衬砌环的特点比较见表 3-2。

表 3-2 管片环组合方法

管片环组合模式	线路拟合方式	特点
模式一：直线环与楔形环组合	直线地段采用标准衬砌环；曲线地段通过标准衬砌环与左、右转弯衬砌环组合使用以模拟曲线	每种管片环中封顶块位置固定，一般位于拱顶附近；无法拟合竖曲线；管片环需要三种类型
模式二：左右楔形环组合	通过左转弯环、右转弯环组合来拟合线路	管片环需要两种类型；便于将封顶块位置控制在隧道上半部
模式三：通用楔形环	通过一种楔形环管片模拟线路、曲线及施工纠偏	管片环根据需要旋转，封顶块位置较为随机，经常会位于隧道底部；所需模具数量少；管片种类少，便于施工组织

通过对三种衬砌环类型的比较可以发现，直线环与楔形环组合模式和左右楔形环组合模式有以下缺点：①衬砌环类型多，需要更多的管片制造模具，增加了造价；②管片环本身无法拟合竖曲线，在竖曲线地段需在环面加设不等厚的垫片，这在强透水和高水压地层中对防水不利；③由于施工中不可避免会产生掘进方向的误差，因而在一环掘进完成前无法预知该采用何种衬砌环，不利于管片提前组织运输，因而施工速度较慢，当掘进长度较长时尤为不利。

水下盾构隧道一般具有长度长、水压高的特点[22]，直线环与楔形环组合模式或左右楔形环组合模式，在竖曲线段需要粘贴楔形垫片来进行线路拟合，不仅费时费力、可控性差，而且加大了环缝初始间隙，对接缝防水极为不利，特别是隧道最低点处均有竖曲线，而最低点处也是水压最高处，这极大增加了防水难度。通用楔形管片环均为同一种楔形，故可以在三维方向对线路进行拟合，既可以满足平面曲线拟合的需求，又可以满足竖曲线拟合需求，且无须设置垫片，对管片环缝防水极为有利。武汉长江隧道是我国首次采用通用楔形环的大直径盾构隧道，目前通用楔形环技术已经成为大直径、超大直径盾构隧道的首选。

3.2.2 通用楔形环管片楔形量设计

通用楔形管片环楔形量的取值是否合理，将直接影响线路拟合精度，理论上应根据管片环外径、管片环平均宽度、线路最小曲线半径、错缝拼装时下一环相对前一环相对旋转的最小角度等因素，设定不同楔形量，通过计算对应的最小拟合误差来优选合适的楔形量。工程设计中一般进行简化处理，根据管片环外径、管片环平均宽度和计算转弯半径，采用式(3-1)计算楔形量设计值。确定计算转弯半径时，在盾构段设计最小曲线半径的基础上，需考虑施工、错缝拼装的需要，留有一定的富余量。计算转弯半径一般可取设计最小曲线半径的 0.4~0.8 倍。

$$\Delta = \frac{B \times D}{R} \tag{3-1}$$

式中，Δ 为计算楔形量(m)；B 为衬砌环在隧道中心轴线水平投影位置的平均环宽(m)；D 为盾构隧道外径(m)；R 为计算转弯半径(m)。

除了按照上式计算楔形量之外，对于全部是直线的隧道或设计曲线半径很大的盾构隧道，从满足施工纠偏需要，楔形量最小值一般不小于 20mm，或按曲线半径为 1000m 进行计算。

3.2.3　通用楔形环管片分块设计

通用楔形环每环管片由若干块标准型管片(B 块)、两块邻接管片(L 块)和一块封顶管片(F 块)组成[23]。通用楔形环管片的分块设计需要综合考虑管片拼装、施工运输、结构受力、盾构机千斤顶布置等因素,尽量减少管片分块数,以减少管片接缝防水数量、提高施工效率。外径 15m 左右的隧道,一环管片大多分成 9~11 块;外径 12m 左右的隧道,其一环管片大多分成 8~10 块。现将我国部分代表性盾构隧道通用楔形环的设计参数列于表 3-3。

表 3-3　部分水下盾构隧道管片结构主要设计参数汇总

序号	隧道名称	隧道外径/m	管片厚度/m	管片幅宽/m	分块方式	管片类型	楔形量/mm
1	上海上中路隧道	14.5	0.6	2.0	9+1 (1/2 封顶)	通用楔形	40
2	武汉长江隧道	11.0	0.5	2.0	9 等分	通用楔形	55
3	上海崇明越江隧道	15.0	0.65	2.0	9+1 (1/2 封顶)	通用楔形	40
4	南京长江隧道	14.5	0.6	2.0	9+1 (1/3 封顶)	通用楔形	48
5	杭州庆春路隧道	11.3	0.5	2.0	9 等分	通用楔形	40
6	广深港狮子洋隧道	10.8	0.5	2.0	7+1 (1/3 封顶)	通用楔形	24
7	杭州钱江隧道	15.0	0.65	2.0	9+1 (1/2 封顶)	通用楔形	40
8	南京纬三路隧道	14.5	0.6	2.0	9+1 (1/3 封顶)	通用楔形	48
9	南京长江第五大桥夹江隧道	15.0	0.65	2.0	9+1 (1/3 封顶)	通用楔形	52
10	扬州瘦西湖隧道	14.5	0.6	2.0	9+1 (1/3 封顶)	通用楔形	48
11	武汉地铁 8 号线一期工程越江隧道	12.1	0.5	2.0	7+1 (1/3 封顶)	通用楔形	40
12	武汉三阳路长江隧道	15.2	0.65	2.0	9+1 (1/3 封顶)	通用楔形	52
13	苏通 GIL 综合管廊过江隧道	11.6	0.55	2.0	7+1 (1/3 封顶)	通用楔形	36
14	济南济泺路穿黄隧道	15.2	0.65	2.0	9+1 (1/3 封顶)	通用楔形	52
15	时速 350km 双线铁路盾构隧道	14.3	0.6	2.0	10 等分	通用楔形	36

对于直径已经确定的盾构隧道,可设计出多种通用楔形环管片方案,需通过综合比选进行优选。本节以一内径为 12.4m 铁路盾构隧道为例,对通用楔形环管片设计方案进行比选。

共设计四种分块方案,最后根据管片结构内力和变形分析,并综合考虑施工、造价和防水等因素来确定所采用的分块形式。

(1)方案一:9 块等分方案,每块管片的中心线圆心角度为 40°,详细分块形式为 6B(40°)+2L(40°)+F(40°),如图 3-29 所示。

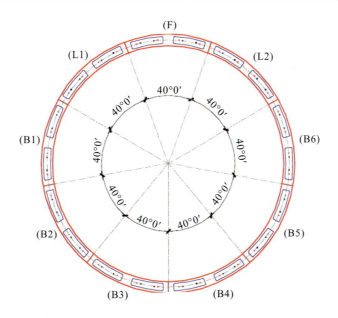

图 3-29　方案一管片环分块图

　　(2)方案二：11 块等分方案，每块管片的中心线圆心角度为 32°44′，详细分块形式为 8B(32°44′)+2L(32°44′)+F(32°44′)，如图 3-30 所示。

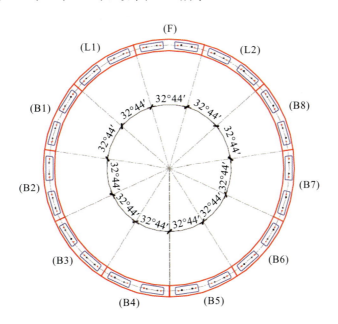

图 3-30　方案二管片环分块图

　　(3)方案三：9+1 分块，封顶块角度为标准块角度的 1/3。详细分块形式为 7B(38°34′)+2L(38°34′)+F(12°51′)，如图 3-31 所示。

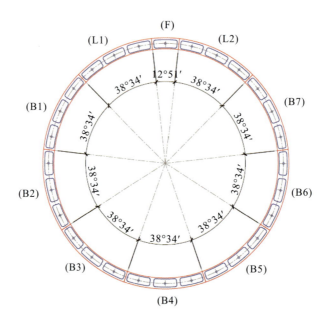

图 3-31　方案三管片环分块图

（4）方案四：9+1 分块，封顶块角度为标准块角度的 1/2。详细分块形式为 7B（37°54′）+2L（37°54′）+F（18°57′），如图 3-32 所示。

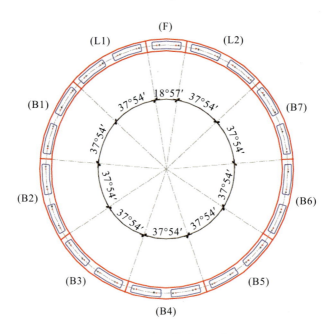

图 3-32　方案四管片环分块图

对上述四种分块方案，选取某一典型断面，从结构内力、变形方面进行综合比较分析，并对各分块方案对应的管片几何尺寸、总量、螺栓布置数量、错缝拼装点位等进行对比分析。各对比表见表 3-4～表 3-6。

在结构刚度方面：衬砌环整体刚度大，对结构变形的控制有利，对结构的防水也有利。"9 等分"的分块方式整体刚度最大，相应内力最大、变形最小；"11 等分"的分块方式整体刚度最小，内力最小、变形最大。但四个方案总体上内力和变形相差很小，不是控制因素。

在管片拼装方面：就拼装方便程度而言，最后拼装的封顶块尺寸越小，操作人员拼装时便于观察和操控，拼装难度越小。"9 等分"分块方式的单块重量标准块与封顶块均为 135.4kN，重量最大；"11 等分"分块方式的单块重量标准块与封顶块均为 110.8kN；"9+1 分块、1/3 封顶"分块方式的单块重量标准块为 130.6kN、封顶块为 43.5kN，封顶块的重量最小。因此从便于拼装角度，"9+1 分块、1/3 封顶"的分块方式较优。

在接缝长度和螺栓数量方面：如果管片分块多、管片小，施工时拼装方便，但是分块多螺栓数量也多，拼装时间更长。管片分块少，拼装时间短，防水缝少。因此，在盾构机拼装能力允许的前提下，分块数量越少，对结构越有利。相比之下，"9 等分"的接缝最少，"11 等分"的分块方案较差，"9+1 分块、1/3 封顶"和"9+1 分块、1/2 封顶"的分块方案居中，其中"9+1 分块、1/3 封顶"方案螺栓数量最少，综合来看，"9+1 分块、1/3 封顶"方案较优。

从错缝拼装可选点位数量看：为了实现错缝拼装和曲线拟合，理论上下一环可供选择的拼装点位越多越有利。"11 等分"方式可选点位数量为 10 个，"9 等分"和"9+1 分块"方式为 8 个。其中"9+1 分块、1/2 封顶"方案不能实现结构受力上的完全错缝，通过调整各标准块尺寸，能实现防水概念上的错缝。从千斤顶的布置来看，各方案的布置均满足要求。

值得一提的是，分块数不宜使推进千斤顶组数为奇数，这不利于盾构推力平衡，比如"8+1/3"分块方式和"9+2/3"分块方式，千斤顶组数分别为 25 组和 29 组，这种方式在掘进时推力不易调节，容易产生掘进方向偏差。

综合以上分析，设计分块方式推荐采用方案三，即"9+1 分块、1/3 封顶"的分块方式。

表 3-4　不同分块方案结构内力和变形比较表

方案	分块形式	管片内径/m	单点最大变形/mm	最大正弯矩/(kN·m/环)	最大正弯矩对应轴力/(kN/环)	最大负弯矩/(kN·m/环)	最大负弯矩对应轴力/(kN/环)
方案一	9 等分	12.4	20.4	1900.4	6555.8	1110.3	8328.6
方案二	11 等分	12.4	20.8	1836.6	6592.1	1035.1	8205.7
方案三	9+1 模式	12.4	20.6	1840.5	6569.1	1083.4	8379.9
方案四	9+1 模式	12.4	20.7	1899.0	6573.1	1104.9	8310.5

表 3-5　各方案管片长度与重量比较表(幅宽 2.0m)

方案	分块方式	错缝方式	封顶块		邻接块		标准块	
			中心弧长/mm	重量/kN	中心弧长/mm	重量/kN	中心弧长/mm	重量/kN
方案一	9 等分	1/2	4529	135.4	4529	135.4	4529	135.4
方案二	11 等分	1/2	3706	110.8	3706	110.8	3706	110.8
方案三	9+1 模式	1/3	1456	43.5	4367	130.6	4367	130.6
方案四	9+1 模式	1/2	2145	64.1	4291	128.3	4291	128.3

表 3-6　各方案千斤顶、螺栓、错缝拼装点位比较表

方案	分块方式	错缝方式	千斤顶组数	螺栓个数	错缝拼装点位/个
方案一	9 等分	1/2	18 或 36	36+27	8
方案二	11 等分	1/2	22	44+33	10
方案三	9+1 模式	1/3	28	28+30	8
方案四	9+1 模式	1/2	28	38+30	8

3.3　非封闭式内衬设计

隧道衬砌是用于直接支承地层荷载、保持隧道规定的净空及防止渗漏的结构承载体。目前,盾构隧道衬砌结构通常是由管片拼装的一次衬砌和必要时在其内部浇注混凝土二次衬砌所组成。

3.3.1　盾构隧道衬砌类型介绍

总结国内外大型盾构隧道工程中衬砌结构形式可以发现,单、双层衬砌结构形式作为盾构隧道衬砌结构的主导结构形式,在工程实践中得到普遍采用。近年来随着盾构法隧道技术研究的深入,又提出了新型的"管片衬砌+非封闭内衬"的结构形式,并在我国的武汉长江隧道、南京和燕路长江隧道、常德阮江隧道等工程中得到了成功运用。鉴于此,可将盾构法隧道衬砌结构分为三种类型:单层管片衬砌、管片衬砌+全断面内衬的全环双层衬砌、管片衬砌+隧道中下部内衬的非封闭内衬型双层衬砌[24]。

1. 单层管片衬砌

自二十世纪五六十年代以来,由于管片接缝防水技术的提高和材料性能的改善,单层管片衬砌成为世界上盾构法隧道结构类型的主流,广泛应用于公路、铁路和地铁等领域。该种结构类型具有施工简单方便、工期短、造价低等优点,但需要采取结构防火保护措施。

2. 全环双层衬砌

管片衬砌+全断面内衬的全环双层衬砌是在单层管片衬砌施工完成后，在其内部再现浇一层二次衬砌的结构，目前在水工隧道、城市下水道等领域广泛应用，部分公路、铁路隧道因特殊需要时也采用该种结构类型。据统计，日本约 80%的盾构隧道均施作了二次衬砌，其中水工隧道(施作二衬)占 70%～80%。二次衬砌可以为水工隧洞单层管片结构分担内水压力，并起到防止隧道渗水和降低粗糙度的作用。

1)二次衬砌的作用

二次衬砌的使用目的因隧道用途不同而有所不同。按照双层衬砌结构的承载机理，根据二次衬砌是否考虑承载可以将其作用分为两大类，如表 3-7 所示。在既有衬砌结构设计理念中，仍以单层管片衬砌承载为主，在不明确管片损伤程度的情况下，一般并不急于施作二次衬砌。但是，在隧道断面设计时要留有后期为二衬施作的预留空间，作为日后管片衬砌的有效补强手段。

表 3-7　盾构隧道采用二次衬砌的作用

结构受力形式	施加二衬的作用	相关说明
不考虑承载	管片衬砌加固	从长期使用的角度防止管片衬砌变形与老化
	管片衬砌防腐	
	隧道内表面平整	降低粗糙程度、起装饰作用
	减小隧道震动	高速铁路隧道考虑
	防撞击、防火	高速铁路等重要隧道特殊考虑
	隧道的防水和止水	分离管片内外水环境
	管片拼装的蛇形修正	重要隧道的使用要求
考虑承载	承担内水压力	输水隧洞、油气管道等
	修建附属结构时承受短期荷载	交通隧道联络通道；输水隧道岔道
	分担后期新增荷载	地层变化较大的交通隧道；输水隧洞承受后期水压
	分担局部集中荷载	—
	增加隧道纵向等效刚度	防止隧道差异沉降等

2)二次衬砌的厚度及材料

二次衬砌的厚度根据隧道的使用目的、隧道洞径和施工方法等因素确定，且衬砌厚度与隧道的直径关系不大，非结构性二次衬砌的厚度一般为 15～30cm，结构性二次衬砌的厚度则由计算结果来确定，国内外既有二次衬砌的厚度及材料统计结果见表 3-8。二次衬砌的材料多选用素混凝土，有时也可以按照将来荷载的变化情况设置钢筋加强。

表 3-8　国内外部分二次衬砌的厚度及材料统计

隧道名称	隧道外径/m	管片厚度/cm	二衬厚度/cm	二衬材料
日本港北变电所扩建管道	5.1	20	20	素混凝土
日本都营地铁 12 号线	5.3	25	25	素混凝土
日本某单线铁路隧道	7.0	40	20	素混凝土
南水北调中线穿黄隧道	8.7	40	45	钢筋混凝土
日本营团地铁 8 号线	9.8	40	20	钢筋混凝土
日本都营地铁 10 号线	10.4	55	25	素混凝土
日本京业线隧道(拟用方案)	10.4	40	30	素混凝土
日本东京湾横断公路隧道	13.8	65	35	素混凝土
广深港高铁狮子洋隧道	10.8	50	25	钢筋混凝土
沪通铁路吴淞口长江隧道	10.3	50	25	钢筋混凝土
甬舟铁路金塘海底隧道	14.0	60	30	钢筋混凝土
武汉大东湖核心区污水传输系统	4.1~4.5	30	25	钢筋混凝土
	5.3	35	30	

3.3.2　盾构法隧道衬砌结构选型方法

对于公路、铁路和地铁等交通功能用的盾构法隧道,单层管片衬砌是结构类型的主流[25,26];"管片衬砌+非封闭内衬"的双层衬砌由于其与单层衬砌相比不增加隧道直径,近年来在高水压、强透水的粉细砂地层的公路隧道中也逐步推广应用。目前在方案决策时争议比较大的是内衬的设置问题,即是否需采用全断面双层衬砌。交通盾构隧道是否需设置内衬,应结合防水可靠性对结构安全性的影响、地层稳定性与结构抗灾可靠性的相互关系并采用风险评估方法进行综合确定。

1. 从防水可靠性对结构安全性的影响进行分析

单层管片衬砌可用于岩石地层和水稳性较好的硬土或粗颗粒土地层,这些地层即使发生渗漏,不会使结构产生沉降或持续的变形。管片衬砌+非封闭内衬双层衬砌结构体系适用于地层透水性强的砂土地层和地层透水性差的软弱地层(如黏土地层、淤泥质土等),这些地层中,如果隧道底部发生渗漏,砂土地层可能形成管涌,软土地层会发生沉降;如果隧道两侧发生渗漏,砂土地层可能形成管涌,软土地层会加大结构的"横椭圆"变形;如果隧道顶部发生渗漏,虽然会影响使用者感受,但一般不会危及结构安全。因此,此类地层中防水需要重点加强的部位是隧道底部与两侧,管片衬砌+非封闭内衬双层衬砌结构正好与之匹配,可以防止"隧道底部和两侧渗漏水对结构稳定产生影响,进而又扩大渗漏水规模,形成恶性循环"的现象。该结构与单层衬砌相比,不会加大隧道直径,仅需利用圆形隧道底部和两侧的富余空间设置内衬就可起到加强防水功能,具有良好的经济性。此外,该结构比单层衬砌刚度大,在荷载变化幅度大的冲淤交替河段,结构产生的变形小,有利于防水系统的稳定。全断面双层衬砌结构适用于火灾规模极大、洞内车辆撞击或爆炸力大难以采用常规防范措施的软弱地层，如在软土、砂层中修建的运输油罐车的铁路隧道。该结构既可对防水系统进行全断面加强，又可利用内衬进行防火、防撞、防爆。

2. 从地层稳定性与结构抗灾可靠性进行分析

交通隧道必须考虑火灾、撞击、爆炸等意外荷载对结构安全的影响。我国于 2009 年 7 月实施的《工程结构可靠性设计统一标准》(GB 50153—2008)[27]第 3.1.2 条规定：当发生火灾时，结构在规定的时间内可保持足够的承载力；当发生爆炸、撞击、人为错误等偶然事件时，结构能保持必需的整体稳固性，不出现与起因不相称的破坏后果，防止出现结构的连续倒塌。

从火灾层面分析，公路交通隧道一般采用在拱顶和墙部设置防火涂料或防火板的方式加强结构的抗火能力，但作为运行高速列车的隧道，该方式存在巨大的安全隐患。因为高速列车在隧道内运行时，将产生急剧的空气压力变化和巨大的活塞风，极有可能造成防火涂料或防火板的掉落，从而引发列车脱轨甚至颠覆事故。因此，必须采取其他更为可靠的防火措施。显然，设置足够厚度的混凝土内衬是一种安全可靠的选择。在隧道的基岩地段，由于围岩具有一定的自承载能力，即使火灾引起管片结构的局部损坏，在结构和地层的共同作用下，结构仍具有一定的承载能力，不至于发生整体垮塌事故，因此，在基岩地段可以不设置内衬。而在粉细砂、黏土等软弱地层段，火灾引起的结构局部破坏可能造成整体垮塌事故，故从防火灾角度来说，设置防火内衬是必要的。

对于爆炸、撞击、人为错误等偶然事件，同样应根据地层条件确定是否需要设置混凝土内衬。在软弱地层地段，这些偶然事件即使仅造成管片衬砌的局部破坏，由于隧道为拼装式结构，整体性差，也极有可能出现砂土、江水大量涌入隧道导致结构发生整体垮塌事故，因此有必要设置内衬来加强结构的整体性。对于基岩地段，同样因为围岩本身具有一定的自稳能力，因此不会发生结构整体垮塌，故无须设置内衬。

3. 采用风险评估方法分析内衬设置的必要性

1) 风险评估方法

以广深港高铁狮子洋隧道为例，根据狮子洋隧道工程的实际情况、评价需达到的目标、已有的评价基础资料等，选择 $R=P \times C$ 定级法作为风险评价方法。

风险概率 P 和后果 C 应该根据风险目标和工程确定的可接受风险指标构建。根据国际隧道协会(International Tunnelling Association，ITA)制定的《隧道风险管理指南》[28](Guidelines for Tunnelling Risk Management)，风险发生概率可划分为很可能(very likely)、可能(likely)、偶尔(occasional)、不可能(unlikely)、很不可能(very unlikely)等五级；风险后果等级可划分为灾难性(disastrous)、很严重(severe)、严重(serious)、较严重(considerable)、轻微(insignificant)五级。

风险概率的分级标准如表 3-9 所示。

表 3-9　风险概率分级标准

等级	1	2	3	4	5
	很不可能	不可能	偶尔	可能	很可能
概率间隔	<0.0003	0.0003~0.003	0.003~0.03	0.03~0.3	>0.3
中间值	0.0001	0.001	0.01	0.1	1

风险后果的分级标准可分别从经济损失、人员伤亡、工期延误、环境危害等几方面进行衡量，其中经济损失又分为业主或施工方的经济损失，见表 3-10。表中的数值基于造价约 10 亿欧元、工期约 5~7 年的地下工程给出。

表 3-10　风险后果分级表

等级	1	2	3	4	5
	轻微	较严重	严重	很严重	灾难性
施工方经济损失/百万欧元	<0.003	0.003~0.03	0.03~0.3	0.3~3	>3
业主经济损失/百万欧元	<0.03	0.03~0.3	0.3~3	3~30	>30
工程延误/月	<0.01	0.01~0.1	0.1~1	1~10	>10
人员伤亡	无人伤亡	轻伤 1 人	重伤 1 人 轻伤 1~10 人	死亡 1 人 重伤 1~10 人	死亡 1 人 重伤 10 人以上
环境危害	暂时性轻微破坏	暂时性严重破坏	长期影响	永久性轻微破坏	永久性严重破坏

采用风险矩阵对风险发生概率和后果进行组合相乘，得到风险等级如表 3-11 所示。

表 3-11　风险等级矩阵

概率	后果				
	1	2	3	4	5
1	可忽略	可忽略	可接受	可接受	合理可靠降低区
2	可忽略	可忽略	可接受	合理可靠降低区	合理可靠降低区
3	可接受	可接受	合理可靠降低区	合理可靠降低区	不可接受
4	可接受	合理可靠降低区	合理可靠降低区	不可接受	不可接受
5	合理可靠降低区	合理可靠降低区	不可接受	不可接受	不可接受

注：(a) 可忽略的含义为不需过多考虑该风险；

(b) 可接受的含义为在工程中应该管理控制这项风险，但不需考虑减低风险的措施；

(c) 合理可靠降低区的含义是只要减低风险的投入与减低风险的效益不成比例，就应该采取降低风险措施；

(d) 不可接受的含义是不管降低风险的投入为多少都应该将风险减小到合理可靠降低区。

2) 狮子洋隧道特殊灾害风险评估与风险损失费计算

对于火灾、列车脱轨撞击、列车爆炸等意外灾害，显然其发生的概率极低，概率等级为 1 级(很不可能)，而后果可能是结构破坏、人员大量伤亡，因此后果等级为 5 级(灾难性的)。根据表 3-11，风险等级处于合理可靠降低区。

为此，需要对火灾、列车脱轨撞击、列车爆炸等 3 种意外灾害造成的风险损失费期望值以及降低风险的投入进行计算比较。

(1) 降低风险的投入

对于盾构法隧道，抵抗火灾、列车脱轨撞击、列车爆炸等意外灾害的最有效办法是设置内衬。在不加大隧道直径的前提下设置内衬，每延米造价增加约 4000 元。当仅在软弱地层盾构段设置内衬时，其左右洞的总长度约 4000m，需要增加造价 1600 万元。

根据研究，设置内衬后，可显著减少上述意外灾害对结构安全的影响。对于火灾，无内衬时火灾造成结构整体垮塌的概率不大，在设定的火灾场景下(HC 曲线，2 小时)结构仍可保持整体稳定性，但结构的安全系数显著下降，需要对结构进行修复；对于列车脱轨撞击，有内衬时可以明显提高结构的安全性，但是否能确保结构的整体稳定性需要今后进一步研究；对于列车爆炸，当爆炸效力不超过 20kg 当量 TNT 时，即使无内衬，结构仍是安全的，但当爆炸效力达到 50kg 当量 TNT 时，需要设置内衬才能保证结构安全。

(2) 火灾引起结构破坏风险损失费期望值计算

当列车在隧道内发生火灾时，只要列车未丧失行驶能力，则必须行驶出隧道，在洞外进行消防。只有当列车失去动力，才考虑在隧道内进行消防。欧洲和日本设置"定点消防"的原则是：欧洲认为初期着火列车可继续运行 20km，日本认为初期着火列车可继续行驶 15min。据此计算，假设列车在狮子洋隧道内着火后，其完全可以行驶出隧道。

对于铁路隧道，火灾为极小概率事件，发生火灾后列车失去动力的概率则更小，据统计，在过去几十年间我国铁路隧道共发生火灾 10 次，其中客运列车火灾仅 2 次。狮子洋隧道远期行车对数为 150 对，假设动车组火灾概率为以往普通客运列车火灾概率的 10%，以此估算在 100 年设计服务年限内，可能发生在软弱地层盾构段的火灾次数约为 2.1×10^{-3} 次[即假设火灾概率为 0.95×10^{-10} 次/(列车·千米)]。

火灾不会引起结构垮塌，仅需要进行修复，修复的办法是增加二次衬砌，同时事故隧道可能还会中断一段时间的行车。假设一次火灾引起的修复费和行车损失费为 5000 万元，则发生在软弱地层盾构段的火灾风险损失费期望值为 5000 万元 $\times 2.1 \times 10^{-3}$=10.5 万元。

(3) 列车脱轨引起的风险损失费期望值计算

在我国铁路行车重大、大型事故中，列车脱轨事故约占 70%，且隧道火灾事故中有 40% 是由于列车脱轨引发的。列车脱轨事故具有以下规律：①货车脱轨概率明显高于客车，这主要是由于货车存在空重车组混编、长短车辆连挂；②有砟轨道脱轨概率明显高于无砟轨道，这主要是由于无砟轨道稳定性好、变形小。据美国统计，1990 年美国一级线路上货运列车总数为 326 560 列，发生脱轨次数 2146 次。我国列车脱轨事故好于美国，其概率约为 1.5×10^{-8} 次/(列车·千米)。考虑到高速铁路线路维护的标准与制度极为严格，且隧道内采用无砟轨道，在这些有利因素条件下，假设脱轨概率为 2×10^{-10}

次/（列车·千米），则在 100 年设计服务年限内，可能发生在软弱地层盾构段的列车脱轨次数约为 $4.4×10^{-3}$ 次。

假设 80%的列车脱轨撞击会引起无内衬盾构隧道结构的整体垮塌，并造成巨大的人员伤亡，一次列车脱轨撞击引起的损失费为 50 亿元；而设置内衬后，只有 20%的列车脱轨撞击会引起结构整体垮塌。则发生在软弱地层盾构段的列车脱轨撞击风险损失费期望值为 50 亿元$×4.4×10^{-3}×$（0.8-0.2）=0.132 亿元。

(4) 列车爆炸引起的风险损失费期望值计算

防爆反恐一直是铁路运输的一项重要事项。在过去几十年间我国铁路共发生列车爆炸事故 5 次，但未在隧道内发生过，且尚未发生过动车组爆炸事故。考虑到高速铁路严格的安全检查制度，假设爆炸概率为 $2×10^{-11}$ 次/（列车·千米），又假设其中爆炸效力介于 20kg 至 50kg 当量 TNT 的次数占 10%，则在 100 年设计服务年限内，可能发生在软弱地层盾构段的列车爆炸次数约为 $4.4×10^{-5}$ 次。同样假设爆炸引起的损失费为 50 亿元，则无内衬时，发生在软弱地层段的列车爆炸风险损失费期望值为 50 亿元$×4.4×10^{-5}=$0.0022 亿元。

3) 从风险评估角度分析内衬设置的必要性

上述 3 种灾害发生在软弱地层盾构段时的风险损失费期望值之和为 1352.5 万元，而采取设置内衬的措施降低风险损失的投入为 1600 万元。可见，降低风险的投入费用要高于风险损失费的期望值。根据《隧道风险管理指南》，可以不采取风险降低措施，即可以不设置内衬。

4) 隧道衬砌结构选型

由上可见，盾构隧道是否需设置内衬，需要结合围岩稳定性条件、隧道用途、风险评估等因素综合分析确定。对于高铁狮子洋隧道，尽管根据风险评估结论，可以不设置内衬，但考虑到其为我国第一座铁路水下隧道，施工和运营管理经验少，且增加内衬的费用不高，因此适当加强结构也是可以考虑的。对于内衬的具体设置地段，应基于"围岩稳定性与结构抗灾可靠性相匹配"的方法来进行设计。据此，高铁狮子洋隧道在软弱地层段采用"管片+混凝土内衬"的双层衬砌结构，基岩段则采用单层管片衬砌。

4. 盾构法隧道衬砌结构类型选择

综上所述，对于公路交通隧道，一般可采用单层管片衬砌，当隧道处于高水压、强透水的粉细砂地层时，宜采用管片衬砌+非封闭内衬的双层衬砌。

对于铁路隧道和地铁区间隧道，是否需设置内衬，需要结合防水可靠性、围岩稳定性条件、隧道用途、风险评估等因素综合分析确定，当需要设置内衬时，内衬的具体设置地段应基于"围岩稳定性与结构抗灾可靠性相匹配"的方法来进行设计。一般而言，对于高速铁路，由于其运营安全性极高，因此可以考虑设置内衬；对于客货共线铁路，如通行危险品货物列车，则应考虑设置内衬；对于行车速度较低的城际铁路、地铁区间，由于区间长度相对不大，且火灾规模较小，可以不设置内衬。

3.3.3　国内大断面水下盾构隧道衬砌类型介绍

1. 武汉长江隧道(图 3-33、图 3-34)

(1)隧道直径：内径 10.0m，外径 11.0m。

(2)衬砌类型：单层管片衬砌+局部非封闭内衬，管片混凝土等级 C50。

(3)衬砌环形式：通用楔形环错缝拼装。

(4)衬砌环分块方式：采用"9 等分"分块方案，分块形式为 6B(40°)+2L(40°)+F(40°)。

(5)管片环幅宽：2m，设置双面楔形。

(6)管片厚度：0.5m。

(7)管片环、纵缝的连接：管片环与环之间每环均匀布置 36 颗 M36 纵向直螺栓，每环管片块与块之间设置 4 颗 M30 环向弯螺栓。螺栓机械等级为 6.8 级～8.8 级。

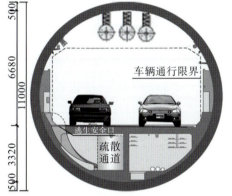

图 3-33　武汉长江隧道横断面设计图　　　　图 3-34　武汉长江隧道横断面示意图

2. 南京长江隧道(图 3-35、图 3-36)

(1)隧道直径：内径 13.3m，外径 14.5m。

(2)衬砌类型：单层管片衬砌，管片混凝土等级 C60。

(3)衬砌环形式：通用楔形环错缝拼装。

(4)衬砌环分块方式：采用"7+2+1"分块方案，即 7 块标准块、2 块邻接块和 1 块封顶块，标准块与邻接块所对应的圆心角相同，封顶块圆心角为标准块的 1/3。

(5)管片环幅宽：2m，设置双面楔形。

(6)管片厚度：0.6m。

(7)管片环、纵缝的连接：管片环与环之间每环均匀布置 28 组共 42 颗 M30 纵向斜螺栓(每组螺栓根据需要设置 1 颗或 2 颗)，每环管片块与块之间设置 3 颗 M36 环向斜螺栓。螺栓机械等级为 6.8 级～8.8 级。

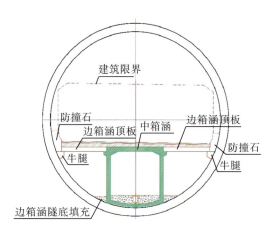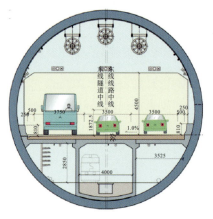

图 3-35　南京长江隧道横断面设计图　　　图 3-36　南京长江隧道横断面示意图

3. 广深港高铁狮子洋隧道（图 3-37～图 3-40）

（1）隧道直径：内径 9.8m，外径 10.8m。

（2）衬砌类型：以单层管片衬砌为主，管片混凝土等级 C50。局部采用双层衬砌。

（3）衬砌环形式：通用楔形环错缝拼装。

（4）衬砌环分块方式：采用"5+2+1"分块方案，即 5 块标准块、2 块邻接块和 1 块封顶块，标准块与邻接块所对应的圆心角相同，封顶块圆心角为标准块的 1/3。

（5）管片环幅宽：2m，设置双面楔形。

（6）管片厚度：0.5m。

（7）管片环、纵缝的连接：管片环与环之间采用 22 颗 M36 纵向斜螺栓连接，每环管片块与块之间设置 3 颗 M36 环向斜螺栓。

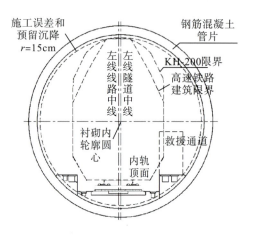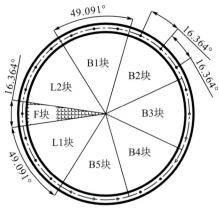

图 3-37　广深港高铁狮子洋隧道结构断面图　　　图 3-38　广深港高铁狮子洋隧道管片分块图

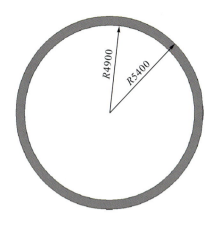
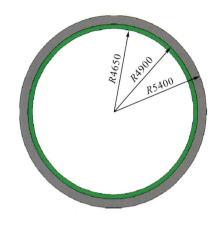

图 3-39　广深港高铁狮子洋隧道横断面示意图　　　图 3-40　广深港高铁狮子洋隧道横断面示意图
（单层衬砌）　　　　　　　　　　　　　　　　（双层衬砌）

4. 三阳路长江隧道（图 3-41、图 3-42）

（1）隧道直径：内径 13.9m，外径 15.2m。

（2）衬砌类型：单层管片衬砌+非封闭内衬，管片混凝土等级 C50。

（3）衬砌环形式：通用楔形环错缝拼装。

（4）衬砌环分块方式：采用"10 等分"分块方案，分块形式为 7B（36°）+2L（36°）+F（36°）。

（5）管片环幅宽：2m，设置双面楔形。

（6）管片厚度：0.65m。

（7）管片环、纵缝的连接：管片环与环之间采用 22 颗 M36 纵向斜螺栓连接，每环管片块与块之间设置 3 颗 M36 环向斜螺栓。

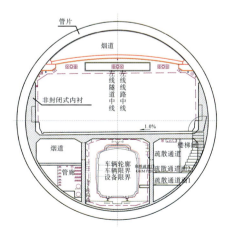

图 3-41　三阳路长江隧道结构断面图　　　　图 3-42　三阳路长江隧道横断面示意图

5. 武汉地铁 8 号线一期工程越江隧道(图 3-43、图 3-44)

(1)隧道直径:内径 11.1m,外径 12.1m。

(2)衬砌类型:双层衬砌,管片混凝土等级 C50。

(3)衬砌环形式:通用楔形环错缝拼装。

(4)衬砌环分块方式:采用"5+2+1"分块方案,即 5 块标准块、2 块邻接块和 1 块封顶块,标准块与邻接块所对应的圆心角相同,封顶块圆心角为标准块的 1/3。

(5)管片环幅宽:2m,设置双面楔形。

(6)管片厚度:0.5m。

(7)管片环、纵缝的连接:管片环与环之间采用 22 颗 M36 纵向斜螺栓连接,每环管片块与块之间设置 3 颗 M36 环向斜螺栓。

 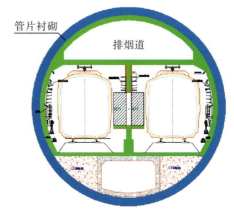

图 3-43 武汉地铁 8 号线一期工程
越江隧道结构断面图

图 3-44 武汉地铁 8 号线一期工程
越江隧道结构断面图

3.3.4 不同二衬结构方案力学特征研究

武汉三阳路长江隧道[29]过江隧址河段受长江武汉河段特殊的河势条件影响,隧道运营期需多次经历剧烈的覆土厚度变化和水位变化,且隧道处于高水压、强透水地层中,这些因素对结构力学、隧道防水及结构可靠性、施工难易程度以及工程造价与工期等有较大影响。因此,本节以该隧道为例,对单层管片衬砌、双层衬砌和非封闭内衬型双层衬砌等三种结构形式[30]进行对比分析。

1. 三种衬砌结构形式

从既有单层管片衬砌结构与双层衬砌结构的调研分析可见,在交通隧道中,采用双层衬砌结构的案例并不多见。然而,在面对火灾、车辆撞击甚至爆炸等潜在威胁时,在应对软弱地层时，单层管片衬砌结构刚度或韧性的缺乏又让设计者难以权衡。鉴于此，提出管片衬砌+拱部无内衬的"非封闭型双层衬砌结构"，具体为：在管片衬砌施工完成后，在隧道的底部和边墙部位再现浇一层二次衬砌，二次衬砌因为在拱部未设置，因此是非封闭的。当隧道内设置有用于路面铺设的车道板时，车道板可以作为非封闭内衬的一部分加以应用。该种结构类型是近年来开发的，适用于高水压、强透水的粉细砂地层的公路隧道，由于二次衬砌利用圆形隧道内轮廓与建筑限界之间的富余空间浇筑，因此，与单层衬砌相比，不增大隧道直径；与双层衬砌相比，可减小隧道直径。以下分别对三种方案进行介绍。

方案一（单层管片衬砌方案）：隧道采用单层钢筋混凝土管片衬砌（图 3-45），施工期和运营期的全部荷载均由管片衬砌结构承受。根据建筑限界及考虑变形、施工误差后的富余量，隧道管片衬砌内径 13.9m，外径 15.2m。

方案二（全环双层衬砌方案）：该方案由预制钢筋混凝土管片衬砌和全环现浇钢筋混凝土二次衬砌组成，内外层衬砌之间不设置防水板，形成叠合结构（图 3-46）。外层管片衬砌承受施工期的外部水土荷载，运营期的外部水土压力变化荷载由内外层衬砌共同承受。由于全环设置 20cm 厚的钢筋混凝土内衬，管片衬砌内径需要增大到 14.2m，相应隧道外径达到 15.5m。

方案三（非封闭内衬型双层衬砌方案）：该方案是在单层衬砌方案的基础上，利用行车道两侧和隧道底部的富余空间设置非封闭的现浇钢筋混凝土二次衬砌，并与车道板及竖向支撑墙、顶部排烟道板等内部结构共同组成非封闭二次衬砌结构，从而形成管片衬砌+非封闭内衬的双层衬砌结构（图 3-47）。非封闭内衬与管片衬砌之间不设置防水板，但设置适当的锚筋形成叠合结构。外层管片衬砌承受施工期的外部水土荷载，运营期的外部水土压力变化荷载由内外层衬砌共同承受。由于内衬均利用富余空间设置，故隧道内径与方案一相同，均为 13.9m。内衬最薄处（底板）20cm，最厚处（防撞侧石附近）52cm。

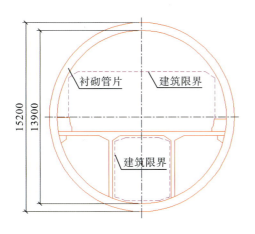

图 3-45　单层管片衬砌横断面

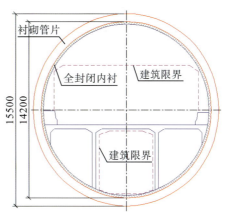

图 3-46　全环双层衬砌横断面

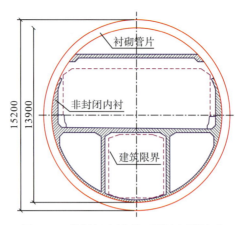

图 3-47　非封闭内衬型双层衬砌横断面

2. 不同结构方案的对比分析

1) 结构受力状况比较

(1) 单层管片衬砌结构受力分析

选取既有河床条件、最大冲刷及最大淤积等三个条件进行分析,三种条件下单层管片衬砌结构的受力计算结果如图 3-48~图 3-50 所示。

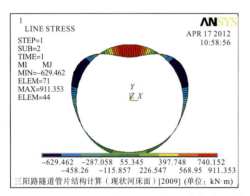

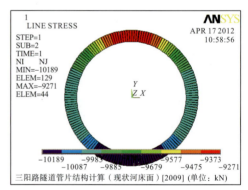

图 3-48　现状河床条件下单层管片衬砌结构内力图(每环)

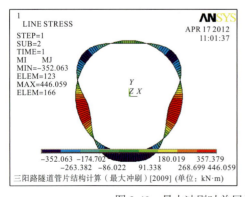

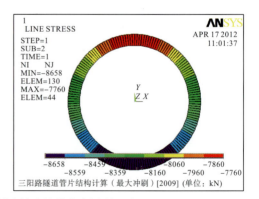

图 3-49　最大冲刷时单层衬砌管片结构内力图(每环)

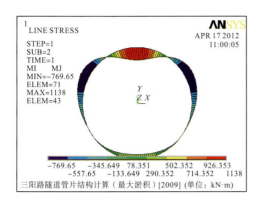
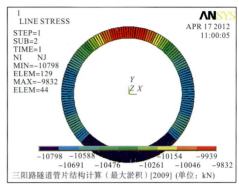

图 3-50　最大淤积时单层管片衬砌结构内力图(每环)

(2)全环双层衬砌管片结构内力分析

河床冲刷淤积过程不同荷载工况条件下，隧道结构受力计算结果如图 3-51、图 3-52 所示。

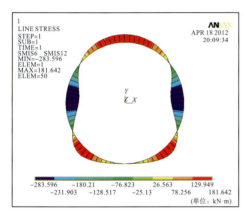
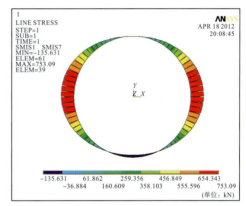

图 3-51　最大冲刷时全环双层衬砌管片结构内力图(每延米)

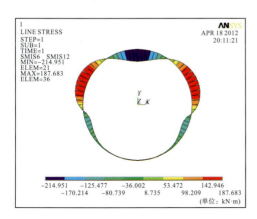
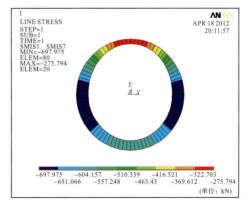

图 3-52　最大淤积时单层管片全环双层衬砌结构内力图(每延米)

（3）非封闭内衬方案衬砌受力分析

河床冲刷、淤积过程不同荷载工况条件下，隧道结构受力如图 3-53、图 3-54
所示。

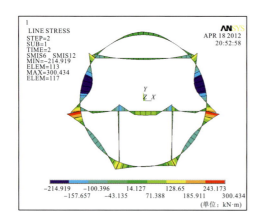 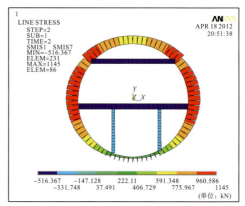

图 3-53　最大冲刷时非封闭内衬结构内力图（每延米）

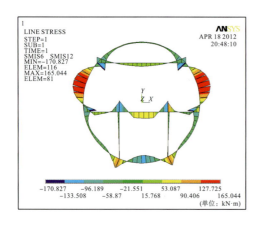 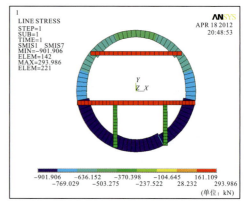

图 3-54　最大淤积时非封闭内衬结构内力图（每延米）

2）各结构形式方案衬砌受力对比分析

三种衬砌结构形式在最大冲刷和最大淤积条件下管片及内衬的受力、隧道变形计算结
果汇总对比如表 3-12 所示。

表 3-12　各衬砌形式内力及变形对比表

荷载阶段	方案类别	管片外侧		管片内侧		内衬内侧		直径变化率/‰
		最大弯矩/(kN·m/环)	对应轴力/(kN/环)	最大弯矩/(kN·m/环)	对应轴力/(kN/环)	最大弯矩/(kN·m/环)	对应轴力/(kN/环)	
现状河床	各方案	629.5	9985	911.4	9271	—	—	0.95

续表

荷载阶段	方案类别	管片外侧		管片内侧		内衬内侧		直径变化率/‰
		最大弯矩/(kN·m/环)	对应轴力/(kN/环)	最大弯矩/(kN·m/环)	对应轴力/(kN/环)	最大弯矩/(kN·m/环)	对应轴力/(kN/环)	
最大冲刷	单层管片衬砌结构	352.1	8259	446.1	8459	—	—	0.62
	全环双衬砌结构	363.3	271.3	—	—	567.2	-1706.2	0.08
	局部双层衬砌结构无内衬区	28.3	-1921.2	—	—	429.8	-1182.7	—
	局部双层衬砌结构有内衬区	257.3	-442.2	—	—	200.8	-2290	-0.17
最大淤积	单层管片衬砌结构	769.65	10588	1138	-9832	—	—	1.17
	全环双衬砌结构	375.4	1020.8	—	—	429.9	551.6	0.29
	局部双层衬砌结构无内衬区	330.1	1272.3	—	—	43	1006.8	—
	局部双层衬砌结构有内衬区	267	1538	—	—	180.8	1803.8	0.13

注: (a) 表中现状河床和单层管片衬砌结构的内力为最大弯矩及对应轴力, 其余阶段为最大弯矩和对应轴力相对于施工阶段(现状河床)的变化值。

(b) 内力变化中, 负号表示减少, 正号表示增加。

(c) 局部双层衬砌结构无内衬区为单层管片结构, 表中数值表示对应施工阶段的内力变化值。

(d) 每环长度为 2m。

通过以上分析及计算结果对比可见:

(1) 从河床冲淤过程中隧道直径变化率分析, 不管是发生冲刷还是淤积变化, 单层管片衬砌方案的直径变化量最大; 非封闭内衬方案由于具有更多的连接件, 因而直径变化率较小, 有利于内部设施和路面的稳定。

(2) 从运营过程中结构受力与配筋分析, 非封闭内衬方案管片外侧受拉区应力较全环设置二次衬砌方案增幅更小, 管片外侧由于河床冲淤变化产生的附加应力对钢筋量影响更小, 与单层管片衬砌方案相比, 非封闭内衬方案总配筋量基本相当, 而全环设置二次衬砌方案的总配筋量有一定增长。与全环设置二次衬砌方案相比, 非封闭内衬方案在河床冲淤过程中内侧内力更小, 内衬结构配筋量更低。

(3) 过大的横向变形对隧道内的装修与路面结构的稳定有一定不利影响, 因此, 从控制隧道的横向变形方面分析, 全环双层衬砌与非封闭内衬型双层衬砌要优于单层管片衬砌。

3) 隧道防水与结构稳定的可靠性对比分析

从防水对结构稳定性的角度分析, 由于隧道位于强透水的粉细砂地层, 一旦发生渗漏, 后果远比黏土、淤泥质黏土等弱透水地层严重。这主要是由于在粉细砂地层中如发生管片接缝渗漏, 不仅水量大, 而且可能产生"管涌"现象。不同部位的防水密封垫失效将对结构稳定性产生不同的影响：隧道底部漏水漏砂的产生将使结构产生不均匀沉降；两侧的漏水漏砂将降低结构两侧的地层抗力，使隧道变形加大，内力大幅度增加，进而有可能使结构产生破坏；顶部的漏水漏砂除影响隧道的正常使用外，对结构安全影响较小。同时，顶部的漏水漏砂容易被发现，也就能得到及时的处理。因此，从加强结构的整体稳定性看，适当设置内衬结构是必要的。如设置内衬，设置的重点部位应是底部和两侧，非封闭内衬型双层衬砌结构可为优选方案。

　　4) 施工难度、造价及工期对比分析

　　一般而言，隧道直径越大，施工难度越大。单层管片衬砌和非封闭内衬型双层衬砌的隧道外径均为 15.2m，全环双层衬砌的隧道外径为 15.5m，因此全环双层衬砌方案的施工难度最大。此外，江中段隧道底部需局部穿越基岩，隧道直径越大，穿越基岩的深度与长度越大，施工难度越大。

　　对于武汉三阳路长江隧道，盾构段的造价主要取决于隧道开挖直径和衬砌工程量。全环双层衬砌由于开挖直径最大，且衬砌工作量也最大，因此造价最高；非封闭内衬型双层衬砌开挖直径与单层管片衬砌相同，但衬砌工程量较大，因此造价居中。初步估算，与单层管片衬砌相比，非封闭内衬型双层衬砌结构每延米增加造价约 5000 元，全环双层衬砌每延米增加造价约 15000 元。从工期看，各方案均可以实现内部结构与盾构掘进同步施工，因而总工期相同。

　　3. 隧道结构方案选择

　　通过上述衬砌结构方案对比分析及我国既有衬砌结构使用情况可以发现，非封闭内衬型双层衬砌方案与单层管片衬砌结构方案相比，其施工难度相同，造价增加较少，但防水性能及结构稳定性可以得到大幅度提高，且在河床冲淤变化时结构横向变形小、结构内力最小，有利于内部敷贴设施的稳定，且结构配筋量较小。与全环双层衬砌相比，其施工难度较小，造价较低，在河床冲淤变化时结构横向变形相当，同时解决了隧道底部与两侧这些重点部位的防水性能及结构长期稳定性问题。基于上述各种利弊分析可以得出，非封闭内衬型双层结构可作为类似武汉三阳路长江隧道等大型水下盾构隧道的优选结构方案。

3.4　管片结构承载能力两阶段设计法

3.4.1　管片结构承载能力计算方法存在的问题

　　目前盾构法隧道多采用极限状态设计法对管片结构承载力进行计算[31]，并对正常使用极限状态下的裂缝及变形进行验算。对于作用于衬砌结构上的荷载类型及荷载名称，不同规范略有差别，但总体上一致。隧道结构上的荷载及分类如表 3-13 所示。

表 3-13 盾构隧道荷载分类表

荷载类型	荷载名称
永久荷载	结构自重
	地层压力
	隧道上方和破坏棱体范围内的设施及建筑物压力
	外水压力
	预加应力
	设备重量
	地基下沉影响
	混凝土收缩及徐变的影响
基本可变荷载	地面超载
	隧道内部支架水平推力
	隧道内部人群荷载
	隧道内部车辆荷载及其动力作用
其他可变荷载	温度变化影响
	冻胀力和膨胀力
	施工荷载
偶然荷载	地震作用
	人防荷载
	沉船、抛锚或河道疏浚产生的撞击力等其他偶然荷载

1. 承载能力极限状态计算

根据《工程结构可靠性设计统一标准》(GB 50153—2008)、《混凝土结构设计规范》(GB 50010—2010),对于承载能力极限状态,应利用式(3-2)进行设计:

$$\gamma_0 S_d \leqslant R_d \tag{3-2}$$

式中,γ_0 为重要性系数,安全等级为一级和二级的结构构件,重要性系数应分别取 1.1 和 1.0;S_d 为荷载效应基本组合或偶然组合的设计值,包括组合的弯矩、轴力和剪切设计值、变形量、应力等;R_d 为结构构件抗力的设计值。

隧道工程结构设计一般由永久荷载控制,基本组合的荷载效应设计值 S_d,按式(3-3)确定:

$$S_d = \sum_{j=1}^{m} \gamma_{G_j} S_{G_j k} + \sum_{i=1}^{n} \gamma_{Q_i} \psi_{ci} S_{Q_i k} \tag{3-3}$$

式中,γ_{G_j} 为第 j 个永久荷载的分项系数;γ_{Q_i} 为第 i 个可变荷载的分项系数;$S_{G_j k}$ 为按永久荷载标准值 $G_j k$ 计算的荷载效应值;$S_{Q_i k}$ 为按可变荷载标准值 $Q_i k$ 计算的荷载效应值;ψ_{ci} 为可变荷载 Q_i 的组合值系数;m 为参与组合的永久荷载数;n 为参与组合的可变荷载数。

2. 正常使用极限状态验算

根据《工程结构可靠性设计统一标准》(GB 50153—2008)、《混凝土结构设计规范》(GB 50010—2010),对于正常使用极限状态,应利用式(3-4)进行验算:

$$S \leqslant C \tag{3-4}$$

式中，S 为正常使用极限状态荷载组合的效应设计值；C 为结构构件达到正常使用要求所规定的变形、应力、裂缝宽度等的限值。

钢筋混凝土构件按照荷载的准永久组合并考虑长期作用的影响进行裂缝宽度和变形的验算。荷载效应的准永久组合设计值 S_d 应按式 (3-5) 确定：

$$S_d = \sum_{j=1}^{m} S_{G,k} + \sum_{i=1}^{n} \psi_{qi} S_{Q,k} \tag{3-5}$$

式中，ψ_{qi} 为第 i 个可变荷载的准永久值系数。

目前在盾构隧道结构设计时，一般是确定了作用于盾构隧道的永久荷载和可变荷载后，先进行基本荷载组合条件下的结构弯矩和轴力的计算，然后根据计算结果进行截面配筋计算，再按照荷载效应的准永久组合设计值对裂缝和结构变形进行计算。对于盾构隧道，上述荷载中，土压力（或围岩压力）、水压力对隧道结构内力影响最为显著，也是结构设计中控制结构尺寸和配筋的关键因素。作用在隧道上的水压力，一般按岩石地层及砂性土地层水土分算、黏性土地层水土合算的原则考虑。水压力按静水压力计算，并应根据设防水位以及施工阶段和使用阶段可能发生的地下水（或水域段的地表水）最高水位和最低水位按最不利组合计算对结构的作用。

以一外径 14.5m 的水下盾构隧道为例，按照上述设计方法进行结构设计。衬砌采用 C60 钢筋混凝土管片，厚度 0.6m，幅宽 2.0m；管片分块为 8+1（1/2 封顶），错缝拼装；结构按照修正匀质圆环法计算，考虑接头影响后，弯曲刚度有效率 η 取 0.7，考虑错缝拼装引起的弯矩增大系数 ξ 取 0.4。假定隧道所处地层条件如下：计算断面水深 8m，隧道顶覆土厚度 30m，下伏土层为黏性土，饱和重度 $\gamma = 19.0 \mathrm{kN/m^3}$，黏聚力 $c=15\mathrm{kPa}$，内摩擦角 $\varphi=27°$，静止侧压力系数 $\lambda=0.5$，地层抗力系数 $k=30\mathrm{MPa/m}$，江水荷载按照超载考虑，隧道顶部土层竖向荷载按照太沙基理论进行计算。具体如图 3-55 所示。

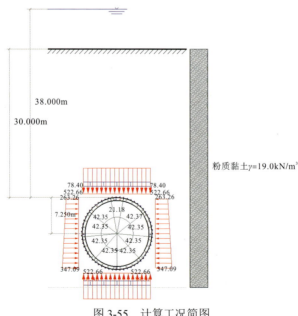

图 3-55 计算工况简图

基本组合的荷载效应设计值以及考虑重要性系数 γ_0（取 1.1）后的配筋结果如表 3-14 所示（环宽 2m）。

表 3-14　传统方法基本组合对应的结构内力及配筋结果

项目	最大正弯矩/(kN·m)	对应轴力/kN	内侧配筋/mm²	最大负弯矩/(kN·m)	对应轴力/kN	外侧配筋/mm²
数值	2278	8398	5289	1623	11484	2400

实际选用配筋：内侧 14Φ22=5321mm²；外侧 14Φ16=2814mm²。

荷载效应的准永久组合设计值计算结果如表 3-15 所示。

表 3-15　传统方法准永久组合对应的结构内力及配筋结果

项目	最大正弯矩/(kN·m)	对应轴力/kN	裂缝控制所需配筋/mm²	最大负弯矩/(kN·m)	对应轴力/kN	裂缝控制所需配筋/mm²
数值	1687	6220	9752	1202	8506	—

根据荷载效应以及按照极限承载能力计算配筋结果，计算得到管片内侧最大裂缝宽度 0.47mm，外侧最大裂缝宽度 0.16mm。由于管片内侧计算裂缝宽度超过最大裂缝宽度限制 0.2mm，故需要按照裂缝控制重新配筋。经过试算，内侧实际配筋 6Φ32+8Φ28 时，计算裂缝宽度 0.2mm，满足规范要求。故管片截面受力主筋的最终配筋结果为：内侧 6Φ32+8Φ28=9752mm²，外侧 14Φ16=2814mm²。可见，对于该计算工况，管片截面内侧配筋受正常使用极限状态计算时裂缝宽度验算控制，管片截面外侧配筋受承载能力极限状态计算结果控制。

上述计算过程似乎满足现行规范要求，但实际上没有考虑到盾构法隧道承受的地层水土荷载作用在施工期和运营期并不完全相同的特殊性质，造成计算结果并不合理，这种现象在黏性土地层中表现尤为明显。

3.4.2　盾构法隧道水土荷载的特殊性

实际工程中的工程地质和水文地质情况十分复杂，土中的水压力按成因可以分为静水压力、渗流压力和超静孔隙水压力[32]。静水压力是由均质流体受重力作用而产生的作用在物体与流体接触面上的压力。根据帕斯卡定理，某一定点处的静水压力在各个方向上均相等。

随着岩土工程界对土中孔隙水压力的理解不断深入，在计算地下水位以下饱和土体中水土侧向压力计算理论上产生了水土合算和水土分算[33]的分歧。水土合算方法将水土作为一个整体进行计算，一起乘以土压力系数（主动、被动或静止）；而水土分算方法基于太沙基的有效应力原理，将水土总压力分为土骨架的压力和孔隙水压力两部分，分别计算两项压力值后再相加，对于土骨架部分产生的侧向土压力需要乘以相应的土压力系数，孔隙水压力不需要乘以任何系数。理论上,水土分算方法符合有效应力的基本原理,在学术界广为接受,对于采用全封闭防水的隧道结构,从长期作用来看,无论是黏性土地层还是砂性土地层,作用于衬砌结构上的水土压力均符合有效应力原理,即均应该按照水土分算的原则进行计算。

但是在工程实践中发现,施工期在黏性土中实测得到的水土压力分布与水土分算结果相差较大,反而更为接近水土合算方法得到的结果,因而现在地下工程中普遍的做法是对施工期结构分析时,在砂性土中采用水土分算方法,在黏性土中采用水土合算方法。

影响作用于隧道衬砌结构上土压力大小的因素主要为地质条件、埋深、施工方法。针对浅埋隧道,常用的土压荷载计算方法有全土柱法、太沙基法和谢家烋法。上述计算方法均是针对运营期隧道顶部可能承受的最大荷载,但从盾构法隧道现场实测情况来看,衬砌结构承受的水土压力从同步注浆浆液固结之后,有个逐渐增大的过程,并且该过程会持续几个月甚至几年时间。所以黏性土地层中施工期作用于衬砌结构上的水土压力要比运营期小。

根据《混凝土结构设计规范》(GB 50010—2010)[34],在矩形、T 形和 I 形截面的钢筋混凝土受拉、受弯和偏心受压构件中,最大裂缝宽度计算公式如下:

$$w_{\max} = \alpha_{cr}\psi\frac{\sigma_s}{E_s}\left(1.9C_s + 0.08\frac{d_{eq}}{\rho_{te}}\right) \tag{3-6}$$

式中,α_{cr} 为构件受力特征参数;ψ 为裂缝间纵向受拉钢筋应变不均匀系数;σ_s 为按荷载准永久组合计算的钢筋混凝土构件受拉普通钢筋应力或按标准组合计算的预应力混凝土构件纵向受拉钢筋等效应力;E_s 为钢筋的弹性模量;C_s 为最外层纵向受拉钢筋外缘至受拉区底边的距离;d_{eq} 为受拉区纵向钢筋的等效直径;ρ_{te} 为按有效受拉混凝土截面面积计算的纵向受拉钢筋配筋率。

上式计算的是按照荷载标准组合或准永久组合并考虑长期作用影响的最大裂缝宽度,其中构件受力特征系数 α_{cr} 在取值时是在反映裂缝间混凝土伸长对裂缝宽度影响系数 α_c 基础上,乘以短期裂缝宽度的扩大系数 τ_s 和考虑长期作用影响的扩大系数 τ_l,即 $\alpha_{cr} = \alpha_c \cdot \tau_s \cdot \tau_l$,各项系数的取值如表 3-16 所示。

表 3-16   最大裂缝宽度计算时各参数取值

构件类型	α_c	τ_s	τ_l	α_{cr}
受弯、偏心受压	0.77	1.66	1.5	1.9
偏心受拉	0.85	1.9	1.5	2.4

从以上可以看出,式(3-6)是按照荷载的准永久组合并考虑长期作用效应的影响,换言之,对于施工期短暂的设计状况,根据规范不需进行混凝土结构裂缝宽度的检算。即使对施工期钢筋混凝土结构的裂缝进行计算,也应该采用短期裂缝进行计算,仅考虑短期裂缝宽度的扩大系数,不需要考虑长期作用影响的扩大系数 τ_l(1.5)。

综上,盾构法隧道承受的水土荷载既是施工荷载也是永久荷载,且施工期间承受的水土荷载一般要小于长期运营阶段,在黏性土地层中尤为明显。因此对施工阶段不利工况进行验算时，需要考虑这一因素，否则会过高地增加施工期结构的安全储备，造成衬砌结构配筋浪费的现象。

3.4.3　盾构法隧道两阶段结构设计法

《铁路隧道设计规范》(TB 10003—2016)[35]提出"采用盾构法施工的隧道应根据结构受力特点及实际工作条件等因素，分别对施工、使用阶段可能出现的荷载进行最不利组合"，并在条文说明中列举了几种荷载组合，但是该规范并未明确施工阶段和使用阶段水土荷载如何计算，也未明确结构计算都验算哪些内容。《地铁设计规范》(GB 50157—2013)[36]对土质隧道地层水土压力计算方法进行了规定，并根据地层性质对施工期和使用期水压力计算方法进行了区分，并规定地下结构应按施工阶段和正常使用阶段分别进行结构强度、刚度和稳定性计算，对于钢筋混凝土结构，尚应对使用阶段进行裂缝宽度验算。但是对施工荷载的特殊性以及短暂设计状况下荷载组合分项系数或安全系数没有进行特别规定。

施工期荷载属于短暂设计状况，故无论是采用极限状态法还是安全系数法进行结构强度检算，都应该和永久荷载有所区别。比如在铁路隧道和公路桥涵领域，相关规范均对施工期荷载分项系数或安全系数进行了特别规定。《公路桥涵设计通用规范》(JTG D60—2015)[37]规定：桥梁构件在进行短暂状况设计时，应计算其在制作、运输及安装施工阶段，由自重、施工荷载等引起的正截面和斜截面的应力，并不应超过规定的限值；施工荷载除有特别规定外均采用标准值，当有组合时不考虑荷载组合系数。《铁路隧道设计规范》(TB 10003—2016)规定：按所采用的施工方法检算施工阶段强度时，安全系数可采用列表"主要荷载+附加荷载"栏内数值乘以折减系数 0.9。

根据盾构法隧道施工及运营期不同阶段的受力特点及荷载组合要求，本节提出了两阶段结构设计法，即盾构法隧道结构计算分为施工期和运营期两个阶段分别计算，取其最不利结果作为最终设计依据。两个阶段的计算要求如下。

1. 施工阶段结构计算

施工阶段应进行承载能力极限状态计算；可根据需要对钢筋混凝土管片进行裂缝宽度检算，但不应考虑长期作用影响的扩大系数。施工期水土荷载计算方法如下：

(1)地层竖向土压力可按照全土柱法或太沙基法进行计算。

(2)侧向土压力采用朗金主动土压力(或静止土压力)。

(3)水压力按静水压力计算，在砂性土中采用水土分算，在黏性土中采用水土合算(这是一种保守的计算方法，实际上还应根据盾构机选型进一步区分是采用分算还是合算)。

施工阶段结构计算时各类荷载分项系数如表 3-17 所示。

根据上述计算原则，仍以 3.4.1 节所述的外径 14.5m 盾构隧道为例，对施工期结构进行计算，水压力按照水土合算，隧道顶部土层竖向荷载按照太沙基理论进行计算，侧向压力按主动土压力计算；施工期同步注浆荷载按照圆周均布 8 个注浆孔，注浆孔处最大为0.5MPa 三角形荷载计算。内力计算结果及所需配筋如表 3-18 所示，结构内力如图 3-56所示。

表 3-17　施工阶段荷载分项系数表

作用效应组合	荷载类型		
	土压力及自重	水压力	可变荷载
基本组合(用于强度计算)	1.0	1.0	1.4
标准组合(用于裂缝验算)	1.0	1.0	1.0

注：注浆荷载不应与水土压力同时考虑。

表 3-18　施工阶段基本组合下结构内力及配筋表

项目	最大正弯矩/(kN·m)	对应轴力/kN	内侧配筋/mm²	最大负弯矩/(kN·m)	对应轴力/kN	外侧配筋/mm²
同步注浆工况	1664	10 447	2400	1739	12 579	2400

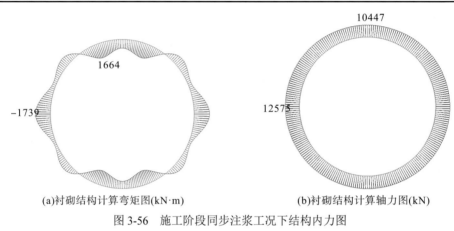

(a)衬砌结构计算弯矩图(kN·m)　　　　　　　(b)衬砌结构计算轴力图(kN)

图 3-56　施工阶段同步注浆工况下结构内力图

2. 运营阶段结构计算

运营阶段应进行承载能力极限状态和正常使用极限状态计算。运营阶段水土荷载计算方法如下：

(1)地层竖向土压力可按照全土柱法或太沙基法进行计算。

(2)侧向土压力采用静止土压力。

(3)水压力采用水土分算。

运营阶段结构计算时各类荷载分项系数如表 3-19 所示。

表 3-19　正常使用荷载分项系数表

作用效应组合	荷载类型		
	永久荷载	可变荷载	地震荷载
标准组合	1.0	1.0	—
基本组合	1.35(1.0)	1.4	—
地震作用组合	1.2(1.0)	—	1.3

注：括号内数值为对结构有利时取用(如水压力)。

根据上述的两阶段设计法，对前述的案例进行计算分析，可知运营阶段衬砌结构计算所需配筋如表 3-20 所示。对比表 3-20 和表 3-18 可以看出，本案例施工阶段和运营阶段截面内侧可以采用相同配筋，且比传统计算方法大幅减少。运营阶段标准组合下结构内力如图 3-57 所示。

表 3-20　运营阶段基本组合下结构内力及配筋

项目	最大正弯矩 /(kN·m)	对应轴力 /kN	内侧配筋 /mm²	最大负弯矩 /(kN·m)	对应轴力/kN	外侧配筋 /mm²
标准组合	554	7994	2400	401	8724	2400
基本组合	728	10 762	2400	535	11 679	2400

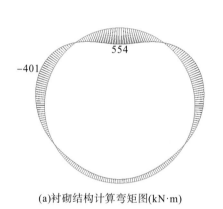
(a)衬砌结构计算弯矩图(kN·m)

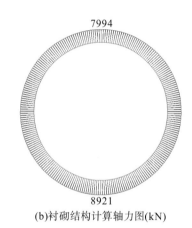
(b)衬砌结构计算轴力图(kN)

图 3-57　运营阶段标准组合下结构内力图

与传统的计算方法相比，两阶段设计法根据地层水土压力特点对施工阶段和运营阶段的水土荷载计算方法以及荷载分项系数进行了区分，并明确了不同阶段需要计算(或验算)的项目。从工程案例的实际应用可以看出，由于传统计算方法没有区分施工阶段短暂作用的荷载和运营阶段长期作用的荷载，也没有对短暂工况和持久工况所需的可靠度水平或安全系数进行区分，造成结构计算所需配筋量偏大(这种状况在黏性土地层中尤其明显)，相比之下两阶段设计法避免了传统计算方法的不足，更符合工程实际情况。

3.5　本　章　小　结

本章通过资料调研、数值模拟、理论分析等方法对水下盾构隧道防水与结构一体化的结构体系进行研究，总体介绍了盾构法水下隧道常用布置形式，提出了通用楔形环管片楔形量计算和分块设计的方法，并对不同二次衬砌布置方案进行计算分析，得到了衬砌结构类型的优化设计方法，针对盾构法隧道水土荷载随施工和运营阶段变化的特殊性，提出了盾构隧道结构两阶段设计法。主要结论如下：

（1）对于大直径水下盾构隧道，提出了公路双层隧道和公铁合建双层隧道的方案，在常规横通道疏散方式的基础上，创立了设排烟道的双层盾构隧道无横通道疏散救援总体布置技术，从而保障了水下隧道的结构安全与防水可靠性。

（2）研发了通用楔形环管片结构设计与应用技术，介绍了通用楔形环管片楔形量的设计方法，并以一内径为 12.4m 铁路盾构隧道为例，对其多种通用楔形环管片方案进行综合比选，得到最优的管片设计分块方案。

（3）在传统的单、双层衬砌结构形式的基础上，提出了"管片衬砌+非封闭内衬"的结构形式，其具有良好的经济性并有利于防水安全性。以武汉三阳路长江隧道为例，对不同衬砌结构方案力学特征进行了研究。综合分析结构的受力与变形，又考虑到从结构防灾的要求建议使用内衬，并结合施工难度、工期、造价等影响因素，建议采用"管片+非封闭内衬"结构形式。

（4）目前盾构法隧道多采用极限状态设计法设计，且施工阶段和运营阶段采用相同的计算公式，仅荷载组合有所不同。该设计方法实际上没有考虑到盾构法隧道承受的地层水土荷载在施工期和运营期并不完全相同的特殊性质，造成计算结果不合理，这种现象在黏性土地层中表现尤为明显。研究提出两阶段设计法，即分为施工期和运营期两个阶段分别计算，取其最不利结果作为最终设计依据。与传统的计算方法相比，两阶段设计法根据地层水土压力特点对施工阶段和运营阶段的水土荷载计算方法以及荷载分项系数进行了区分，明确了不同阶段需要计算（或验算）的项目。从工程案例的实际应用可以看出，由于传统计算方法没有区分施工阶段短暂作用的荷载和正常使用阶段长期作用的荷载，也没有对短暂工况和持久工况所需的可靠度水平或安全系数进行区分，造成结构计算所需配筋量偏大（这种状况在黏性土地层中尤其明显），相比之下两阶段设计法避免了传统计算方法的不足，更符合工程实际情况。

参 考 文 献

[1] 《中国公路学报》编辑部. 中国交通隧道工程学术研究综述·2022[J]. 中国公路学报, 2022, 35(4): 1-40.

[2] 孙国祥. 外界风下竖井—走廊空间烟气蔓延特征研究[J]. 中国建筑金属结构, 2022(01): 7-11.

[3] 殷勇. 高速铁路长大隧道应急处置信息系统关键技术研究[J]. 中国铁路, 2020(10): 78-83.

[4] 肖明清. 大型水下盾构隧道结构设计关键问题研究[D]. 成都: 西南交通大学, 2014.

[5] 邹红. 水下隧道消防系统关键技术研究[J]. 铁道工程学报, 2013(4): 4.

[6] 马伟斌, 王志伟, 韩自力. 长大铁路隧道防灾疏散救援体系现状综述及研究展望[J]. 隧道建设(中英文), 2020, 40(8): 10.

[7] 方正, 黄松涛, 袁建平, 等. 城市水底隧道人员疏散方式的比较[J]. 铁道工程学报, 2008(11): 5.

[8] 张新, 徐志胜, 姜学鹏, 等. 水下公路隧道纵向疏散通道加压送风系统研究[J]. 防灾减灾工程学报, 2012, 32(06): 665-671.

[9] 路石. 日本东京湾海底公路隧道[J]. 铁道建筑, 2002(06): 35.

[10] 杨超, 王志伟. 公路隧道通风技术现状及发展趋势[J]. 地下空间与工程学报, 2011, 7(04): 819-824.

[11] 李兴龙. 济南市济泺路公轨合建穿黄隧道设计构思[J]. 国防交通工程与技术, 2017, 15(06): 10-14.

[12] 中华人民共和国住房和城乡建设部. 城市道路工程设计规范(CJJ 37—2012) [S]. 北京: 中国建筑工业出版社, 2012.

[13] 中华人民共和国交通部. 公路隧道设计规范(JTG D70—2004)[S]. 北京: 人民交通出版社, 2004.

[14] 国家铁路局. 铁路隧道防灾疏散救援工程设计规范(TB 10020—2017)[S]. 北京: 中国铁道出版社, 2017.

[15] 李琦, 王雪, 杨畅, 等. 国内外特长山岭铁路隧道单、双洞长度分布特征研究[J]. 隧道建设(中英文), 2021, 41(7): 7.

[16] 王峰, 黄玉冰, 朱磊. 单洞双线隧道紧急救援站横通道风流分布研究[J]. 地下空间与工程学报, 2020, 16(06): 1836-1840, 1858.

[17] 陈凯, 杨流, 曹杰. 单洞双线地铁隧道中隔墙施工关键技术[C]//中国土木工程学会第十五届年会暨隧道及地下工程分会第十七届年会论文集, 2012.

[18] 拓勇飞, 郭小红. 南京纬三路过江通道总体设计与关键技术[J]. 现代隧道技术, 2015, 52(04): 1-6, 23.

[19] 胡清华. 武汉三阳路公铁合建越江隧道通风设计[J]. 隧道建设, 2017, 37(1): 6.

[20] 戴仕敏, 李章林, 何国军. 大型通用楔形管片拼装施工技术[J]. 隧道建设, 2006, (04): 64-67.

[21] 滕忻利, 周刘刚. 北京新机场线市域快轨 8.8m 直径盾构施工技术研究[J]. 现代隧道技术, 2020, 57(S1): 928-941.

[22] 刘明强. 水下公路隧道工程投资风险评价与控制研究[D]. 重庆: 重庆交通大学, 2015.

[23] 赵国旭, 何川. 隧道管片设计优化分析[J]. 中国铁道科学, 2003(06): 62-67.

[24] 肖明清, 邓朝辉, 鲁志鹏. 武汉长江隧道盾构段结构型式研究[J]. 现代隧道技术, 2012, 49(01): 105-110.

[25] 何川, 封坤, 方勇. 盾构法修建地铁隧道的技术现状与展望[J]. 西南交通大学学报, 2015, 50(01): 97-109.

[26] 王梦恕, 谭忠盛. 中国隧道及地下工程修建技术[J]. 中国工程科学, 2010, 12(12): 4-10.

[27] 中华人民共和国住房和城乡建设部. 工程结构可靠性设计统一标准(GB 50153—2008)[S]. 北京: 中国建筑工业出版社, 2008.

[28] Eskesen S D, Tengborg P, Kampmann J, et al. ITA/AITES Accredited Material Guidelines for Tunnelling Risk Management: International Tunnelling Association, Working Group No. 2 q[J]. Tunnelling and Underground Space Technology, 2004, 19(3): 217-237.

[29] 洪开荣. 我国隧道及地下工程近两年的发展与展望[J]. 隧道建设, 2017, 37(02): 123-134.

[30] 王梦恕. 水下交通隧道发展现状与技术难题——兼论"台湾海峡海底铁路隧道建设方案"[J]. 岩石力学与工程学报, 2008(11): 2161-2172.

[31] 《中国公路学报》编辑部. 中国隧道工程学术研究综述·2015[J]. 中国公路学报, 2015, 28(05): 1-65.

[32] 唐志成, 何川, 林刚. 地铁盾构隧道管片结构力学行为模型试验研究[J]. 岩土工程学报, 2005(01): 85-89.

[33] 何川, 张建刚, 杨征. 武汉长江隧道管片衬砌结构力学特征模型试验研究[J]. 土木工程学报, 2008(12): 85-90.

[34] 中华人民共和国住房和城乡建设部, 中华人民共和国国家质量监督检验检疫总局. 混凝土结构设计规范(GB 50010—2010)[S]. 北京: 中国建筑工业出版社, 2010.

[35] 国家铁路局. 铁路隧道设计规范(TB 10003—2016)[S]. 北京: 中国铁道出版社, 2017.

[36] 中华人民共和国住房和城乡建设部, 中华人民共和国国家质量监督检验检疫总局. 地铁设计规范(GB 50157—2013)[S]. 北京: 中国建筑工业出版社, 2014.

[37] 中华人民共和国交通运输部. 公路桥涵设计通用规范(JTG D60—2015)[S]. 北京: 人民交通出版社, 2015.

第 4 章　防水与结构一体化的接缝体系

盾构法隧道采用装配式管片衬砌,由于结构本身整体性较弱的特点及水下隧道所处环境的特殊性,对结构与防水安全要求极为严格[1]。长期以来,因缺少针对性的设计理论与措施,管片结构受力性态主要受随机变化的施工参数控制,但由于每块管片兼具结构与防水功能,施工中点多面广,防不胜防,往往导致结构完工后的实际工作状态与设计状态严重不符,成为运营安全的最大隐患[2,3]。因此,必须从设计源头上采取可靠的控制措施。本章首先针对施工期管片环间错台的影响因素、计算方法进行研究,在此基础上提出用于施工错台量控制的"螺栓+凹凸榫"新型环间接头,并开展接头足尺试验及现场实施效果验证;然后分析拼装过程中环缝面不平整对管片受力的影响,提出相应的应对措施和设计建议;最后,针对防水构造对接缝的刚度与强度等力学性能的影响进行研究,分别提出接缝抗弯刚度的取值方法和接缝抗弯承载力的理论计算方法,并研究错台状态对管片接头抗弯性能的影响。

4.1　施工期管片环间错台量计算方法

管片环间错台现象是盾构隧道施工中最常见的问题[4-6],错台量大小是防水密封垫设计的一个重要指标[7],错台量过大往往会导致管片开裂,对隧道防水以及耐久性产生不利影响。管片环间错台与施工期隧道的纵向变形相关,常采用弹性地基梁等纵向变形分析方法[8,9],获得管片纵向内力分布,并进一步分析管片接头的受力状态。这种方法能够获得隧道最大上浮量和接头内力,但却无法得到环间错台量。鉴于此,本节首先开展错台量影响因素分析,提出"从整体受力状态分析到局部变形计算"的管片环间错台量的计算方法,分别建立盾构隧道施工期纵向分析模型与管片环间错台量计算模型,计算得到施工期管片结构纵向受力与环间错台量及其发展变化规律。最后,与工程实测的错台现象进行对比,验证计算方法的可靠性。

4.1.1　施工期管片环间错台量的影响因素

为全面地分析盾构隧道施工期上浮错台现象,首先讨论隧道施工期上浮的影响因素与关键控制参数,具体分析如下:

(1)地层条件:管片上浮将受到周围地层的约束作用,地层也会影响浆液的分布,地层刚度、土体密度、地层孔隙发育等条件都将影响地层对管片的约束作用,进而对管片上浮产生影响。

(2)隧道断面：管片所受浮力及自重均与断面直径呈正相关关系，隧道断面改变将导致管片上浮受力发生变化。此外，管片纵向连接形式、分块方式等设计因素会影响环间连接刚度，从而影响管片上浮错台。

(3)隧道埋深：隧道埋深变化首先会改变隧道周围地层环境，一般来说埋深越大，周围地层条件越好，这将使上浮更难发展。其次从受力来看，埋深越大，管片上覆荷载、环间轴力越大，影响环间错台。

(4)盾构推力：盾构掘进顶推力直接影响施工期管片环间轴力，环间轴力越大，管片环间越难以发生错台。此外，管片顶推力的上下非对称性还将导致管片环受到额外的弯矩作用，该弯矩导致管片环间接触力变得不均匀，导致局部更易发生错台。

(5)同步注浆浆液性质：管片受到同步注浆浆液浮力是导致上浮错台的根本原因。同步注浆浆液密度越大，管片所受浮力越大。同时浆液凝固时间及凝固后刚度会导致上浮范围以及管片约束变化，这都会对管片上浮错台产生影响。

(6)盾构掘进速度：盾构掘进速度快慢会导致同步注浆浆液影响范围发生变化，进而影响隧道欠稳定段的范围和最大上浮量。

(7)盾尾间隙：盾尾间隙大小对管片上浮时的约束程度有一定影响。

(8)内部压重：盾构设备及临时堆放的未拼装管片等内部配重会抵消部分上浮力，已有一些工程采用此方法来减少上浮量。

(9)注浆质量：浆液不完全包裹管片，局部空腔等会导致上浮错台产生更多不可控变化。

内部压重以及注浆质量因素受施工时的人为因素影响，此处暂不作讨论。综合上浮错台影响因素分析，本节将以隧道直径、围岩条件、覆土厚度(埋深)、浆液凝固时间、浆液密度、掘进速度及管片壁后间隙等因素研究管片上浮错台的发展与变化规律。

4.1.2　管片环间错台量计算方法

1. 计算思路与流程

管片衬砌环脱出盾尾后，在同步注浆浆液浮力、盾构机千斤顶推力、水土压力等作用下产生纵向内力、发生上浮变形。受隧道埋深、浆液凝固时间、掘进速度、千斤顶推力等因素控制，施工期不同区段盾构隧道的纵向受力与变形将发生较大变化，因此，不同区段环间错台量是变化的。同时，由于环间的抗剪能力主要受纵向内力、纵向螺栓以及环缝抗剪构造(如凹凸榫、剪力棒等)影响，不同环缝抗剪构造的抗剪能力不同，同一环缝面内不同部位的应力状态不同，导致同一环缝面内不同部位的错台量也不同。此外，在水土压力作用下管片结构发生的横向变形，也将影响错台量的分布。

鉴于上述考量，从施工期盾构隧道整体受力状态出发，提出了"从整体受力状态分析到局部变形计算"的管片环间错台量的计算思路，见图 4-1。首先，基于纵向梁-弹簧模型建立盾构隧道施工期纵向分析模型，计算不同埋深、不同注浆凝固时间以及不同掘进速度影响下的盾构隧道纵向受力情况，得到不同工况下管片衬砌纵向弯矩、剪力与轴力。然后，将各工况所得到的控制荷载汇总，判断错台量的危险工况，再采用管片环间错台量计算模型计算不同工况下的环间错台量。

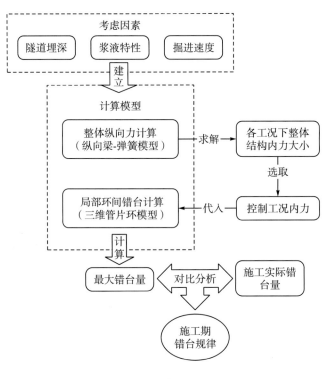

图 4-1   计算流程图

1) 盾构隧道施工期纵向分析模型

如图 4-2 所示，基于纵向梁-弹簧模型建立盾构隧道施工期纵向分析模型，模型由结构处于盾构内部的 L_0 段、浆液未凝固的 L_1 段以及浆液完全凝固后的 L_2 段等三部分组成。

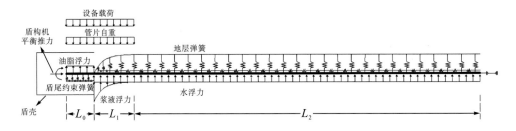

图 4-2   盾构隧道施工期纵向分析模型

模型中隧道视作截面为圆环的均质梁，梁的刚度采用日本学者川岛一彦与志波由纪夫提出的等效刚度模型进行折减[10]，折减系数取为 0.2[11]。在梁的水平方向对成型段末尾约束水平方向的位移，竖直方向施加地层弹簧约束。

对于盾构段 L_0 段，衬砌不直接与地层接触，考虑盾构机的约束作用，根据有关研究[12]，将此部分弹簧刚度设置为 5MPa/m。

管片处于 L_1 段范围时，隧道衬砌周围环境为未凝固成型的浆液，根据注浆材料试验[13]，隧道壁后注浆体物理性质的增长可近似采用指数函数表示。模型中 L_1 段地层弹簧刚度根据注浆体的弹性模量增长曲线按公式(4-1)确定，切向弹簧刚度按径向弹簧的 25% 取值。

$$K_2 = K_1(1 - \mathrm{e}^{-at}) \tag{4-1}$$

式中，K_2 为径向地层弹簧刚度；K_1 为等效地层刚度；a 为常数；t 为浆液凝固时间。假设浆液凝固时（时间点 t）的等效地层弹簧刚度为最终值的 99%，求得 at=4.6。

对于 L_2 段，隧道外部为成型的注浆层以及注浆层外的地层，如图 4-3 所示。此时等效地层刚度取值受注浆层与围岩的共同影响，根据有关文献[14]，等效地层刚度 K_1 可由下式进行求解：

$$K_1 = \left(-\frac{1}{D_c + 2H\tan\theta} + \frac{1}{D_c} \right) \Big/$$
$$\left[\frac{1}{K_b}\left(-\frac{1}{D_c + 2H_b\tan\theta} + \frac{1}{D_c} \right) + \frac{1}{K_g}\left(-\frac{1}{D_c + 2H_g\tan\theta} + \frac{1}{D_c + 2H_b\tan\theta} \right) \right] \tag{4-2}$$

式中，D_c 为管片形心线直径；K_b 为壁后注浆的刚度；K_g 为靠近壁后注浆层的地层刚度；H 为影响范围（一般取三倍洞径，当上覆土体小于三倍洞径时取覆土厚度）；H_b 为壁后注浆圈厚度；H_g 为从影响范围中减去壁后注浆层厚度后的厚度；θ 为荷载的分布宽度（取为 30°）。

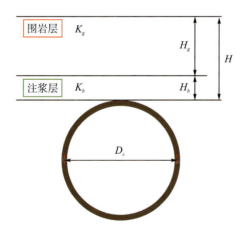

图 4-3　等效地层刚度计算模型

根据模型实际受力状况，在施工中盾构隧道管片衬砌受到的荷载包括油脂浮力、结构自重、内部压重、浆液浮力、水浮力、盾构顶推力以及盾构顶推弯矩等 7 项。需说明的是，与以往常见的纵向计算模型不同，本模型 L_2 段未施加顶部地层压力，这是因为顶部和底部地层压力为自平衡力，因此仅计入水压力和地层弹性抗力。

(1)油脂浮力

油脂浮力 q_y 计算如下：

$$q_y = \rho_y g \times (\pi R^2) \tag{4-3}$$

其中，R 为隧道外径；ρ_y 为油脂密度(取 900kg/m³)。

(2)结构自重

管片自重荷载 q_c 计算如下：

$$q_c = \rho_c g \times \pi (R^2 - r^2) \tag{4-4}$$

其中，r 为隧道内径；ρ_c 为管片密度。

(3)内部压重

考虑内部压重 q_s 对上浮的影响，荷载取值估算为 30kPa/m²，按均布作用于管片内部下半环考虑。

(4)浆液浮力

浆液凝固过程中对结构产生的浮力 q_j 随时间推移逐渐减小，浆液初凝后产生的浮力约等于 0。据相关试验研究成果，凝固过程中的浮力变化可近似采用指数函数进行描述，同步注浆浆液浮力(静态上浮力)可按式(4-5)计算：

$$q_j = \pi R^2 \rho_j \mathrm{e}^{-\alpha t} \tag{4-5}$$

其中，ρ_j 为壁后注浆浆液密度。假设当浮力减小为初始注入的 1%时可以认为浆液产生的浮力约等于 0，则 α 可取值为：$\alpha = \ln(100/t)$。

(5)水浮力

假设浆液凝固的同时地下水已侵入，水浮力 q_w 计算如下：

$$q_w = \rho_w g \times \pi R^2 \tag{4-6}$$

其中，ρ_w 为水密度，计算中可取 1000kg/m³。

(6)盾构顶推力

为简化计算，千斤顶推力 $F_{顶推}$ 仅计算有效推力，其值可由开挖面水压力与主动土压力的反力计算，按照公式(4-7)计算。计算中假设地下水位在地表以下 2m 位置不变。

$$F_{顶推} = \left[\mu \rho_t g(h+R) + \rho_w g(h-2) \right] \times \pi R^2 \tag{4-7}$$

其中，μ 为地层侧压力系数[与地层泊松比的关系为 $\mu = v/(1-v)$]；h 为覆土厚度；ρ_t 为围岩密度。

(7)盾构顶推弯矩

盾构顶推弯矩 $M_{顶推}$，其值来源于管片顶推侧的上下非对称推力。弯矩的大小由盾构开挖面上下压力差积分计算。

$$M_{顶推} = (F_x - F_s) R^3 \left(\frac{\pi}{8} - \frac{2}{3} \right) \tag{4-8}$$

其中，F_x 为管片下部顶推力；F_s 为管片上部顶推力(可参照公式(4-7)进行计算)。

盾构顶推力与顶推弯矩施加在模型 L_0 段左侧，同时 L_0 段处于盾构机体内部，还受到油脂浮力、结构自重及设备荷载作用。

对于 L_1 段，此时管片衬砌脱离盾尾，管片结构包裹在壁后注浆浆液中(不考虑注浆空隙），其外部水、土压力被阻隔在浆液之外，管片结构只受到来自浆液压力作用，其受力状态如图 4-4 所示。

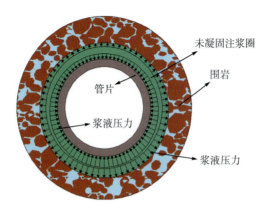

图 4-4　浆液未凝固阶段受力情况

对于浆液凝固段 L_2 段，此时管片衬砌已经进入平衡阶段，随着地下水的侵入，外部水压逐渐作用于管片衬砌，此时地下水对管片结构产生上浮力作用，受力情况如图 4-5 所示。

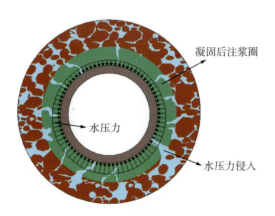

图 4-5　浆液凝固阶段受力情况

根据隧道施工期各阶段结构受力分析结果，采用有限元软件 ANSYS，基于盾构隧道施工期纵向分析模型计算管片结构受力。得到管片结构受力云图如图 4-6 所示，一般情况下对于纵向弯矩，隧道三个区段均受到负弯矩作用，管片结构上部有张开趋势，下部趋于闭合。对所受剪力分析可知：管片位于盾构机内部（L_0 段）、浆液未凝固段（L_1 段）及浆液凝固段（L_2 段）前部受到正向剪力的作用，管片环间有上浮错动的趋势，L_2 段后端剪力逐渐变为负向，管片环呈下沉趋势。对于管片纵向轴力，隧道整体受到轴向压力作用，轴力变化趋势为从 L_0 段开始逐渐减小。

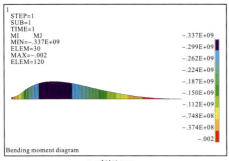
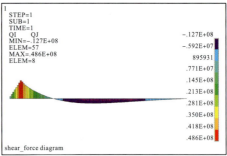

(a)弯矩/kN·m   (b)剪力/kN

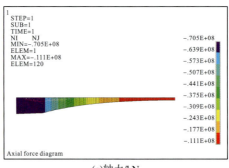

(c)轴力/kN

图 4-6   纵向计算内力云图

为计算环间错台量,需要将各阶段受力结果作为力边界条件代入管片环间错台量计算模型。

3) 管片环间错台量计算模型

计算模型采用有限元软件 ABAQUS 建立,对不同上浮阶段关键管片环进行典型工况下的环缝错台量计算,计算模型如图 4-7 所示。

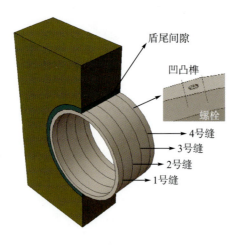

图 4-7   管片错台量计算模型图

以下对模型做具体介绍：

(1)管片环模型由前后两个半环中夹三个整环组成，纵向采用螺栓进行连接，模型应充分考虑环与环之间的连接形式影响。

(2)计算模型考虑相邻管片环之间的相互作用。管片左右两半环分别为施力环和约束环，模拟管片结构在施工过程中的受力、约束和边界条件。管片中间三环为关键研究环，主要分析其在不同工况下的力学性能与环间错台量。

(3)计算模型的管片环间设置摩擦接触。采用莫尔-库仑本构模型，法向设置为"硬"接触，切向设置摩擦系数为 0.6。

(4)为模拟地层抗力，以关键研究环的圆心为中心，在管片环周围建有土层。土体与结构间设置"硬接触"类型的法向接触，传递法向接触力，起到弹性地基梁的作用；设置基于莫尔-库仑的切向接触，模拟管片与土层间的摩擦作用，摩擦系数取 0.25。

(5)L_1 段荷载施加方式如图 4-8(a)所示，除约束环的结构内力外，模型竖直方向施加均布面力，主要包括：浆液浮力、结构自重与内部设备荷载。L_2 段荷载施加方式如图 4-8(b)所示，固结段受外力只考虑水浮力以及约束环的结构纵向内力。

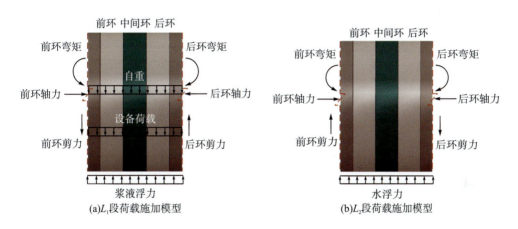

图 4-8　模型荷载示意图

4.1.3　管片错台影响因素的敏感性与规律分析

1. 计算工况与结果

采用 4.1.2 节管片环间错台量计算方法建立数值模型，为探明各因素对于管片上浮错台的影响程度，设置计算工况共计 25 组见表 4-1。其中，以工况 3 为对照工况，对各单一因素进行对照分析。

表 4-1　盾构隧道施工期上浮计算工况表

工况编号	隧道直径/m	衬砌厚度/cm	混凝土参数	地层类型	浆液密度/(kg/m³)	浆液凝固时间 t/h	埋深/m	掘进速度 V/(m/h)	管片壁后间隙/cm	浆液凝固后刚度/(MPa/m)
1	6.2	35	C50	粉质黏土	1800	12	20	2	15	15
2	10.8	50	C50	粉质黏土	1800	12	20	2	15	15
3	14.5	60	C60	粉质黏土	1800	12	20	2	15	15
4	15.2	65	C60	粉质黏土	1800	12	20	2	15	15
5	14.5	60	C60	板岩	1800	12	20	2	15	15
6	14.5	60	C60	泥岩	1800	12	20	2	15	15
7	14.5	60	C60	卵石土	1800	12	20	2	15	15
8	14.5	60	C60	砾砂	1800	12	20	2	15	15
9	14.5	60	C60	中砂	1800	12	20	2	15	15
10	14.5	60	C60	粉质黏土	1600	12	20	2	15	15
11	14.5	60	C60	粉质黏土	2000	12	20	2	15	15
12	14.5	60	C60	粉质黏土	1800	8	20	2	15	15
13	14.5	60	C60	粉质黏土	1800	10	20	2	15	15
14	14.5	60	C60	粉质黏土	1800	14	20	2	15	15
15	14.5	60	C60	粉质黏土	1800	16	20	2	15	15
16	14.5	60	C60	粉质黏土	1800	12	10	2	15	15
17	14.5	60	C60	粉质黏土	1800	12	30	2	15	15
18	14.5	60	C60	粉质黏土	1800	12	40	2	15	15
19	14.5	60	C60	粉质黏土	1800	12	50	2	15	15
20	14.5	60	C60	粉质黏土	1800	12	20	3	15	15
21	14.5	60	C60	粉质黏土	1800	12	20	4	15	15
22	14.5	60	C60	粉质黏土	1800	12	20	2	10	15
23	14.5	60	C60	粉质黏土	1800	12	20	2	20	15
24	14.5	60	C60	粉质黏土	1800	12	20	2	15	10
25	14.5	60	C60	粉质黏土	1800	12	20	2	15	20

注：表中各地层及材料参数可见表 4-2。

表 4-2　相关材料物理力学参数表

材料名称	密度/(kg/m³)	泊松比 v	垂直基床系数/(MPa/m)
粉质黏土	1950	0.35	10
板岩	2500	0.21	180
泥岩	2470	0.29	65
卵石土	2100	0.23	35
砾砂	1940	0.4	15
中砂	1910	0.4	8
C50 混凝土	2500	0.2	—
C60 混凝土	2600	0.2	—

表 4-1 中,工况 1～4 控制变量为隧道直径,分别对隧道直径为 6.2m、10.8m、14.5m 及 15.2m 选取四个典型工程进行建模,设计参数详见表 4-3,具体管片断面情况如图 4-9 所示。其中,直径 6.2m 管片构造参考武汉地铁二号线长江隧道设计,直径 10.8m 管片构造参考狮子洋隧道设计,直径 14.5m 管片构造参考南京和燕路长江隧道设计,直径 15.2m 管片构造参考济南黄河隧道设计。

表 4-3　相关盾构隧道设计参数表

外直径/m	管片混凝土标号	管片厚度/m	管片环间连接	螺栓数量
6.2	C50	0.35	8.8 级 M27 螺栓	10
10.8	C50	0.50	8.8 级 M30 螺栓	22
14.5	C60	0.60	8.8 级 M30 螺栓+凹凸榫	56
15.2	C60	0.65	8.8 级 M30 螺栓+凹凸榫	28

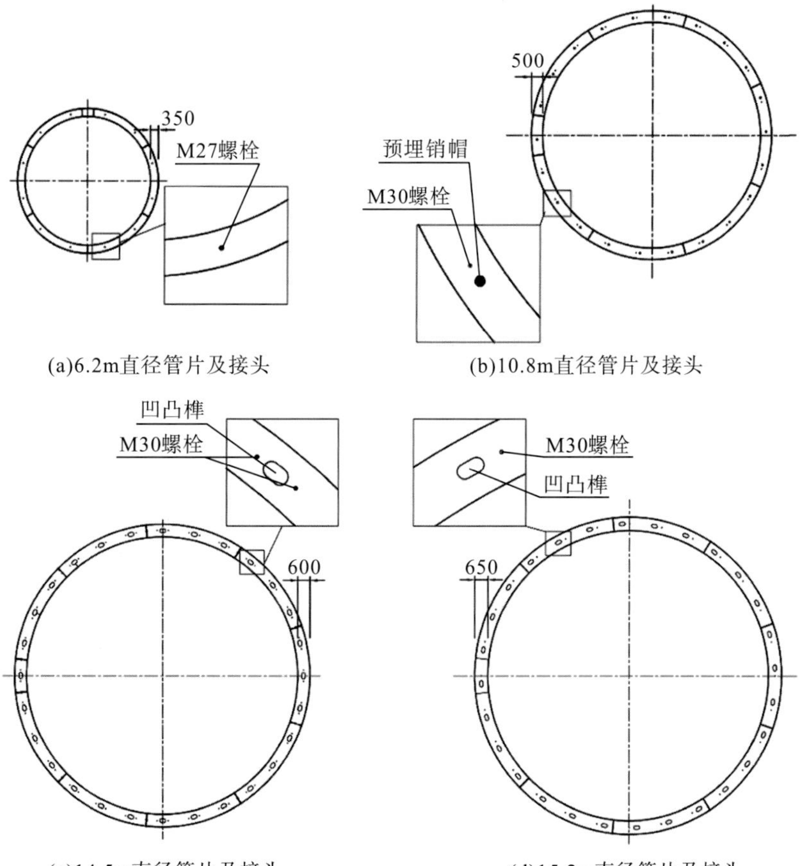

(a)6.2m直径管片及接头　　　　(b)10.8m直径管片及接头

(c)14.5m直径管片及接头　　　　(d)15.2m直径管片及接头

图 4-9　隧道管片构造图

工况 5～9 变量为地层条件,地层类型包括板岩、泥岩、卵石土、砾砂和中砂,具体地层参数见表 4-1;工况 10～11 变量为浆液密度;工况 12～15 变量为浆液凝固时间;工况 16~19 变量为隧道埋深；工况 20~21 变量为盾构掘进速度；工况 22~23 变量为管片壁后间隙；工况 24~25 变量为浆液凝固后刚度。模型中等效地层弹簧的刚度由公式(4-2)计算。

根据文献研究，管片发生上浮错台大致可分为向上错台段、过渡段、向下错台段及平稳段，同时李明宇等[15]的现场错台监测结果也可以佐证，管片环间发生错台首先在注浆期增大而后随浆液凝固沉降后有所减小。不难发现，对于施工来说，最大风险点即上浮期错台量最大时刻，此时环间错动达到峰值，最容易引起次生危害。

鉴于此，计算将提取上浮阶段(即流体段 L_1)做重点分析，将流体段提出后，在边界处做荷载约束，提取上节中纵向梁-弹簧模型流体段与盾构段边界计算结果作为管片上浮错台计算分析的荷载条件，如表 4-4 所示。

表 4-4　管片环上浮错台计算的荷载条件

工况	环间剪力/kN	纵向弯矩/(kN·m)	纵向轴力/kN
1	5629.8	1.25×10^4	12403.1
2	22859.0	5.88×10^4	39030.6
3	46471.6	1.33×10^5	73937.4
4	52085.7	1.52×10^5	82066.4
5	26745.0	7.92×10^4	45764.9
6	32121.6	9.81×10^4	65075.5
7	36337.5	1.03×10^5	52716.1
8	42508.9	1.27×10^5	83497.9
9	48798.9	1.42×10^5	84201.9
10	46302.5	1.32×10^5	73937.4
11	46640.8	1.33×10^5	73937.4
12	45327.9	1.30×10^5	74170.4
13	45858.4	1.08×10^5	74052.7
14	47145.6	1.34×10^5	73824.6
15	47864.6	1.36×10^5	73714.2
16	46379.0	1.33×10^5	41419.0
17	46492.4	1.33×10^5	106451.3
18	46502.8	1.33×10^5	138964.9
19	46502.8	1.33×10^5	171475.6
20	45327.9	1.30×10^5	74170.4
21	44910.5	1.29×10^5	74290.4
22	46502.8	1.33×10^5	73943.6
23	46430.3	1.33×10^5	73929.1
24	46534.0	1.33×10^5	73949.8
25	46430.3	1.33×10^5	73929.1

采用管片错台量计算模型分析各工况管片环上浮错台情况,提取模型最大上浮量,以及发生最大错台的管片环拱顶与拱底处的错台量,如表 4-5、图 4-10 所示。

表 4-5　施工期管片上浮错台量的计算结果表

工况	管片上浮量/mm	最大错台环错台量/mm		工况	管片上浮量/mm	最大错台环错台量/mm	
		上部错台量	下部错台量			上部错台量	下部错台量
1	50.13	17.01	10.12	14	44.38	17.62	13.42
2	46.59	19.15	13.59	15	45.81	18.20	13.81
3	43.02	17.09	13.06	16	45.34	18.54	14.69
4	40.48	18.52	13.61	17	35.31	15.43	9.78
5	27.02	11.07	8.77	18	30.50	14.57	8.53
6	29.65	11.51	8.81	19	28.35	13.32	6.51
7	32.99	14.61	11.34	20	40.54	16.12	12.48
8	33.63	12.61	9.34	21	39.61	15.32	11.62
9	43.69	19.00	13.90	22	40.06	15.10	11.08
10	40.72	16.31	12.78	23	45.95	19.06	14.53
11	45.29	17.85	13.35	24	43.11	17.62	13.58
12	40.54	16.12	12.48	25	42.95	16.64	12.59
13	41.36	16.34	12.97				

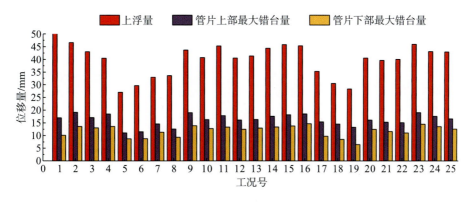

图 4-10　管片上浮错台计算结果

2. 错台规律分析

对于某一个具体的管片衬砌环,随着盾构隧道的掘进施工,管片将从盾构内 L_0 段脱盾进入 L_1 段受到浆液上浮影响,浆液凝固后再进入 L_2 段形成最终的状态,错台趋势示意图可见图 4-11(图中未区分顶部错台量与底部错台量的差别)。

因此,管片结构在整个施工过程中的环间错台规律可归纳为:在进入浆液未凝固 L_1 段后管片在浆液浮力的影响下发生向上的相对错台。随着浆液浮力影响减弱,管片结构所受正向剪力持续减小变为负剪力，此过渡段管片结构逐渐从正向受剪转变为负向受剪。随着过渡段剪力减小，产生的错台可近似为 0。此后，随着负向剪力增大，错台逐渐从向上趋势变为向下相对错台回移，进入"下错台段"。值得一提的是，此阶段负向剪力值相对正向剪力峰值较小，产生错台量较小。随后，负剪力随着推进持续减小，最终剪力作用不足以超过管片环间摩擦约束时，管片最终进入平稳段。

此外，由于盾构推力形成的负弯矩效应以及内部设备压重的影响，衬砌环底部的错台量明显小于顶部，这与现场实际施工是相符的。

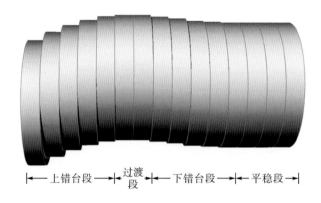

|← 上错台段 →|← 过渡段 →|← 下错台段 →|← 平稳段 →|

图 4-11　管片环间错台规律示意图

3. 各影响因素分析

1) 隧道直径对管片上浮错台的影响

选取隧道直径为 6.2m、10.8m、14.5m 及 15.2m 的典型隧道工程(对应表 4-1 中工况 1～4)，对隧道直径与上浮错台量的关系进行分析，结果如图 4-12 所示。

总的来看，各工况管片上浮量随着直径的增大而减小。从结构力学分析，结构位移量与荷载成正比，与抗弯刚度(EI)成反比(计算中结构长度 l 为常量)。

引入上浮力与抗弯刚度比值 K_3：

$$K_3 = \frac{上浮力}{抗弯刚度}$$

(4-9)

其中，上浮力=壁后注浆浆液浮力–管片自重–设备配重。

此比值可表示管片受上浮力影响的位移大小。从图 4-12(a)中可知，隧道直径越大，K_3 的值越小，管片上浮量越小。管片直径增大所受的上浮力以及抗弯刚度均会增加，但刚度增大的幅度更大，管片更难发生上浮位移。

对管片错台量分析可知，隧道直径与错台量无直接联系。引入上浮力与螺栓面积比值，以此比值来衡量管片纵向连接的强弱。从图 4-12(b)可知，纵向连接强度越大，管片环间产生的错台越小。同时，隧道直径与纵向连接强度无关，所以管片错台量的大小与隧道直径没有直接关联。

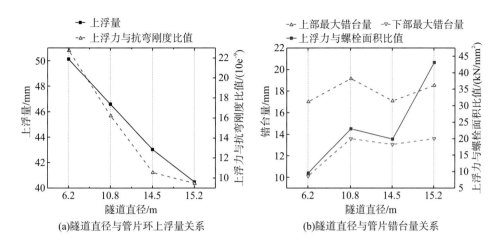

(a)隧道直径与管片环上浮量关系　　　　(b)隧道直径与管片错台量关系

图 4-12　隧道直径对上浮错台量影响

2)地层条件对管片上浮错台的影响

对地层条件的影响进行分析,选取 6 种工程中常见地层条件进行对比分析(对应表 4-1 中工况 3 与工况 5~9)。

如图 4-13 所示,随着隧道地层条件变好(地层弹簧刚度提升),上浮量与错台量同步减小,且变化幅度较大。隧道整体上浮错台与地层刚度大体呈对数曲线变化,即地层刚度较小时管片上浮量变化更为显著;但当地层刚度提升至一定量值后,再增大地层刚度对于管片上浮错台的影响不明显。

从隧道整体受力来看,管片周围地层刚度变大会使管片所受纵向弯矩减小,这是周围地层约束作用增强的结果,外荷载作用下可以提供更大的约束反力,同样更强的地层约束也将使管片上浮错台同步减小。

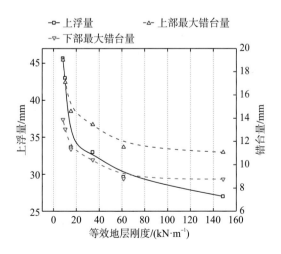

图 4-13　地层条件与上浮错台量关系

3) 隧道埋深对管片上浮错台的影响

以埋深为单一变量，以粉质黏土地层为例，分别分析隧道埋深 10m、20m、30m、40m 和 50m 工况(表 4-1 中工况 3 与工况 16～19)的计算结果。

从图 4-14 可见，随隧道埋深增大，管片上浮错台呈线性减小趋势。分析可知，隧道埋深对管片环所受剪力、弯矩影响较小，且对管片所受纵向主动荷载(浆液浮力等)不产生影响，但对管片环间轴力影响较大，埋深越大则纵向轴力越大，也将提升管片纵向接头的抗剪能力，使管片环间错台得到控制。因此，管片上浮量与环间错台量随之减小。

此外，埋深增大还将使周围地层约束变强，使隧道整体上浮得到控制。因此，在其他条件不变的情况下，隧道埋深越大，管片上浮错台越小。

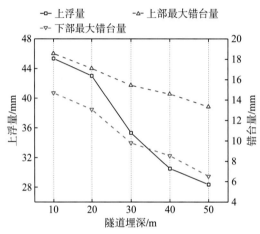

图 4-14　隧道埋深与上浮错台量关系

4) 浆液物理属性对管片上浮错台的影响

同步注浆浆液属性主要从浆液密度及浆液凝固后刚度两个方面进行分析。

首先，对于浆液密度，考虑浆液密度分别为 1600kg/m³、1800kg/m³ 与 2000kg/m³ 对管片上浮错台量的影响。如图 4-15(a)所示，随着同步注浆浆液密度增大，管片上浮量与错台均有所提升。浆液密度提高将加剧管片上浮错台趋势，浆液密度与管片上浮错台量呈近似线性关系。

显然，根据浮力计算公式，浆液密度的增大直接使管片所受浆液浮力等比增大，但是受同步注浆本身的技术要求控制，浆液密度的变化范围较小，即采用不同浆液，密度变化不会有太大差异。从这个角度来看，在实际施工时，浆液密度改变导致的上浮错台量变化不大。

另外，在同步注浆浆液凝固后刚度方面，设置浆液凝固后刚度值为10MPa/m、15MPa/m 及 20MPa/m 的工况进行分析(工况 3 与工况 24～25)。如图 4-15(b)所示，浆液凝固后刚度越大，管片上浮错台量越小，但影响较小。从计算模型来看，同步注浆浆液凝固后刚度主要影响管片周围围岩的等效地层刚度，其作用效果与地层条件的改变类似。但是，根据等效地层刚度计算模型分析，注浆体由于所占厚度较小，对等效地层刚度的影响有限，只有当周围地层刚度较小、埋深较浅时此因素的影响才会凸显。

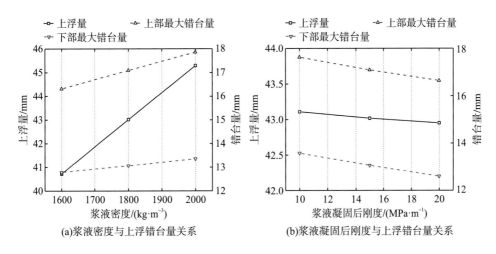

(a)浆液密度与上浮错台量关系　　(b)浆液凝固后刚度与上浮错台量关系

图 4-15　浆液物理属性与上浮错台量关系

5)浆液凝固时间与掘进速度对管片上浮错台的影响

从受力模型计算结果来看,浆液凝固时间与掘进速度本质是影响流体段 L_1 的长度,即 $L_1 = t' \cdot V$。如工况 12 与工况 20,L_1 的长度同为 4m,此时管片结构受力相同,上浮量与错台量均相同。

对比图 4-16 中工况 3、工况 12～15 及工况 20～21,流体段长度越大,管片上浮量越大,错台量也越大,即:掘进速度越快、浆液凝固时间越长,产生的管片上浮量越大、错台量越大。

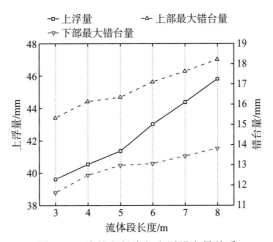

图 4-16　流体段长度与上浮错台量关系

6)管片壁后间隙对管片上浮错台的影响

本节所采用的纵向梁-弹簧模型壁后间隙大小仅涉及等效地层刚度的计算,对管片受力的影响较小。但在管片环错台量计算模型中,壁后间隙将直接影响管片周围的约束条件。因此,流体段地层周围刚度较小,壁后间隙范围大则更利于管片上浮错台的发展,随管片壁后间隙的增大,管片上浮错台量有明显增大的趋势(图 4-17)。

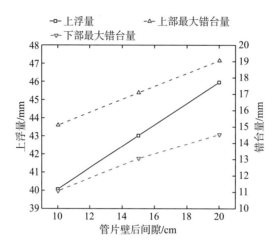

图 4-17 管片壁后间隙与上浮错台量关系

4.1.4 管片错台量计算结果的现场验证

1. 有无凹凸榫的错台量对比验证

为验证所提计算模型的合理性，在某工程施工现场进行了有无凹凸榫的对比试验，试验段埋深 12m，地层为粉细砂层，计算结果详见表 4-6，现场实际错台量情况见图 4-18。可见，无凹凸榫时拱顶最大错台量为 25mm（计算值 20.4mm），有凹凸榫时最大错台量为 9.5mm（计算值 9.0mm），计算结果与实际接近，说明计算模型是合理的。

表 4-6 试验工点管片环间最大错台量计算结果

凹凸榫	工况	错台位置	拱顶错台量/mm	拱底错台量/mm
有	最大正剪力工况	前环	8.6	0.6
		后环	9.0	0.7
	最大弯矩工况	前环	0.4	0.05
		后环	0.7	0.06
	最大负剪力工况	前环	−1.8	−0.1
		后环	−1.9	−0.1
无	最大正剪力工况	前环	19.7	1.2
		后环	20.4	1.5
	最大弯矩工况	前环	0.5	0.06
		后环	0.9	0.08
	最大负剪力工况	前环	−3.2	−0.1
		后环	−3.3	−0.2

注：管片环间错台量以竖直向上为正。

(a)有凹凸榫管片及最大环间错台情况

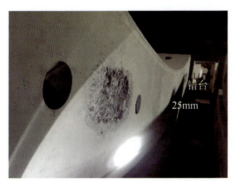

(b)无凹凸榫管片及最大环间错台情况

图 4-18　试验工点现场实测环间错台情况

2. 有凹凸榫情况下施工期上浮与错台量实测验证

为进一步验证实际工程中管片上浮错台的规律,在南京和燕路长江隧道开展了施工期上浮与错台现场测试,据此分析典型区段中掘进速度与隧道埋深两参数对管片上浮错台的影响。

1)掘进速度影响的实测分析

隧道掘进至 60 环左右时,盾构自始发井始发后掘进逐渐稳定,掘进速度开始提升,第 55 环埋深约 10.4m,掘进至 85 环时掘进速度大致稳定,此时隧道埋深 12.1m。此区段埋深等其他施工因素影响较小,施工期上浮主要变量可视为掘进速度变化,区段上浮量与掘进速度变化情况如图 4-19 所示。

从 63 环开始,掘进速度从 15mm/min 提升至 30mm/min 左右,管片上浮量显著提升,从 30mm 左右提升至 62mm 左右,同时 65～80 环中掘进速度逐步调整,上浮量基本与掘进速度变化有正相关关系,掘进速度的提高会导致流体段长度增大,上浮区段约束减弱从而导致上浮量增加,与 4.1.3 节中分析结果相同。

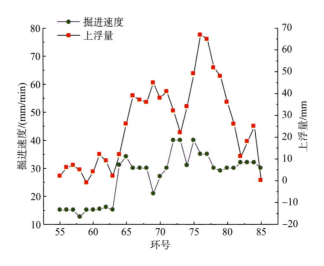

图 4-19　试验工点上浮量与掘进速度关系

2) 隧道埋深影响的实测分析

取隧道区间 155～255 环, 此区段开挖时掘进速度较为平稳, 隧道穿越地层为粉细砂层, 隧道埋深大体上随着里程的增大而增大。该区段隧道局部纵断面如图 4-20 (a) 所示, 上浮量与掘进速度关系如图 4-20 (b) 所示, 监测区间掘进速度稳定在 25mm/min, 此时随着隧道埋深增大, 管片上浮量减小。可以看出, 在地层条件基本不变的情况下, 埋深增大, 管片上浮量减小。

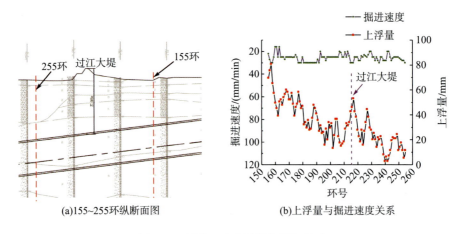

(a)155~255环纵断面图　　　　　　　　　(b)上浮量与掘进速度关系

图 4-20　试验工点上浮量与埋深关系

值得一提的是, 实际工程中管片上浮由于各因素影响而处于波动状态。其中, 隧道下穿江堤位置, 隧道埋深增大较快, 上浮量出现反向增长, 这是由于施工环境变化导致施工参数的改变引起管片上浮波动, 如水压增大、盾构顶推力增大、注浆压力与注浆量提高等, 实际工程中可依据具体情况进行估计与判断。

3)施工期管片上浮与错台关系实测分析

区段 155～255 环上浮量与相对错台量关系如图 4-21 所示。可以看出,管片上浮与错台变化规律具有明显的一致性,当区段上浮量增减时错台量也同步增减,各峰值低谷也具有一定的一致性。值得一提的是,由于该隧道实际工程中环间设置了凹凸榫,限制了管片错台量的发展,因此,最大错台量控制在 10mm 之内,使得实测环间最大错台量与上浮量值并无明显的相关性。这也说明了环间抗剪措施对于控制盾构隧道施工期管片错台的重要性(详见后述)。

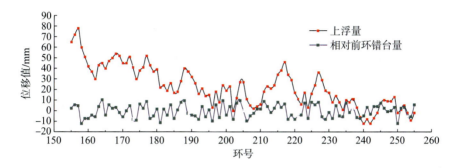

图 4-21 试验工点上浮量与错台量相关性

4.1.5 管片错台对纵向应力松弛的影响

1. 考虑错台的计算工况

为研究拼装错台对隧道纵向应力松弛的影响,以杭州钱江隧道为例,考虑环间错台发生的类型(单环错台、工况 1,连续错台、工况 2),对图 4-22 所示的不同错台量进行计算分析,详细计算工况及变化参数设置汇总如表 4-7 所示。

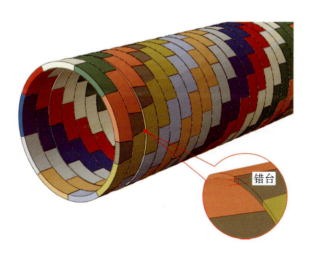

图 4-22 错台发生位置示意图

表 4-7   考虑拼装错台的计算工况汇总表

计算工况	加载龄期/d	推力变化/MN	摩擦范围/m	施工速度/(环·d^{-1})	错台量/mm
理想工况	90	30	100	6	0
计算工况 1(单环错台)	90	30	100	6	2、4、6、8、10
计算工况 2(连续错台)	90	30	100	6	2、4、6、8、10

2. 计算结果分析

图 4-23～图 4-26 分别为单环错台、连续错台变化对盾构隧道施工阶段纵向应力松弛的影响和对应力松弛状态的长期影响。由图可见：

(1) 单环衬砌环间发生错台条件下，当错台量发生变化时已错台的衬砌环内力有较大的变化，而邻近衬砌环的纵向应力与未发生错台前几乎不存在差别，即，单环衬砌发生错台时，对邻近环管片的纵向应力几乎没有影响(图 4-23)。但是，当错台在相邻衬砌环间连续发生时，管片拼装后纵向应力在初始阶段就存在差异并一直延续到稳定阶段，即：连续错台将对纵向应力传递产生较大的影响。

(2) 单环衬砌环间发生错台时，邻近衬砌环在各工况下的纵向应力在达到稳定前始终差异极小(图 4-24)；而环间连续错台将导致邻近衬砌环的纵向应力差异明显，错台量越大，松弛后的纵向应力越小(最大松弛量约 18%)，且不同错台量间的应力差异随着时间延长有所减小，如图 4-26 中阴影所示。

(3) 与千斤顶往复推力变化、纵向摩擦力范围以及施工速度等因素的影响不同，盾构隧道纵向应力受连续错台的影响而产生的应力差异不会随时间延长而逐渐消失，直到达到稳定阶段仅发生约 30% 的衰减。

(4) 错台量过大易造成管片破损，而本研究中对错台影响的分析未计入由于过大错台导致的管片破损工况，若考虑管片破损，纵向应力松弛现象应更为明显。

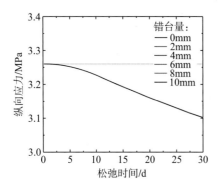 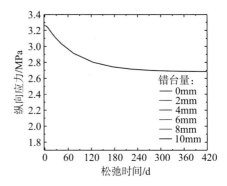

图 4-23   单环错台变化对施工阶段应力松弛的影响   图 4-24   单环错台变化对应力松弛状态的长期影响

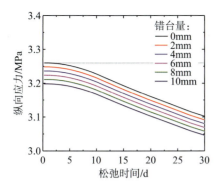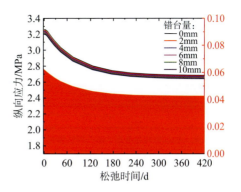

图 4-25　连续错台变化对施工阶段应力松弛的影响　图 4-26　连续错台变化对应力松弛状态的长期影响

4.2　凹凸榫控制管片环间错台的技术研究

4.2.1　凹凸榫的合理尺寸试验研究

凹凸榫的主要作用：一是提高管片拼装定位精度；二是控制施工期的错台；三是提高地震时结构的抗剪能力[16-18]。为了探究凹凸榫在接头抗剪过程中发挥的作用，本节首先采用局部足尺试验的方法，对不同设计参数，包括不同尺寸、不同厚度、不同角度、有无倾斜等条件下的凹凸榫试件进行剪切试验，观察破坏形式，分析得到其对应的抗剪刚度。并结合现场实测与数值模拟的结果，对凹凸榫的抗剪性能进行归纳总结。

1. 试验准备

1）试件设计与制作

以苏通 GIL 综合管廊工程为背景，凹凸榫相关参数以工程实际参数为准。单个试块尺寸取 40cm×40cm×20cm，上加凹槽或凸榫。为了研究不同设计参数对凹凸榫抗剪能力的影响，本次试验共制作 11 对凹凸榫试件，其中标准试件如图 4-27 所示。其余试件在一号试件的基础上修改参数，如表 4-8 所示。除凹凸榫外，各试件在材料和规格上完全相同。试件由 C60 混凝土制成，制成后的试件如图 4-28 所示。

表 4-8　试件设计参数

试件编号	榫槽尺寸/(mm×mm)	深度/mm	角度/(°)	备注
1	270×170	30.5±1	0	标准试块
2	270×170	30.5±1	90	
3	270×170	30.5±1	15	
4	270×170	30.5±1	75	角度变化
5	270×170	30.5±1	45	
6	240×150	30.5±1	0	
7	300×190	30.5±1	0	面积变化

试件编号	榫槽尺寸/(mm×mm)	深度/mm	角度/(°)	备注
8	270×170	40.5±1	0	深度变化
9	270×170	20.5±1	0	
10	270×170	30.5±1	0	凹凸榫无倾斜
11	270×170	0	0	无榫对照

注：表中角度一栏以剪切力垂直于凹凸榫长轴方向为0°。

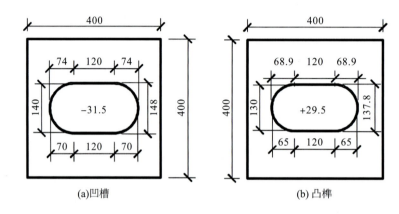

图 4-27　一号标准试块设计图

(a)试件侧面　　　　　　　　　　　　(b)试件正面

图 4-28　凹凸榫试件

2. 试验原理与方法

1)试验原理介绍

加载原理如图 4-29 所示。为了研究凹凸榫的抗剪能力，试验时，将试件一和试件二重叠放置于可滑动加载台上，使凹凸榫正常咬合。上部试件一右侧与刚性支座接触，可视为固定端支座；下部试件二水平放置于加载台上。加载时，先在竖向施加荷载 N，待 N 达到设计值 200kN，稳定一段时间后施加水平荷载 P_Q，使得试件二在 P_Q 的作用下克服摩擦作用及凹凸榫抗剪作用发生位移，直至位移迅速增大，试件破坏。

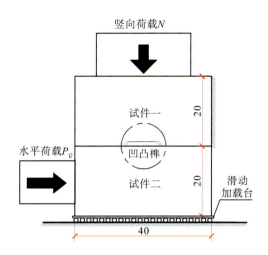

图 4-29　凹凸榫剪切试验加载原理

2)试验加载方案

根据试验目的和仪器,将加载过程划分为三个阶段:

准备阶段:将试件放置在加载台上,使千斤顶与试件、试件与加载台分别实现预接触,并在远程控制台设定试验所需加载力,完成前期准备工作。

纵向力加载阶段:启动竖向千斤顶进行加载,同时观察竖向位移,千斤顶推力从 0kN 缓慢增长,直至达到设定值 200kN,待竖向位移稳定后,位移归零,开始加载剪切力。

剪力加载阶段:位移归零,启动水平千斤顶进行加载。水平千斤顶推力从 0kN 开始,以 40kN/min 的速率增加,加载的同时观察并记录水平位移,若发现混凝土表面出现裂纹,则记录裂纹发生时间。待水平位移达到设定值 20mm,加载自动停止,此时进行卸载和观测。

三阶段可归纳如表 4-9 所示。

表 4-9　试验加载阶段

阶段	主要任务	结束标志
准备阶段	千斤顶与试件、试件与加载台分别实现预接触	接触完好
纵向力加载阶段	纵向力从 0kN 增长,直至达到设定值 200kN	纵向力达到 200kN,竖向位移平稳
剪力加载阶段	剪力从 0kN 开始,以 40kN/min 的速率增加,直到达到极限位移	水平位移急剧增大并达到 20mm,试件破坏

3. 试验结果分析

1)凹凸榫受剪的力学阶段划分

根据摩擦定律,在纵向力作用下,上下试块之间会产生摩擦力,摩擦力最大值只与纵向力大小和接触面摩擦系数有关。因此,以凹凸榫试件为参照设计无榫试件即 11 号试件进行对照试验，以更好地研究摩擦作用对凹凸榫受剪的影响。

以剪切力为横坐标，平均水平位移为纵坐标，绘制无榫和标准 0°榫的位移曲线如图 4-30 所示。根据曲线对比可知：①剪力-位移曲线可根据其形态明显地分为四个区段，分别以罗马数字命名为Ⅰ、Ⅱ、Ⅲ、Ⅳ；②试件受剪时存在明显的摩擦作用，即图中所示阶段Ⅰ，此阶段无榫试块的位移曲线与标准 0°榫试块高度吻合；③凹凸榫抗剪失效以位移急剧增大为标志。

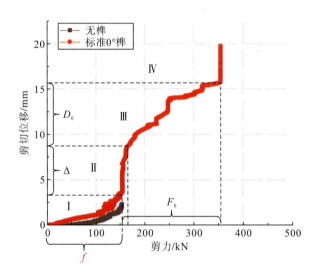

图 4-30 剪力-位移曲线图

对曲线不同区段进行分析如下：

Ⅰ.静摩擦阶段$(P_Q < f)$：此阶段剪切力由摩擦力 f 抵抗。剪切刚度可近似等效于正无穷，位移极小，但并不为零，原因可能是混凝土磨损、接触面滑动、试块翘动等。此阶段的结束标志为剪切力 P_Q 达到静摩擦力 f，即 $P_Q = f$。

Ⅱ.拼装间隙调整阶段$(P_Q > f, d_2 < \Delta)$：此阶段剪切力已克服摩擦力，但由于凹凸榫之间存在装配间隙，无法立刻发挥抗剪作用，因此此阶段剪切刚度几乎为 0。此阶段的结束标志为水平位移 d_2 达到凹凸榫拼装间隙 Δ，即 $d_2 = \Delta$。

Ⅲ.凹凸榫抗剪阶段$(P_Q > f, d_2 > \Delta)$：此阶段凹凸榫咬合，开始发挥抗剪作用。此阶段剪力-位移曲线无明显规律，对应抗剪刚度可用 $K = F_0/D_0$ 表示，F_0、D_0 已在图中示意，分别表示Ⅲ阶段内的剪力差及位移差，F_0 亦可表征凹凸榫的有效抗剪承载力。此阶段的结束标志为凹凸榫抗剪失效，即 $P_Q = f + F_0$。

Ⅳ.抗剪失效阶段$(P_Q > f + F_0)$：此阶段剪切力超过摩擦力与凹凸榫抗剪能力的总和，试块抗剪失效，位移急剧增大。

绘制其他九个工况的剪力-位移曲线如图 4-31 所示，可知该阶段划分是合理的。

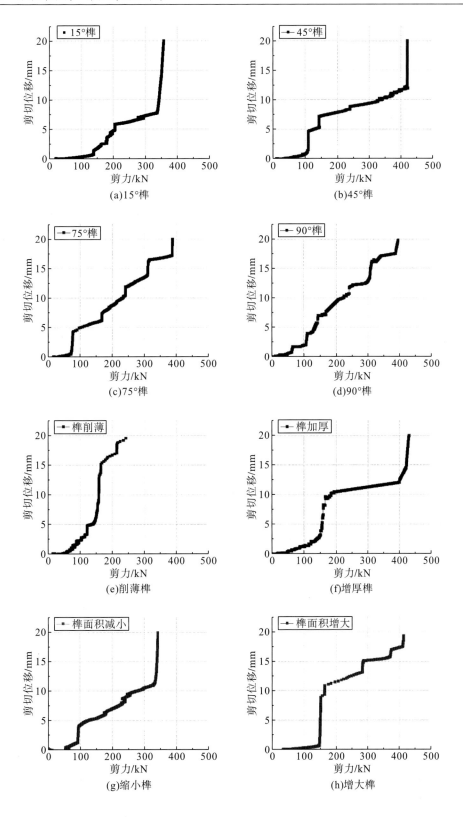

(a)15°榫

(b)45°榫

(c)75°榫

(d)90°榫

(e)削薄榫

(f)增厚榫

(g)缩小榫

(h)增大榫

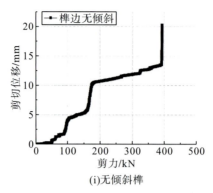

(i)无倾斜榫

图 4-31　其他工况的剪力-位移曲线图

由于摩擦力 f 主要与接触面粗糙程度有关，凹凸榫拼装间隙 Δ 主要与拼装过程有关，二者难以有效控制，后续不再讨论。衡量凹凸榫抗剪能力时，以凹凸榫抗剪阶段为主要评价依据，Ⅰ、Ⅱ阶段对应的剪切力与水平位移可对应地在初值中减去，以便观察分析。

2)受剪角度对凹凸榫抗剪性能的影响

绘制不同角度凹凸榫的剪力-位移曲线如图 4-32 所示。从图中找到各阶段临界点，将各凹凸榫对应重要数据及计算抗剪强度、抗剪刚度列于表 4-10。

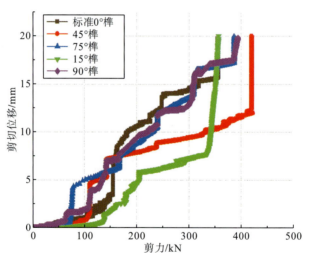

图 4-32　不同角度凹凸榫的剪力-位移曲线

表 4-10　不同角度凹凸榫的抗剪性能数据

凹凸榫角度/(°)	最大摩擦力 f/kN	破坏时剪切力 F_m/kN	有效抗剪承载力 F_0/kN	有效剪切刚度 K/(kN/mm)
0	117.2	355.1	237.9	29.4
15	138.4	330.9	192.5	29.8
45	107.2	416.2	309	41.5
75	79.7	384.1	304.4	23.2
90	70.2	385.5	315.3	23.4

　　实际工程中，环间凹凸榫沿管片呈环状分布，为了表达更直观，各角度凹凸榫的有效抗剪承载力可表示如雷达图 4-33 所示，有效剪切刚度可表示如雷达图 4-34 所示。

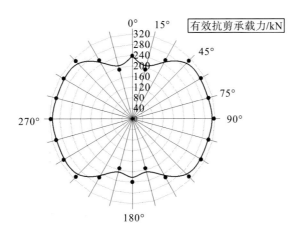

图 4-33　有效抗剪承载力雷达图

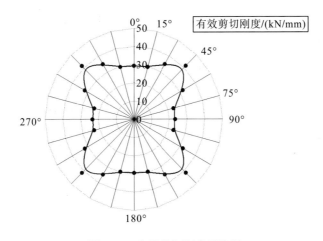

图 4-34　有效剪切刚度雷达图

　　由图表可知：①有效抗剪承载力沿角度分布并不均匀，0°及 15°时有效抗剪承载力最小，约为 200kN，随着角度增大至 45°，有效抗剪承载力增大至 309kN，且不随着角度继续增大而减小，在 90°时达到最大，为 315kN；②有效剪切刚度沿角度分布并不均匀，在 90°及 75°时有效剪切刚度最小，约为 23kN/mm，随着角度变化至 45°，有效剪切刚度增大至 41.5kN/mm，当角度继续减小，有效剪切刚度有所回落，在 0°和 15°时降至 30kN/mm；③剪切角度相近时，抗剪表现相似；④当剪切角度为 45°时，凹凸榫的有效剪切刚度和有效抗剪承载力都较高，可以认为 45°是最优抗剪角度。结合前文相关结论，接头受剪时，剪切作用在接近切向方向的作用效果最强，在其他方向较弱，因此可通过旋转凹凸榫至 45°的方式提升接头凹凸榫的抗剪性能。

3）榫厚对凹凸榫抗剪性能的影响

绘制不同厚度凹凸榫的剪力-位移曲线如图 4-35 所示。从图中找到各阶段临界点，将各凹凸榫对应重要数据及计算抗剪强度、抗剪刚度列于表 4-11。

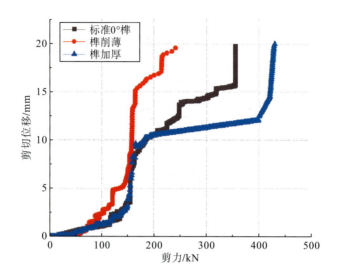

图 4-35　不同厚度凹凸榫的剪力-位移曲线

表 4-11　不同厚度凹凸榫的抗剪性能数据

凹凸榫厚度/mm	最大摩擦力 f/kN	破坏时剪切力 F_m/kN	有效抗剪承载力 F_0/kN	有效剪切刚度 K/(kN/mm)
30.5	117.2	355.1	237.9	29.4
20.5	143.3	216.6	73.3	19.8
40.5	121.8	416.9	295.1	41.4

由图表可知：①厚度对凹凸榫的有效抗剪承载力有显著影响。当凹凸榫厚度为 20.5cm 时，有效抗剪承载力较小，仅为 73.3kN，随着厚度提升至 30.5mm，有效抗剪承载力的数值提升了两倍有余，达到 237.9kN。随着厚度继续增大，有效抗剪承载力继续提升，但提升效果下降，到 40.5mm 时达到 295.1kN。可见从有效抗剪承载力来看，30.5mm 厚度是一个性价比高的选择。②厚度对凹凸榫的有效剪切刚度有显著影响，随着厚度从 20.5mm 增加至 40.5mm，剪切刚度也近似线性地从 29kN/mm 增长至 41kN/mm。

根据上节对凹凸榫破坏形式的分析，结合理论推导，可对试验现象进行验证：凹凸榫厚度较小，在承受剪切作用时，由于边缘面存在倾斜，易发生滑动错动现象，使得凹凸榫抗剪性能无法完全发挥，对应的抗剪强度降低；凹凸榫厚度过大时，其受力形态在剖面侧可视作悬臂梁，厚度越大，相同剪力下越容易发生拉剪破坏。

4）榫截面面积对凹凸榫抗剪性能的影响

绘制不同面积凹凸榫的剪力-位移曲线如图 4-36 所示。从图中找到各阶段临界点，将各凹凸榫对应重要数据及计算抗剪强度、抗剪刚度列于表 4-12。

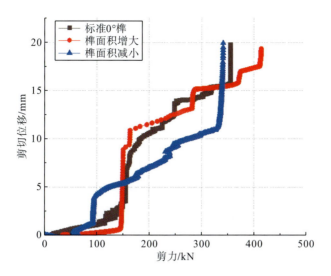

图 4-36 不同面积凹凸榫的剪力-位移曲线

表 4-12 不同面积凹凸榫的抗剪性能数据

凹凸榫尺寸 /(mm×mm)	最大摩擦力 f/kN	破坏时剪切力 F_m/kN	有效抗剪承载力 F_0/kN	有效剪切刚度 K/(kN/mm)
270×170	117.2	355.1	237.9	29.4
240×150	94.3	327.4	233.1	31.5
300×190	144.1	371.5	227.4	31.6

由图表可知：①面积大小改变对凹凸榫的有效剪切刚度及有效抗剪承载力没有明显的影响，表中的数据波动均可视为合理范围内的系统性波动；②因此，小范围内改变凹凸榫面积的方式难以有效提升环间接头抗剪能力。

5) 有无倾斜面对凹凸榫抗剪性能的影响

有无倾斜面指凹凸榫边缘面是否倾斜。无倾斜时，边缘面为垂直面，如图 4-37 所示。

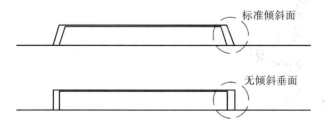

图 4-37 有无倾斜面示意图

绘制无倾斜面凹凸榫与标准凹凸榫的剪力-位移曲线如图 4-38 所示。从图中找到各阶段临界点，将二者对应重要数据及计算抗剪强度、抗剪刚度列于表 4-13。

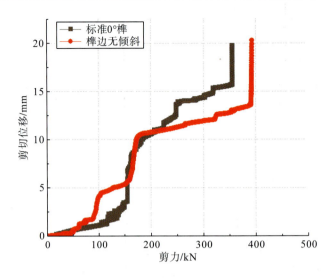

图 4-38　有无倾斜面凹凸榫剪力-位移曲线

表 4-13　有无倾斜面凹凸榫的抗剪性能数据

有无倾斜面	最大摩擦力 f/kN	破坏时剪切力 F_m/kN	有效抗剪承载力 F_0/kN	有效剪切刚度 K/(kN/mm)
有	117.2	355.1	237.9	29.4
无	155.5	387.71	232.21	74.90645

由图表可知：①有无倾斜面对凹凸榫的有效抗剪承载力没有明显的影响，表中的数据波动均可视为合理范围内的系统性波动；②不设置倾斜面可以极大地增大凹凸榫的有效剪切刚度，减小凹凸榫的有效位移。与标准榫相比，无倾斜面凹凸榫的有效剪切刚度从 29.4kN/mm 提升至 74.9kN/mm，提升幅度约为 150%。其原因在于：有倾斜面时，随着剪力增长，混凝土边缘发生磨损剥落，导致凹凸榫沿着斜面滑动产生位移；而无倾斜面时，混凝土的磨损剥落也会发生，但接触面为垂面、难以滑动，一定程度上减小了位移。

4.2.2　单凹凸榫抗剪性能研究

管片接头既影响着管片内力传递分布，又要承担自身受力和防水作用[19-21]，因此，无论从整环衬砌结构受力安全还是接缝面局部承载与防水使用安全出发，对接头的分析研究都是必不可少的关键环节[22-24]。

1. 试件设计及制备

大断面盾构隧道管片环缝通常由螺栓连接，并设有分布式凹凸榫。因螺栓和凹凸榫沿管片环向均匀分布，即可采用"单颗螺栓+单个凹凸榫"的"单元"构件来研究整个管片环缝的抗剪性能。同时，依据以往的研究结果，在评价管片接头的力学性能时，可使用直接头代替弯接头以简化试验和计算，有鉴于此，本节以济南黄河隧道为背景，开展单凹凸榫的抗剪力学性能研究。本研究中抗剪试件采用直接头等效代替弯接头，试件等效简化示意如图 4-39 所示。

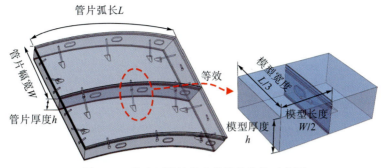

图 4-39　管片环缝抗剪力学性能简化示意图

济南黄河隧道工程管片外径 15.2m，内径 13.9m，幅宽 2m，厚度 0.65m，采用 C60 钢筋混凝土。管片环采用"7+2+1"的分块方式，即每环管片包含 1 个封顶块、2 个邻接块和 7 个标准块。管片环缝和纵缝均采用 M36 斜螺栓连接，螺栓等级为 8.8 级。管片环分块方式及环缝结构细部构造如图 4-40 所示。

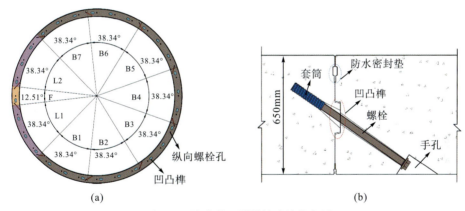

（a）　　　　　　　　　　　　　　　　（b）

图 4-40　济南黄河隧道管片结构布置

试件的钢筋按照设计图纸进行制作，并使试件配筋率与原型管片保持一致。为保证混凝土的质量，采用 C60 商品混凝土进行浇筑试件（图 4-41）。

图 4-41　钢筋笼及试件成型后的效果

2. 加载原理及加载装置

1) 加载原理

管片接头的抗剪性能加载试验采用双管片加载的接头模型，为了使缝面处于"纯剪"的受力状态，左侧试件上下表面均限制竖向位移，左侧支座限制横向位移；右侧试件通过施加水平力 F 的方式模拟纵向压力，并通过右侧支座限制其转动，避免缝面受到附加弯矩的作用，在下表面施加荷载产生剪力。试验设计了"顺剪"和"逆剪"两类加载试验，加载模式如图 4-42 所示。

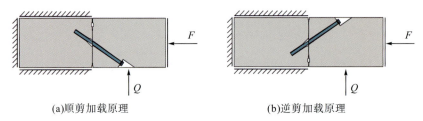

(a)顺剪加载原理   (b)逆剪加载原理

图 4-42   加载原理示意图

2) 加载装置

试验装置采用"多功能盾构隧道衬砌管片剪力加载装置"。此装置由钢箱梁底座、竖向与水平方向千斤顶、反力架及其挡板、加载支座、加载分配梁、千斤顶油压控制台等设备组成。其中水平方向千斤顶提供纵向压力，竖向千斤顶提供剪力。接头抗剪装置示意图和加载试验实景图分别见图 4-43 和图 4-44。

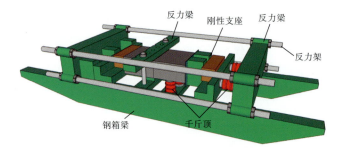

图 4-43   试验装置示意图

图 4-44   加载试验实景图

3. 试验测试系统

1)管片的错台量

试验采用精度为 0.01mm 的位移计对试件错台量进行量测，在加载试件的加载面四个角点分别布置位移计，测点布置如图 4-45 所示。

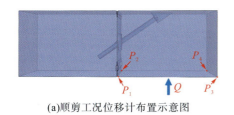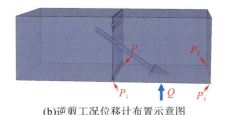

(a)顺剪工况位移计布置示意图　　　　　　(b)逆剪工况位移计布置示意图

图 4-45　位移计测点布置示意图

2)螺栓的应变

本试验中采用分布式光纤传感器对螺栓的应变进行测量。在螺栓表面沿着螺栓长度方向开槽(槽的尺寸约为 1mm×1mm)，将光纤置于槽中并使用环氧树脂填充，使光纤与螺栓协同变形。螺栓中光纤的布置如图 4-46 所示。

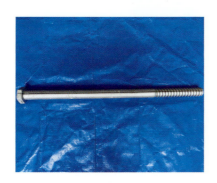

图 4-46　螺栓光纤布置图

3)数值模拟

与足尺试验相比，数值模拟具有成本低、精度高、计算速度快、可以对模型进行多工况模拟等特点。将数值模拟与足尺试验相结合，可以全面系统地探明管片环缝在压剪荷载下的力学行为及破坏过程。为准确模拟环缝受力模式并精确求解环缝抗剪刚度，应尽量真实地对环缝构造进行还原，包括凹凸榫、接缝面、螺栓、手孔、螺栓孔、喇叭口、套筒、垫片等结构，并合理设置其接触。

(1)模型概况

本计算模型中，选用高精度三维八节点六面体减缩积分单元(C3D8R)模拟混凝土、螺栓、垫片、套筒、支座；选用两节点线性三维桁架单元(T3D2)模拟钢筋，建立的数值计算模型如图 4-47 所示。

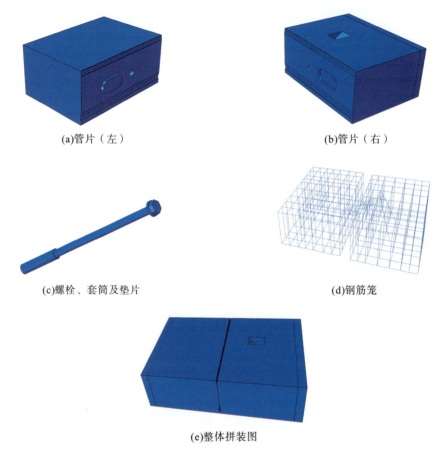

(a)管片（左）　　　　　　　　　　　　(b)管片（右）

(c)螺栓、套筒及垫片　　　　　　　　　　(d)钢筋笼

(e)整体拼装图

图 4-47　三维实体模型示意图

（2）相互作用

根据现有的研究，螺栓的螺纹段在接缝变形过程中几乎不与套筒发生相对滑动，因此在套筒内侧与螺栓锚固端设置绑定接触；钢筋使用 Embedded 方式嵌入混凝土材料，假定钢筋与混凝土不发生滑移；管片环缝缝面之间、螺栓外侧与螺栓孔、螺帽与垫片、垫片与手孔内侧壁之间采用面-面接触(surface to surface)，法向均采用硬接触，即接触的两个面无互相侵入，切向设置罚函数。各摩擦系数取值如表 4-14 所示。

表 4-14　各接触面摩擦系数取值

接触面	缝面	螺栓-螺栓孔	螺帽-垫片	垫片-手孔
摩擦系数	0.55	0.15	0.3	0.25

（3）材料属性

为保证数值模拟与足尺试验中材料的一致性，在浇筑接缝试件的同时，浇筑用来测定混凝土力学参数的试件，测试混凝土的轴心抗压强度、轴心抗拉强度和弹性模量，如表 4-15 所示。

表 4-15　混凝土基本参数

混凝土	轴心抗压强度/MPa	轴心抗拉强度/MPa	弹性模量/GPa	泊松比
C60	40.4	3.07	36.5	0.2

　　本计算模型中，混凝土材料采用混凝土损伤塑性（concrete damaged plastic）本构。螺栓和钢筋采用双线性应力-应变本构关系，即当螺栓或钢筋应力达到屈服应力后，弹性模量为原本的 1/100。根据《钢结构设计标准》（GB 50017—2017），8.8 级高强螺栓屈服强度和抗拉强度分别为 640MPa 和 800MPa，弹性模量为 206GPa，泊松比为 0.3。

　　钢筋采用 HRB400 及 HPB300 两种型号，其物理力学参数见表 4-16。

表 4-16　钢筋的物理力学参数

钢筋类型	屈服强度/MPa	抗拉强度/MPa	弹性模量/GPa	泊松比
HPB300	300	400	210	0.3
HRB400	400	540	200	0.3

4）试验结果分析

（1）错台量-剪力关系曲线分析

　　根据足尺试验及数值模拟结果，顺剪作用下接头错台量与剪力关系曲线如图 4-48 所示。

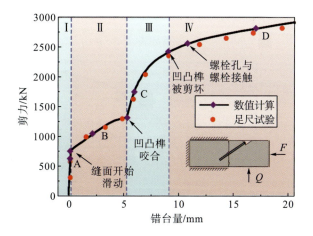

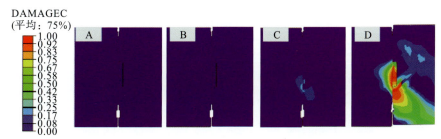

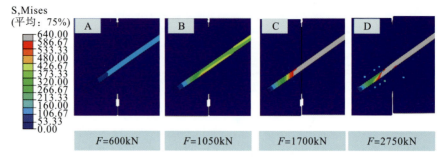

图 4-48　顺剪作用下错台量-剪力关系曲线

由顺剪作用下管片环缝错台量与剪力关系曲线可知，在顺剪作用下，管片环缝错台量-剪力关系曲线表现出明显的非线性与阶段性，可以把管片环缝在顺剪作用下的错台量变化过程分为如下四个阶段：

①错台量小于 0.2mm：此阶段为静摩擦阶段，剪切力大部分由摩擦力抵消，接缝几乎不发生错动，此阶段内试件的剪切刚度极大。

②错台量为 0.2~5.3mm：此阶段为滑动摩擦阶段，试件随剪切力增大迅速滑动，试件的剪切刚度减小。

③错台量为 5.3~8.6mm：当错台量超过榫槽间隙后，凹榫和凸榫的接触起到了承载作用，试件刚度迅速提升，随剪切力继续增大，凹榫和凸榫发生破坏，试件刚度出现了一定程度的减小。

④错台量大于 8.6mm：随着剪切力的持续增大，凹榫和凸榫破坏进一步加重，管片环缝抗剪刚度减小，错台量迅速增大。

逆剪作用下接头错台量与剪力关系曲线如图 4-49 所示。

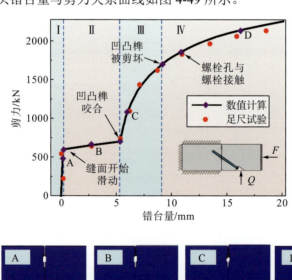

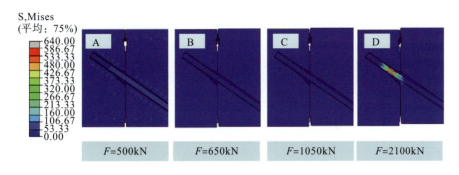

图 4-49　逆剪作用下错台量-剪力关系曲线

由图 4-49 可知，与顺剪过程类似，管片环缝在逆剪作用下同样表现出明显的非线性与阶段性，错台量变化过程也可分为四个阶段，且每个阶段对应的错台量范围与顺剪相等，但剪力值存在差异。

根据错台量-剪力关系曲线，可以计算得到各工况下接头的抗剪刚度，由于在接头受到剪力作用时，其错台量-剪力关系曲线表现出明显的阶段性，为探明其在不同阶段的抗剪刚度，计算顺剪、逆剪作用下接头不同阶段抗剪刚度如表 4-17 所示。

表 4-17　接头抗剪刚度

剪力类型	第一阶段抗剪刚度/(MN/m)	第二阶段抗剪刚度/(MN/m)	第三阶段抗剪刚度/(MN/m)	第四阶段抗剪刚度/(MN/m)
顺剪	9859.9	325.0	1024.3	145.1
逆剪	8991.9	58.5	878.1	161.6

由表 4-17 可知，接头受到剪力作用时，不同阶段的抗剪刚度存在明显差异，具体表现为静摩擦力作用阶段抗剪刚度最大，凹凸榫承载阶段抗剪刚度次之，约为静摩擦力作用阶段抗剪刚度的 10%，接头破坏阶段抗剪刚度小于第三阶段，缝面滑动阶段抗剪刚度最小。第一阶段与第三阶段抗剪刚度远大于第二、第四阶段，这说明接头在第一、第三阶段时承载能力较好。

在顺、逆剪力下接头的抗剪刚度也表现出一定差异。在逆剪作用下，接头抗剪刚度在前三个阶段均小于顺剪作用下的抗剪刚度，而逆剪作用下的第四阶段抗剪刚度略大于顺剪作用下的抗剪刚度。

(2)螺栓受力分析

纵向螺栓是管片环缝的重要组成部分，接头受到顺、逆剪力作用时的力学行为并不一致。在顺剪作用下，由于手孔处与锚固端距离变长，螺栓在缝面处会产生拉力，拉力平行于缝面的力分量直接起到承载剪力的作用，垂直于缝面的力分量使接缝面与凹凸榫接触更加紧固，进而使缝面摩擦力增大，间接起到承载作用。由于一侧被锚固，一侧在预紧力作用下与手孔紧密贴合，几乎不产生相对滑动，使螺栓在管片环缝发生错台时承受剪力，此时螺栓在缝面及螺纹边缘处发生明显弯曲变形。

在逆剪作用下，缝面未产生明显滑动时，由于螺栓预紧力作用，螺栓头与手孔壁紧密贴合，随错台量增加，手孔与锚固端距离减小，螺栓一端随错台量增加而在手孔端"脱出"，预紧力失效，此时螺栓几乎不起到承载作用，随错台量继续增大，螺栓孔与螺栓接触，迅速使螺栓发生弯曲变形，此时螺栓类似于"销钉"，能够起到一定的承载作用。逆剪作用下螺栓受力过程如图 4-50 所示。

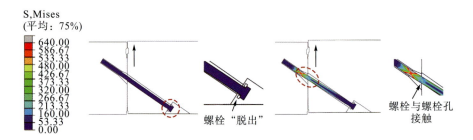

图 4-50　逆剪作用下螺栓受力情况

螺栓在剪力作用下会发生弯曲变形，使螺栓面向剪力一侧与背向剪力方向一侧的应变出现明显差异，提取顺、逆剪下螺栓两侧的应变分布情况如图 4-51 所示，其中，横轴数值为螺栓该位置距螺栓锚固端距离，200mm 处为螺栓螺纹边缘，280mm 处为缝面位置，760mm 处为螺栓头部。

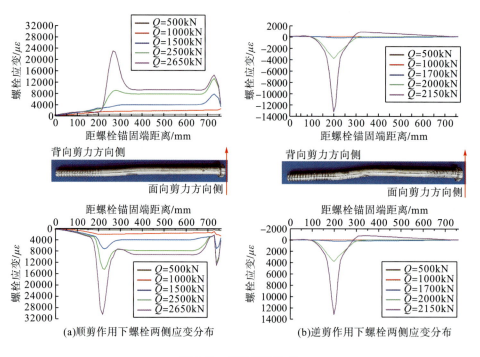

(a)顺剪作用下螺栓两侧应变分布　　　　(b)逆剪作用下螺栓两侧应变分布

图 4-51　螺栓应变分布

由图 4-51 可知，顺剪作用下螺栓整体受拉，且分布规律几乎相同，其中，螺纹边缘位置应力最大，说明螺栓该位置的弯曲变形最为严重。螺栓在螺纹边缘、缝面两处发生弯曲，且弯曲方向不同，导致背向剪力方向侧螺纹边缘位置处于弯矩相对受压区，抵消了一部分拉力，使其应变较小，而面向剪力方向侧螺纹边缘位置处于弯矩相对受拉区，应变较大；缝面位置由于面向剪力方向侧处于弯矩相对受压区，应变较背向剪力方向侧更大。

由于逆剪作用下，螺栓不承受拉力，只在与螺栓孔接触时发生弯曲变形，这导致在荷载施加初期，螺栓应变几乎为 0；螺栓在剪力 $Q=1800kN$ 时与螺栓孔接触，螺栓应变迅速增加。顺剪作用下螺栓背向、面向剪力方向侧应变数值大小几乎相同，拉、压方向相反，这说明螺栓与螺栓孔接触后只发生弯曲变形。

(3) 管片环缝接头受力过程分析

根据上述环缝错台量与剪力的关系，以顺剪作用下管片环缝接头的受力过程为例，环缝接头在剪力作用下的四阶段中的受力过程分析如图 4-52 所示。当处在第一阶段时，缝面在纵向压力及螺栓预紧力的作用下紧密贴合，使其在受到剪力作用时产生静摩擦力，剪切力由静摩擦力抵消。当剪切力继续增大至超过缝面间静摩擦力，缝面产生相对滑动，此时由于螺栓被拉伸，螺栓应力增大，螺栓起到的承载作用增强。当错台量增大至凹凸榫咬合时，凹凸榫迅速起到承载作用，其咬合处应力迅速增大，此时剪力由凹凸榫、螺栓、缝面摩擦力共同承担，凹凸榫在体系中起到了主要承载作用。凹凸榫在剪力作用下发生破坏，此时管片环缝接头受力进入第四阶段，此阶段凹凸榫被剪坏，承载能力降低，逐渐退出工作，随错台量增加，螺栓与手孔侧螺栓孔接触，应力迅速增大，起到一定的承载作用，但并不明显，此时错台量随剪力增大而迅速增加。

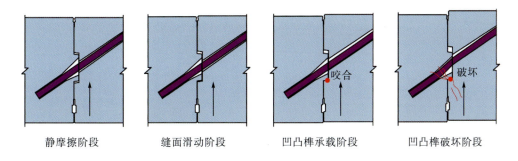

静摩擦阶段　　　　缝面滑动阶段　　　　凹凸榫承载阶段　　　　凹凸榫破坏阶段

图 4-52　顺剪作用下螺栓和凹凸榫的受力阶段

(4) 管片环缝接头破坏情况分析

管片环缝接头在超载工况下的破坏现象为缝面处出现明显错台、螺栓弯曲变形、凹凸榫和螺栓孔破坏，对比数值模拟和足尺试验中接缝试件的破坏情况，如图 4-53 所示。

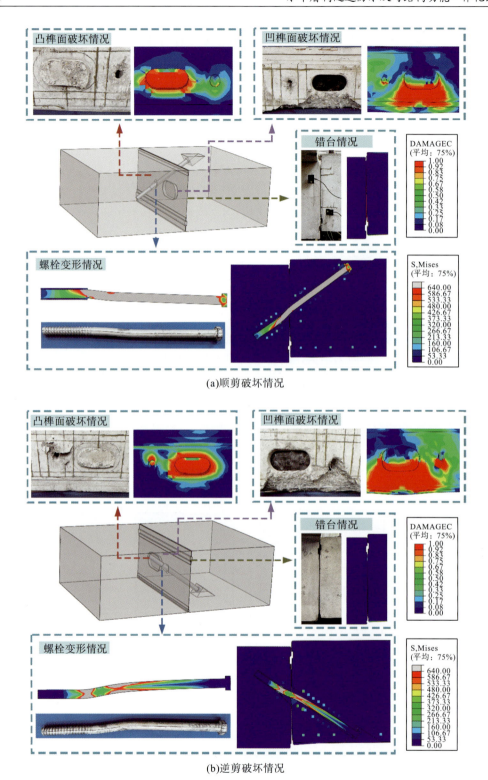

图 4-53　管片环缝接头在极限剪切荷载下的破坏情况

　　凹凸榫是管片环缝接头承受剪力的主要部件之一，在设计时，通常会在凹榫与凸榫间设置一定的间距，这导致在施加荷载初期，凹榫与凸榫间并未接触。随着荷载增大，接缝面出现滑动，凹凸榫接触后应力迅速增大。随荷载继续增大，凹凸榫接触处出现明显破坏，具体表现为凸榫被压碎，失去承载能力，凹榫侧与凸榫接触处被剪坏，缝面破坏区域从与凸榫接触边缘位置开始沿斜向下 45°方向区域扩展(图 4-54)。

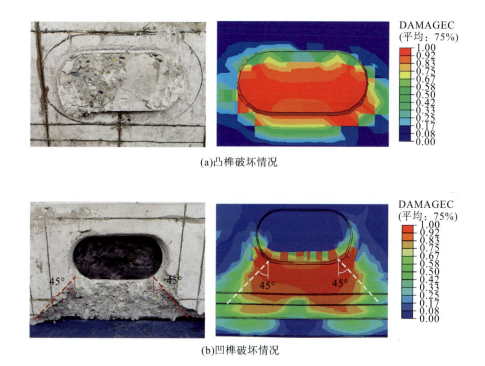

(a)凸榫破坏情况

(b)凹榫破坏情况

图 4-54　凹凸榫破坏情况

　　管片环缝接头在剪力作用下，随着错台量增加，螺栓孔会与螺栓产生接触，在使螺栓变形的同时对螺栓孔处混凝土造成破坏，破坏规律与凹凸榫处破坏大致相同，即从螺栓孔与螺栓接触位置沿斜向下 45°方向扩展。对比试验结果可知，管片环缝接头在顺剪作用下螺栓孔处破坏程度较小，在逆剪作用下螺栓孔处破坏较为严重(图 4-55)。

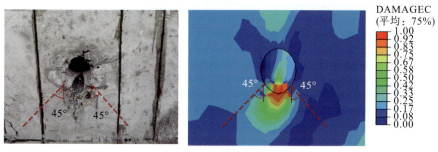

(a)顺剪作用下螺栓孔破坏情况

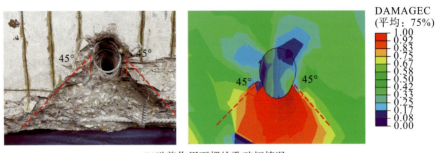

(b)逆剪作用下螺栓孔破坏情况

图 4-55　螺栓孔破坏情况

4.2.3　多凹凸榫抗剪性能研究

多凹凸榫抗剪性能采用局部原型结构加载试验研究，以苏通 GIL 综合管廊工程为背景，取中间全幅宽管片与两侧半环管片拼装成为组合试体，对局部原型管片结构的内力变化、纵环缝张开、管片挠度以及螺栓应变等多项参数进行测试。

1. 加载装置与构件

试验装置采用"盾构隧道管片加载装置"，见图 4-56。装置的加载能力为：垂直方向5000kN，水平方向 5000kN，可开展最大直径 φ16m 的盾构隧道原型管片抗弯、抗剪以及接头力学性能、管片衬砌破坏加载试验。

图 4-56　盾构隧道管片加载装置图

试验所用原型管片取自于苏通 GIL 电力管廊隧道工程，该隧道主体结构采用 C60 单层装配式钢筋混凝土管片衬砌，采用"1+2+5"分块方式，即 1 个封顶块(F 块)、2 个邻接块(L1 块、L2 块)和 5 个标准块(B1~B5 块)，外直径为 11.6m，内直径为 10.5m，幅宽2m，厚度 0.55m。管片结构环向螺栓 M36 共 24 根，环与环之间纵向螺栓 M40 共 22 根，纵向螺栓之间角度为 16.3636°，管片结构环间共设置 22 个分布式凹凸榫。苏通 GIL 电力管廊工程盾构隧道管片分块布置图和管片接缝构造如图 4-57 所示。分布式凹凸榫构造与尺寸如图 4-58 所示。

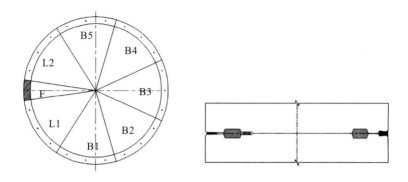

图 4-57 管片分块布置图及管片接缝构造图

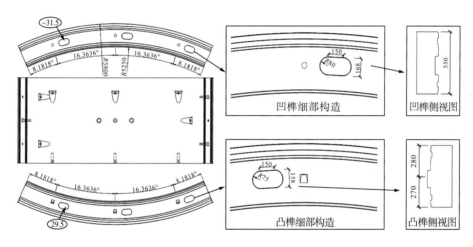

图 4-58 试验管片及环间分布式凹凸榫构造图(mm)

2. 量测方案

管片接缝处的内弧面和外弧面采用钢弦式位移测缝计进行量测,除了在对拉梁的位置,在每条环缝的螺栓连接位置以及纵缝中间位置的内外弧面均布置有测缝计,接缝面张开时,接头张开量由安装在管片内弧面的位移计量测,接缝计的安装布置如图 4-59 所示。其中,θ_1、θ_7 分别为局部管片结构两侧位置,θ_2、θ_4 和 θ_6 分别对应局部管片结构螺栓孔位置。

结构竖向位移(挠度)由布置在内弧面下方的 27 个精度为 0.01mm 的差动式位移传感器和 6 个激光位移传感器测量。纵向力通过体外千斤顶张拉钢绞线进行约束,钢绞线拉力通过 YBY 型力传感器量测控制。在螺栓环缝接缝面处,布置应变片,以观测螺栓在组合荷载作用下的应变变化规律。对两道环缝中 6 颗纵向螺栓进行开槽,并布置钢筋应变片量测螺栓应变。由于环向螺栓非本节研究重点,本节中不做讨论。如图 4-59 所示,L1-1、L1-3、L1-4 位置分别对应左、中、右凹凸榫与螺栓,取该三处螺栓应力、环缝张开数据作为特征点进行分析。

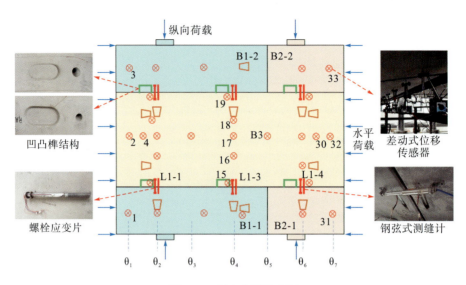

图 4-59　测点布置示意图

　　分布式凹凸榫的应变采用直径为 0.14mm、长度为 11mm 的灌入式应变片测量，在试验管片拼装前，将灌入式应变片布置于凹凸榫内部，以观测其应变随着剪切力变化的情况，如图 4-60 所示。

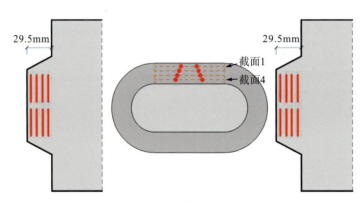

(a)灌入式应变片布设示意图

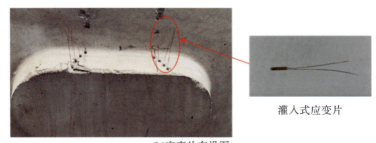

(b)应变片布设图

图 4-60　灌入式应变片布置图

3. 试验工况

试验首先对局部原型管片结构导入纵向力，分别设置 200kN 与 2000kN 两种工况，随后通过水平千斤顶对试体导入轴力，当轴力加载至 4900kN 时保持轴力不变，然后，逐级增加竖向荷载。受试验条件影响，加载初期稳定阶段，竖向荷载加载增量为 36kN，竖向荷载加载至 2250kN 之后，加载增量改变为 245kN，直到加载至 4655kN 后，加载增量为 98kN，如图 4-61 所示。每组加载后稳载时间为 10 分钟，加载持续到结构破坏失稳，而后停止加载。

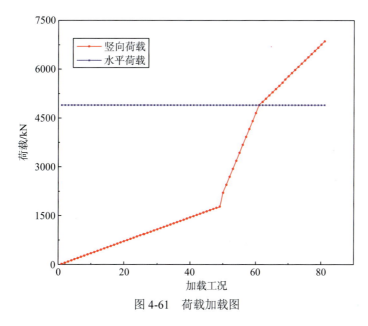

图 4-61　荷载加载图

4. 试验结果及分析

1）纵向力对管片环间变形特征的影响分析

（1）纵向力对管片环缝张开变形的影响分析

如图 4-62 所示为各螺栓位置处环缝内弧面张开量-竖向荷载曲线，图 4-62（a）为纵向力 200kN 时管片结构环缝张开量的变化情况，环缝张开变形总体上随竖向荷载的增长而增大，但环缝不同位置处因环间的相互作用状态不同，环缝张开变形有较大的差异。

对于 L1-1 螺栓处环缝张开量的变化，对应于左侧凸榫，其经历了先增长、随后平台过渡与最后凹凸榫损伤的过程，而螺栓 L1-4 处环缝张开变形对应于右侧凸榫，共经历了三次平台过渡期与两次凸榫损伤期，即先增长，随后经历平台过渡期，最后经历凸榫损伤期，凸榫损伤后又继续增长—平台过渡—凸榫损伤，以该方式进行循环，最终在结构环缝剪切破坏后，该处环缝张开处于第三次平台过渡期，未完全丧失承载能力。同时，在 L1-3 处，对应于中部凸榫，相较于 L1-4 处环缝张开，经历了三次凸榫损伤，即在第三次平台过渡后，又经历了第三次凸榫损伤，由于随着荷载的增加，该处环缝张开未再趋于稳定并进入下一个循环，表明此时凸榫已完全破坏失效，结构环缝剪切破坏。

在环缝张开变形的过程中，随着凸榫的损伤，环缝张开变形会加剧，并减小竖直方向的剪切力分量。同时，由于混凝土具有弹性，且环缝面各位置约束状态不同，环缝张开量表现了非一致性，不同位置环缝张开量体现了较大差异性，拱顶处环缝张开较大。图 4-62(b) 为纵向力 2000kN 时环缝张开量的变化情况，其中 L1-1、L1-4 处环缝张开量一直较小，而靠拱顶处 L1-3 位置环缝张开在拱顶荷载达到 6500kN 后出现显著增长，与纵向力 200kN 工况对比，并未经历平台过渡期。

综合两种纵向力条件下的管片环缝张开情况进行分析，由于凸榫的损伤与破坏及混凝土压剪破坏的瞬时性，环缝张开发生激增，对比两种工况，2000kN 纵向力作用下拱顶位置张开量发生一次突变，200kN 纵向力作用下拱顶位置张开量发生三次突变。当发生环缝剪切破坏时，200kN 纵向力下拱顶竖向荷载为 2000kN 纵向力下拱顶竖向荷载的 90%，表明纵向力的增加有助于增强管片结构环缝凸榫的抗剪承载力，充分发挥分布式凸榫承载能力。

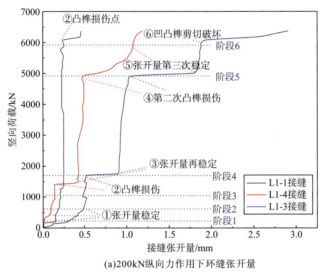

(a)200kN纵向力作用下环缝张开量

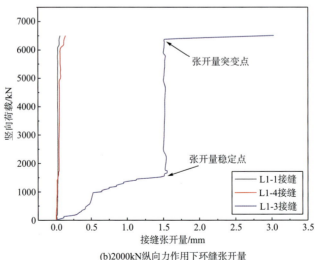

(b)2000kN纵向力作用下环缝张开量

图 4-62　环缝螺栓下方内弧面张开量

(2)纵向力对环间错台变形的影响分析

图 4-63 为管片结构环缝错台量的变化情况,其中图 4-63(a)为纵向力 200kN 时螺栓处管片环缝错台量的变化,总体上看,环缝错台量随竖向荷载的增加而增长,与张开量对应,在不同位置处变化的规律不同,表明每次凸榫损伤后,会导致环缝错台量突增,其中错台量最大值为 16mm,出现于靠近拱顶螺栓处。该位置破坏程度最严重,凸榫已完全失效,并在凸榫失效后管片位移大幅增长,进而引起环缝错台量的显著增长。此后继续加载,管片结构失稳并最终破坏。

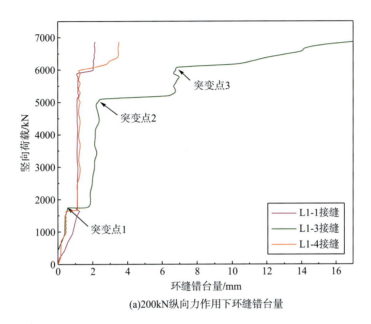

(a)200kN纵向力作用下环缝错台量

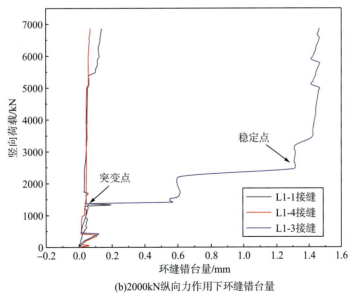

(b)2000kN纵向力作用下环缝错台量

图 4-63　环缝错台量

图 4-63(b)为纵向力 2000kN 时环缝错台量的变化情况，其中 L1-1 及 L1-3 处环缝错台量呈现小幅度的增长，L1-4 处错台量在竖向荷载达到 1400kN 时发生错台，并随后稳定，此时凹凸榫接触，相互产生滑移。在竖向荷载达到 6500kN 后管片环缝发生剪切破坏，凸榫完全失效，错台量无法记录。

综合两种纵向力条件下管片环缝错台情况进行分析，纵向力的增加使得管片环缝张开与错台突变次数减少，同时使得两侧榫槽损伤程度减小。对于拱顶位置凸榫，纵向力的增加除使得环缝缝面摩擦力增大外，还使得环缝凸榫受力模式发生变化，即由张开条件下的剪切作用变为闭合条件下的剪切作用，大大增强了对于环缝错台变形的控制能力。

2)纵向力对环间受力的影响分析

(1)纵向力对纵向螺栓受力的影响分析

图 4-64 为管片环缝面左侧、右侧、中部凸榫处螺栓 L1-1、L1-4、L1-3 的应力变化情况。其中，图 4-64(a)为纵向力 200kN 时螺栓应力的变化图。总体上螺栓应力经历了线性增长、平台过渡期、激增的过程。对于 L1-1 处螺栓，共经历了螺栓应力平台过渡期、突变、再平台过渡期三个过程。在结构加载初期，环缝两侧管片发生整体变形，此时螺栓不受力，当竖向荷载加载到大于环间最大静摩擦力时，管片结构环间发生相对错动，螺栓开始受力、应力增长，随着荷载继续增加，凹凸榫接触受力，螺栓应力进入平台过渡期，此时凹凸榫成为抵抗环间剪切作用的主要构件。

对于 L1-4 位置螺栓，与 L1-1 螺栓相对比，其凸榫受力时机较早，表现为螺栓进入平台过渡期的时间较早。螺栓应力共经历三次平台过渡期与两次突变(凸榫损伤)，即经历了增长—平台过渡(凹凸榫接触)—凸榫损伤—平台过渡—凸榫损伤—平台过渡的循环过程，即克服摩擦力后环缝开始错台，螺栓应力增长，凹凸榫接触后螺栓应力保持不变，此时进入平台过渡期，随后凸榫损伤，凹凸榫接触面积减小，凹凸榫相互滑移，螺栓应力增长，随后凹凸榫接触面积保持不变，凹凸榫不再相互滑移，螺栓应力又一次进入了平台过渡期，以此方式循环。与管片环缝张开量、错台量的变化情况相对应，每次螺栓应力突变后，增幅较前一阶段有所减小，其原因一方面为分布式凸榫损伤后，凹凸榫接触面积减小，承载性能降低，另一方面环缝张开、错台延缓了螺栓应力的增长。分布式凹凸榫在第一次受损后，又再一次发生剪切损伤，但并未失效，由于剪切破坏的突然性，螺栓应力也随之突增，螺栓的存在极大缓解了在凹凸榫受损后管片结构环间张开与错动变形的速率，在发生第二次剪切损伤、短暂调整后，凸榫又开始作为主要构件抵抗环间剪切作用。对于 L1-3 位置处螺栓应变-竖向荷载曲线，其经历了三次平衡、三次突变，共六个阶段，即螺栓应力增长—平台过渡—凸榫损伤循环，最终在第三次循环后，螺栓应力未再回归平稳，表明螺栓应力在第三次突变后该位置凸榫完全破坏失效，丧失承载能力。

图 4-64(b)为纵向力 2000kN 时管片环缝螺栓应力的变化情况，拱顶位置环缝螺栓共经历一次突变，此后未再达到稳定。综合两种纵向力条件下环间螺栓应力的情况可知，纵向力的增加可以有效减少凸榫损伤，抑制环缝的张开与错台，减缓两侧凸榫损伤程度，使得管片结构承担竖向剪切力的能力增强。管片结构破坏时，200kN 纵向力作用下螺栓应力占 2000kN 作用下螺栓应力的 80%，即纵向力的增加，使得螺栓受荷更充分，一定程度上有助于环缝抗剪。

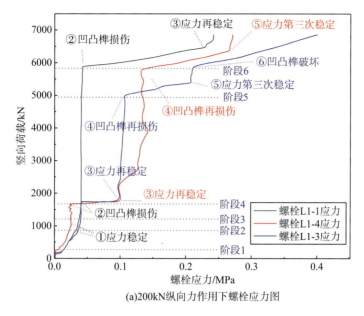

(a)200kN纵向力作用下螺栓应力图

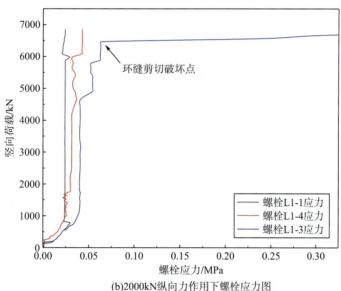

(b)2000kN纵向力作用下螺栓应力图

图 4-64　环缝螺栓应力图

(2)纵向力对分布式凹凸榫受力的影响分析

图 4-65 为局部管片结构逐级加载至榫槽完全破坏过程中环缝分布式凹凸榫应力的变化情况，其中图 4-65(a)为纵向力 200kN 时凸榫应力的变化情况，图中 4 个截面对应于图 4-60，分别为不同位置的灌入式应变片输出应力。其中，截面 1 处应力值稍许稳定后有所增加，应力随着竖向荷载增大逐渐减小、尔后保持稳定，表明竖向荷载作用于凹凸榫的应力区域出现偏移，使截面 1 处应力减小，随即趋于稳定，由于残余的应力值仅占最大值的 0.01%，可认为此后截面 1 不再受力。

对于截面 2 而言,在加载前期凸榫应力随着竖向荷载的增加而增大,且增速不断变大,而后应力发生明显减小,并最终趋于稳定。对于截面 3,前期凸榫应力有一定增加,随后随着竖向荷载的增加,凸榫应力出现小幅减小并趋于稳定,此后,随着凹凸榫间的滑移,应变出现突变式激增,随后逐渐增加,当竖向荷载达到 5250kN 时,应力出现显著减小并最终稳定,由于稳定值应力较小,可认为此处不再受力。对于截面 4 而言,加载初期凸榫应力小幅增加,随后有一定减小,而后应力开始继续增加,最终,凸榫应力出现显著增长。

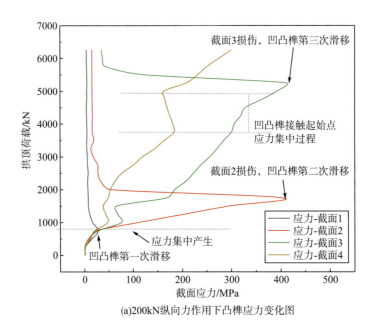

(a)200kN纵向力作用下凸榫应力变化图

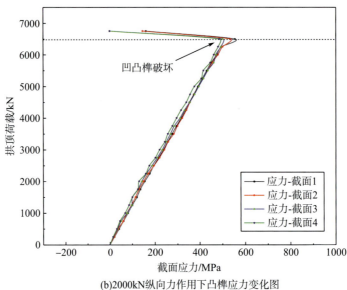

(b)2000kN纵向力作用下凸榫应力变化图

图 4-65　不同纵向力作用下凸榫应力变化图

截面 2、3 应力突变式减小时相应应力基本相同，而对于截面 4，减小时应力占截面 2、3 应力减少时的 76%。由分析可见，截面 2、3 应力突变减小原因为混凝土破坏，而对于截面 4，由于凹凸榫之间滑移量较大，最终逐渐滑移脱落，此时相应应力值未达到破坏节点，因此截面 4 突变式减小时应力临界值小于截面 2、3。

图 4-65(b) 为纵向力 2000kN 时管片环间凸榫截面应力变化情况，凸榫表面应力呈线性增加，表明凸榫外表面荷载均匀分布，并同时发生凸榫剪切破坏，剪切破坏具有瞬时性，且对比图 4-65(a)，凸榫外表面未经历损伤与应力集中，且凸榫表面应力高于纵向力 200kN 时的凸榫应力。表明纵向力的增加有助于充分发挥凸榫抗剪能力，使得凸榫受剪切面稳定，避免应力集中。

(3) 纵向力对分布式凹凸榫破坏形态的影响分析

图 4-66 为破坏试验中管片环间剪切破坏的情况。图 4-66(a) 为纵向力 200kN 下凸榫的破坏情况，其中中间目标管片三处凸榫破坏程度均不相同，中部凸榫破坏最为严重，左右两侧凸榫虽有损伤，但未完全丧失抗剪能力。由于环缝结构特殊性，随着荷载的增加环缝剪切破坏具有局部性、瞬时性的特征，两侧凸榫依然具有抗剪能力，但中部凸榫已经完全失效，导致环缝对目标管片约束能力降低，进而加剧管片结构变形。由于环缝剪切承载力由多个凹凸榫结构决定，即便凸榫出现局部损伤，环缝处并不会出现整体剪切失稳。

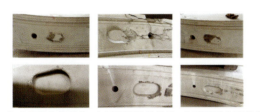

左后侧凹凸榫结构　中间侧凹凸榫结构　右后侧凹凸榫结构

左后侧凹凸榫结构　中间侧凹凸榫结构　右后侧凹凸榫结构

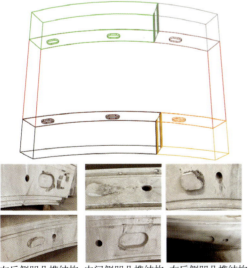

左后侧凹凸榫结构　中间侧凹凸榫结构　右后侧凹凸榫结构

(a)200kN纵向力作用下凸榫损伤图

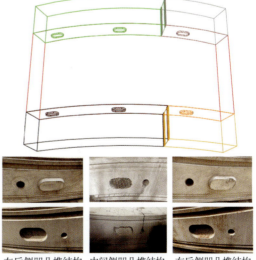

左后侧凹凸榫结构　中间侧凹凸榫结构　右后侧凹凸榫结构

(b)2000kN纵向力作用下凸榫损伤图

图 4-66　凹凸榫损伤破坏图

图 4-66(b)所示为纵向力 2000kN 下凸榫损伤图，中间凸榫完全破坏，两侧榫槽损伤程度较低。同时对比图 4-66(a)与图 4-66(b)，纵向力为 200kN 时两侧凸榫损伤更为严重，中间凸榫损伤程度略小于纵向力 2000kN 时中部凸榫的情况，表明纵向力的增加对环缝中凸榫的抗剪更有利。

　3)管片环缝凸榫受力过程分析

图 4-67 所示为凸榫损伤破坏示意图，其中图 4-67(a)为纵向力 200kN 情况下榫槽破坏的示意图，结合图 4-65 中凸榫应力变化情况可见，在分布式凹凸榫剪切受力过程中，凸榫表面应力作用面积逐渐减小、而后稳定，在接触面积稳定过程中，由于凹凸榫接触起始点有翻转倾向，从接触起始点位置出现应力集中，接触末端应力下降，随后在应力集中位置产生混凝土冲削损伤面，在混凝土表面冲削损伤后，凹凸榫沿着损伤面再一次滑移、环缝错台，环缝张开，螺栓应力及凸榫应力再经历平台过渡期、应力集中过程后，再次损伤。表明纵向力较小时，拱顶凸榫剪切破坏表现为多次混凝土损伤破坏。

图 4-67(b)为纵向力 2000kN 下凸榫破坏示意图，该破坏形式与纵向力 200kN 情况下榫槽破坏形式相对比有较大差异。纵向力较大时，榫槽破坏表现为沿剪切面突发的凸榫剪切破坏，而纵向力较小时，榫槽破坏形式为混凝土冲削破坏。从最终破坏荷载来看，由于环缝张开导致的凹凸榫剪切荷载产生分量变化，纵向力较大时榫槽破坏荷载较大，并出现了较大的凸榫应力。而纵向力较小时，榫槽局部受剪、剪切面较小，破坏荷载相应较小，凸榫应力也相对较小。

可见，纵向力的提高避免了凸榫部分区域应力集中，同时避免了混凝土表面冲削破坏导致的榫槽承载性能的下降，试验中 2000kN 纵向力作用下榫槽剪切破坏仅发生一次瞬时的剪切破坏。同时，值得注意的是，在纵向力较大时，作用于榫槽上的剪切力沿竖直方向，而纵向力较小时，由于环缝的张开，剪切力向榫槽厚度方向的分力转移，该过程使凹凸榫

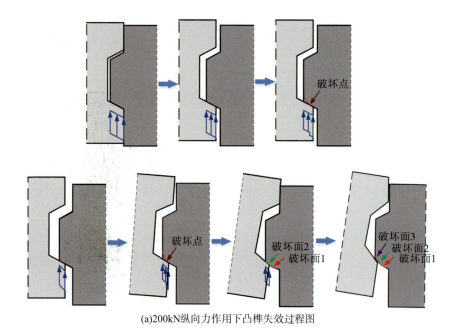

(a)200kN纵向力作用下凸榫失效过程图

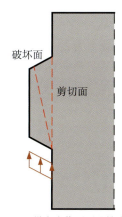

(b)2000kN纵向力作用下凸榫失效过程图

图 4-67　拱顶凸榫受力机制图

表面摩擦力以及环缝接头处相互作用力发挥作用,虽一定程度上减小了直接作用于榫槽上的剪力,但同时增加了环缝接头处荷载的应力集中。而剪切力分量的分担并未使得环缝产生更优良的抗剪切能力,相反地,由于凹凸榫混凝土冲削损伤,凸榫并未完全发挥承载能力。因此,在实际工程中,需避免该现象的发生,可通过螺栓复紧、加强同步注浆等方式延缓纵向力的衰减,并需严控环缝的张开变形。

引入竖纵比即竖向荷载与纵向力比率 K_1:

$$K_1 = \frac{F_V}{F_H}$$

其中,F_V 为拱顶作用荷载;F_H 为纵向力。纵向力 200kN 时结构受力过程可分为六个阶段:

阶段 1:当 K_1 小于 0.92 时,该阶段环缝张开量为 0,螺栓未产生应力,结构未产生错台,凹凸榫不受力。此时环缝间最大静摩擦力与拱顶荷载 F_V 在环缝处产生的剪力 Q 相平衡,如图 4-68(a)所示。

阶段 2:当 K_1 在 0.92～4.66 时,环缝持续张开,螺栓应力随着荷载的增加呈现小幅度增长,该阶段 F_V 在环缝处产生的剪力 Q 由凹凸榫接触面分担,如图 4-68(b)所示。

阶段 3:当 K_1 在 4.66～8.52 时,该阶段环缝张开量与螺栓应力保持相对稳定,结合图 6-48(a)分析,凹凸榫接触面随着荷载的增加逐渐形成凸榫剪切面,同时凸榫表面应力逐渐由均匀分布转化为应力集中,如图 4-68(c)所示。

阶段 4:当 K_1 在 8.52～25 时,该阶段环缝张开量及螺栓应变产生突变,随后随着荷载的增加,缓慢增长。此阶段凹凸榫接触面发生改变,凹凸榫相互接触于凸榫损伤面。接触面积逐渐减小,凹榫向外滑移,凸榫表面出现应力集中,如图 4-68(d)所示。

阶段 5:当 K_1 在 25～30.4 时,凹凸榫接触面变为凸榫第二次损伤面,凸榫沿着该损伤面逐渐向外滑移,并随后保持稳定。接触面应力逐渐由均匀分布变为应力集中,如图 4-68(e)所示。

阶段 6:当 K_1 大于 30.4 后,凹凸榫接触面变为第三次损伤面,而随后凹榫完全脱落,该阶段凹凸榫完全丧失承载能力,环缝剪切失稳,如图 4-68(f)所示。

在环缝不产生张开时,纵向力较大情况下,竖向荷载 F_V 所产生剪切力 Q 主要由环缝最大静摩擦力抵消，而当环缝张开时剪切力 Q 主要由凹凸榫接触面与环缝螺栓共同承担。

当纵向力为 2000kN 时，结构整体处于第 1 及第 2 阶段。因此纵向力增加本质为抑制环缝张开与变形，充分发挥凸榫抗剪能力。在实际工程中，可将环缝张开量作为凸榫受力阶段的指标，保持环缝张开并处于第 1 与第 2 阶段，环缝的抗剪能力得以充分发挥。

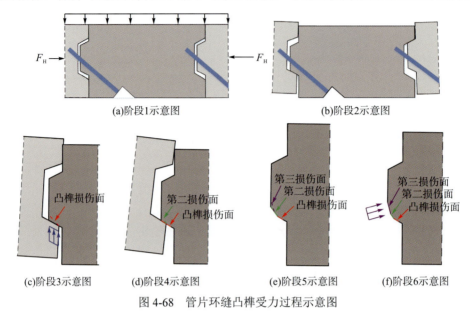

(a)阶段1示意图　　　　　　　　(b)阶段2示意图

(c)阶段3示意图　　(d)阶段4示意图　　(e)阶段5示意图　　(f)阶段6示意图

图 4-68　管片环缝凸榫受力过程示意图

4.3　环缝面构造及不平整度对贯通裂缝的影响与对策

钢筋混凝土管片是盾构法隧道最常用的结构件[25,26]。随着盾构法在我国隧道工程中大量应用，管片开裂与渗漏水的案例也逐步增多，其中环缝面不平整是造成开裂的主要原因之一[27,28]。我国现有设计规范将管片拼装形成的整体结构受力计算分为横向与纵向两部分，其中纵向计算不考虑管片环缝面不平整对结构受力的影响，也不要求对单块管片同时承受横向弯矩与纵向弯矩进行计算。由于管片为预制构件，尺寸误差不可避免，为减少尺寸误差对结构受力与防水的不利影响，《盾构法隧道施工及验收规范》（GB 50446—2017）提出了管片制作精度要求。既然管片制作尺寸误差不可避免，因而总会存在拼装成环后的环缝面不平整问题，因此在管片设计时应予以考虑。

本节针对应用最为广泛的错缝拼装管片，对不同传力方式情况下，环缝面不平整对管片结构内力与开裂的影响进行研究，进而提出考虑环缝面不平整的管片结构设计方法。

4.3.1　管片环缝面传力方式与最不利荷载

1. 管片环缝面传力方式

常用管片环缝面传力方式有两种：

　　传力方式一：在环缝面迎千斤顶侧设置局部凸台，背千斤顶侧为平面，盾构推力较大时，为减小管片与千斤顶接触区域的应力集中，设置传力凸台，利用凸台进行纵向传力。凸台的数量及分布主要由盾构机千斤顶设置决定。管片凸台主要作用为传力，有别于凸榫的抗剪作用。凸台设置数量封顶块一般为 1~2 个，标准块和邻接块一般为 2~4 个，如图 4-69(a)所示。由于凸台面数量多，难以做到绝对位于同一个平面，因而凸台部位混凝土之间的接触状态可能为"硬接触"，也可能为"脱空"。

　　传力方式二：环缝面两侧均为平面，在背千斤顶侧的环缝面设置橡胶垫片，利用该垫片进行纵向传力。垫片边缘距离管片纵缝转角约 5~10cm，厚度一般为管片环宽尺寸最大允许误差的 3~4 倍，如图 4-69(b)所示。由于环缝面的不平整，环缝面两侧混凝土的接触状态为"软接触"或"局部脱空"。

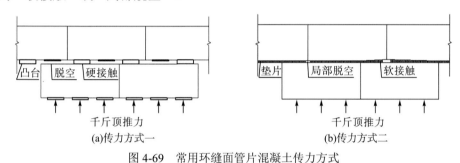

图 4-69　常用环缝面管片混凝土传力方式

2. 管片环缝面接触的最不利状态与荷载

1)传力方式一的最不利状态与荷载

　　对于传力方式一，千斤顶组数一般与凸台数相同，为简化计算，本节假设每组千斤顶的个数相同。又假设同一块管片范围内各组千斤顶的推力相同(每组千斤顶的推力为 P)，则在错缝拼装时，标准块和邻接块采用不同凸台个数时的最不利状态如下。

　　(1)每块管片的凸台数为 4 时

　　当凸台数为 4 时，在拼装阶段，凸台部位混凝土之间可能有如图 4-70 中(a)、(b)、(c)所示的多种"硬接触"状况，但不管何种状况，管片纵向最不利荷载均为 P；管片拼装成环进入盾尾区及脱出盾尾后，出现最不利纵向荷载的管片所对应的凸台部位混凝土之间的"硬接触"状况如图 4-70(d)所示，此时该管片及相邻管片迎千斤顶侧与背千斤顶侧的"硬接触"凸台刚好完全错开，根据力的平衡容易得出纵向最不利荷载为 3P。

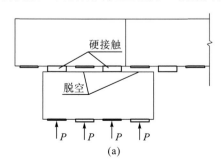
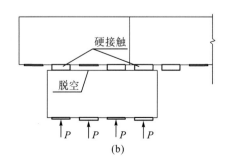

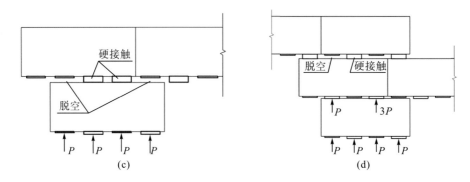

图 4-70　凸台数为 4 时管片纵向力最不利状态图

(2) 每块管片的凸台数为 3 时

当凸台数为 3 时，采用与凸台数为 4 时相同的分析方法，可以得出管片纵向最不利荷载为：刚拼装时为 P（如图 4-71 中 (a)、(b) 所示），进入盾尾区及脱出盾尾后为 $3P$（如图 4-71(c) 所示）。

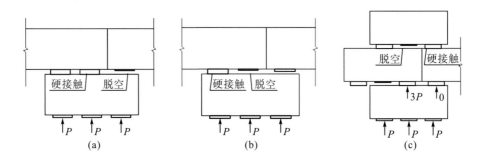

图 4-71　凸台数为 3 时管片纵向力最不利状态图

(3) 每块管片的凸台数为 2 时

当凸台数为 2 时，千斤顶作用下凸台接触面不均匀反力仅分布在凸台范围内，纵向剪力最大值不超过 P。其对管片受力的影响要远小于 3 凸台和 4 凸台情况。

2) 传力方式二的最不利状态与荷载

对于传力方式二，假设同一块管片内千斤顶组数及千斤顶推力同传力方式一，则在错缝拼装时，由于垫片的调节作用，刚拼装时和进入盾尾区及脱出盾尾后的最不利荷载要小于传力方式一，具体值需要根据计算确定。

3) 管片环缝面不均匀接触的荷载特性

由同一套模具制作的管片，其环缝面不平整分布基本为固定值，具有系统性，但由于同一座隧道的管片一般由多套模具制作，因此，可以假设环缝面不平整具有随机性，其荷载值需要根据多环情况综合分析。以传力方式一为例，当连续 2 环在同一凸台部位为"脱空"接触时，则第一"脱空"部位的接触力仅是施工荷载（图 4-72），否则就是永久荷载。且即使是永久荷载，因为不平整度的随机性以及衬砌环拼装组合的多样性，该永久荷载也具有可变荷载的特性，即，有可能达到前述最不利荷载，也可能小于前述最不利荷载。因此，环缝面混凝土不均匀接触荷载既可能是施工荷载，也可能是使用阶段的一个可变荷载，在施工阶段和运营阶段均需要考虑该荷载的影响。

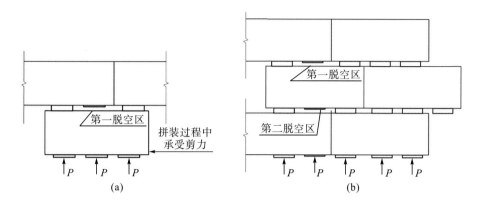

图 4-72　纵向力仅作为施工荷载时的状态图

4.3.2　环缝面不平整度对管片受力的影响分析

以某隧道为案例进行分析，该隧道管片外径 15.0m，内径 13.7m，9+1 分块，1/3 标准块角度错缝拼装，环宽 2m，混凝土强度等级 C60。计算断面处淤泥质土覆土厚度 20m，河床面以上水深 6m。推进系统共有 28 组千斤顶，平均每组千斤顶推力 P=3000kN。

1. 采用传力方式一时的受力分析

以下仅对拱顶部位的标准块管片进行分析，且各凸台面高差考虑 0.5mm、1.0mm、2.0mm 三种情况。

1）拼装阶段的受力分析

根据标准块管片环缝面凸台的接触状态，单块管片有悬臂或简支两种状态，以悬臂状态更为不利。

采用非线性有限元建立三维管片模型，管片混凝土强度等级 C60，依据相关试验研究成果，采用 Mohr-Coulomb 本构模型，黏聚力 c=4.69MPa，内摩擦角 ϕ=52.35°。环缝刚度取 $5.652×10^7$kN/m，纵缝刚度取 $2.34×10^7$kN/m。

计算模型通过弹簧模拟管片间接触方式，利用弹模可忽略的材料模拟凸台不平整度，通过调整此材料厚度的方式，实现凸台不同的高差。模型示意图如图 4-73（a）所示。以拉应变达到或超过 0.09‰ 时为开裂区。

不同凸台面高差情况下，最大拉应变计算结果见表 4-18，可知拼装阶段当凸台面不平整度≥0.3mm 时管片开裂，并出现内外贯通的裂缝区（图 4-74）。

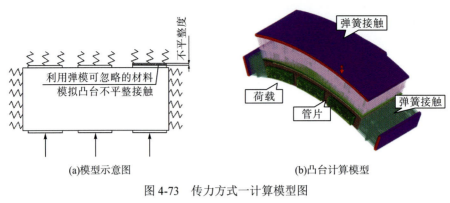

(a)模型示意图　　　　　　　　(b)凸台计算模型

图 4-73　传力方式一计算模型图

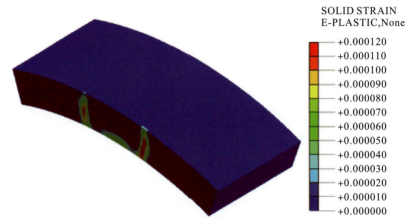

图 4-74　拼装阶段 0.5mm 凸台面高差管片应变云图

表 4-18　拼装阶段计算结果

凸台面高差/mm	最大拉应变/‰	开裂判据	开裂区是否贯穿
0.1	0.05		否
0.2	0.087		否
0.3	0.104		是
0.4	0.114	>0.09‰	是
0.5	0.120		是
1.0	0.134		是
2.0	0.141		是

2)成环管片不同时期的受力分析

（1）计算方法

整环管片进入盾尾区及脱出盾构后，理论上应按多环管片共同采用三维弹塑性有限元分析为宜，但由于管片接触状态的随机性，计算工作量巨大，因此本研究采用如下简化计算方法：首先采用常规的梁-弹簧模型进行横向计算，得出管片横向的轴力与弯矩；然后进行最不利受力状态下单块管片的纵向计算。纵向计算时计入该管片的边界影响，即：在纵缝处导入由横向计算所得的轴力、弯矩，并在纵缝和环缝部位设置无拉弹簧模拟相邻管片的影响。与拼装期不同的是，在管片迎千斤顶面设置无拉弹簧模拟管片接触，计算中取最不利荷载为 3P。

（2）盾尾刷区的横向计算

盾尾刷区横向计算中，油脂比重取 0.9，12 点位置油脂压力取 0.8MPa。计算所得整环管片内力及拱顶部位标准块管片内力如表 4-19 所示。

表 4-19　盾尾刷区管片横向计算结果

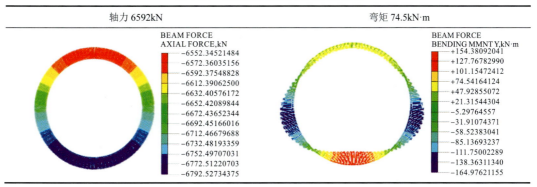

轴力 6592kN　　　　　　　　　　　　　　　弯矩 74.5kN·m

（3）同步注浆区的横向计算

管片脱出盾尾进入同步注浆区时，计算所得整环管片内力图及拱顶部位标准块管片内力如表 4-20 所示。计算中，同步注浆浆液密度取 1900kg/m³，12 点位置注浆压力取 0.6MPa。

表 4-20　同步注浆区管片横向计算结果

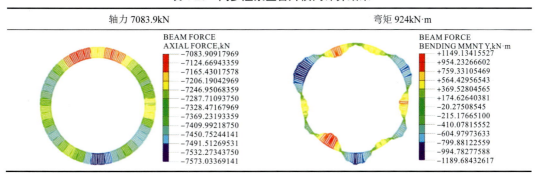

轴力 7083.9kN　　　　　　　　　　　　　　弯矩 924kN·m

（4）运营阶段横向计算

管片远离同步注浆区并稳定后（视为运营阶段），计算所得整环管片内力及拱顶部位标准块管片内力如表 4-21 所示。计算中，顶部土压力取 160kPa，水压力取 220kPa，侧压力系数取 0.6。

（5）传力方式一不同工况对比

计算结果典型应变图如图 4-75 所示，不同环缝面不平整度和不同施工过程对应的最大塑性应变计算结果见表 4-22。由表可见，在纵向最不利荷载 $3P$ 与横向计算弯矩、轴力共同作用下，运营期迎千斤顶面塑性拉应变达到最大值，为管片成环后最不利工况。

表4-21　运营期管片横向计算结果

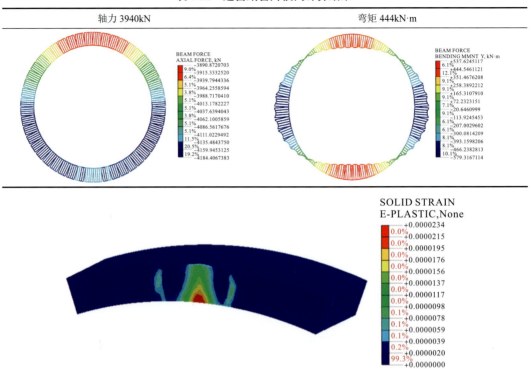

图4-75　同步注浆区0.5mm凸台面高差管片应变云图

　　凸台传力方式时，管片塑性应变主要集中于管片迎千斤顶面中部，管片不平整度由0.5mm 增加到 1.0mm 时，管片最大塑性应变随之增加，成环后由于最不利荷载较大，塑性应变增加更为显著。相同平整度、相同纵向荷载作用时，塑性应变关系为同步注浆期<盾尾刷区<运营期；拼装期纵向荷载相对较小，此时期管片塑性应变远小于管片成环后各时期的塑性应变，可见纵向荷载的大小对管片纵向受力有较大影响。

表4-22　接触方式一计算结果

不平整度/mm	工况	最大塑性应变/‰（开裂判据>0.09‰）	开裂区是否贯穿
0.5	拼装期	0.120	是
0.5	盾尾刷区	0.265	是
0.5	同步注浆区	0.234	是
0.5	运营期	0.473	是
1.0	拼装期	0.134	是
1.0	盾尾刷区	0.490	是
1.0	同步注浆区	0.483	是
1.0	运营期	1.117	是

2. 采用传力方式二时的受力分析

为简化计算，假设环缝不平整全部集中在纵缝部位，即在纵缝两侧形成不平整突变，突变值分别取 0.5mm、1.0mm、2.0mm。

计算方法同传力方式一，垫片采用丁腈软木橡胶，其硬化本构模型如图 4-76(a)所示。在受力前因环缝面不平整而使管片未接触的部位采用弹模可忽略的单元模拟，以标准块为中心，建立其四周的边界模型与边界力。模型示意图如图 4-76(b)、(c)所示。

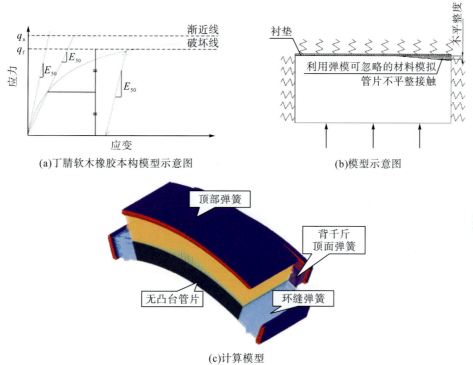

(a)丁腈软木橡胶本构模型示意图　　　　　　　(b)模型示意图

(c)计算模型

图 4-76　传力方式二模型图

不同环缝面不平整度及垫片厚度情况下的计算结果见表 4-23，其中 2.0mm 不平整度且设置 2mm 厚垫片时管片的塑性应变见图 4-77。

表 4-23　接触方式二计算结果

不平整度/mm	工况	垫片厚度/mm	最大塑性应变/‰ (开裂判据>0.09‰)	开裂区是否贯穿
0.5	拼装阶段	2	0	否
0.5	盾尾刷区	2	0.0153	否
0.5	同步注浆区	2	0.0145	否
0.5	运营期	2	0.031	否
1.0	运营期	2	0.091	是
1.0	运营期	3	0.033	否
2.0	运营期	2	0.122	是
2.0	运营期	3	0.094	是
2.0	运营期	4	0.54	否

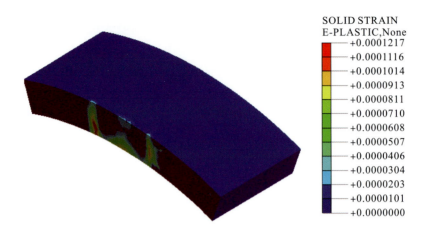

图 4-77　2.0mm 不平整度、2mm 衬垫计算结果塑性应变图

由表 4-23 可见，在 1.0mm 环缝面不平整度及 2mm 垫片的情况下，管片会开裂。根据横向计算结果，此时迎千斤顶面的弯矩最大为 543kN·m，轴力为 3506kN。根据《混凝土结构设计规范》（GB 50010—2020）附录 D，计算得深梁在弯矩作用下配筋面积为 A_s=2201mm²，可按 4C28（2463.2mm²）进行钢筋配置。再根据此规范 7.1 节裂缝控制验算，得出裂缝宽度为 0.125mm。即，当存在 1.0mm 环缝面不平整度且有 2mm 衬垫时，即使在迎千斤顶面增加 4 根直径 28mm 的钢筋，管片贯穿裂缝宽度仍超过 0.1mm。

由表 4-23 可见，当不平整度为 1.0mm、2.0mm 时，可分别通过调整垫片厚度至 3mm、4mm 来控制管片开裂，但目前垫片的使用寿命相对较短，从耐久性角度考虑，不建议使用较厚的垫片。

3. 综合分析

(1) 凸台高差时，在千斤顶作用下，管片承受环宽方向的弯矩较大，易在迎千斤顶面形成内外贯通的裂缝。随凸台不平整度增加，管片迎千斤顶面塑性应变增大。针对拼装期，当凸台高差达到 0.3mm 时，管片开裂，不平整度达 0.5mm 时裂缝贯穿管片内外表面；管片成环后，由于极限荷载相对较大，不平整情况下管片塑性应变较拼装期要大，管片轴力大小排序为：同步注浆区>盾尾刷区>运营期，对应工况下管片最大塑性应变为：同步注浆区<盾尾刷区<运营期，即同样施工荷载下，管片轴力作用有利于减小管片拉应变。

(2) 环面不平整时，环面的塑性区随不平整度增大而增大。与传力方式一相同，管片最大塑性应变排序为：同步注浆区<盾尾刷区<运营期，即同样施工荷载下，管片轴力作用有利于减小管片拉应变，运营期为最不利工况。运营期时，不平整度达 1.0mm，管片开裂，不平整度达 2.0mm 时管片裂缝贯穿。

(3) 相同荷载工况和相同不平整度情况下，传力方式一(凸台)时的管片塑性应变远大于传力方式二(垫片)时的管片塑性应变。设置传力垫片有利于管片受力，减少裂缝的产生，但现有的垫片往往容易老化，耐久性相对较差。

4.3.3 对管片纵向设计的建议

1. 对最不利纵向荷载的环缝面不平整度设计值建议

由上述研究可见,在纵向荷载作用下管片是否开裂与环缝面不平整度及最大纵向力有关,其中,环缝面不平整度又主要与管片环宽制作精度有关;最大纵向力又主要与环缝面传力方式及连续多环的环缝面不平整度分布状态有关。

从管片环宽制作精度看,放宽对环宽制作精度的要求,虽然可以降低管片模具制作难度,但会加大环缝面不平整度,产生贯穿裂缝的风险相应加大,需要采用加大垫片厚度和加大配筋的方式进行处理,从而对耐久性和经济性产生不利影响;而过分提高制作精度要求,虽然可以减小环缝面不平整度,有利于耐久性与经济性,但会极大增加施工难度甚至无法满足设计要求。因此,设计中需要根据施工难度、耐久性、经济性等因素综合确定环宽制作精度要求。

管片环宽制作精度要求一般采用环宽允许偏差表示(以下采用 Δ 表示)。《预制混凝土衬砌管片》(GB/T 22082—2017)规定管片宽度允许偏差为±1mm,环缝拼装间隙允许值为2mm;《道路隧道设计标准》(DG/TJ 08—2033—2017)规定,管片宽度允许偏差为±0.5mm(错缝拼装时宜取为±0.4mm),环缝拼装间隙允许值为 1mm。环宽允许偏差在不同部位可能为正值,也可能为负值,管片拼装成环后,环缝面不平整度按某一概率曲线在(0~2.0)Δ 范围内分布。

从纵向力看,拼装阶段最不利纵向荷载为 P,进入盾尾区及脱出盾尾后的纵向荷载分布在 0~3P 范围内。

综上,由于纵向力达到最不利值的概率相对较低,环缝不平整度达到最大值(2.0Δ)的概率也较低,再考虑不同传力方式对开裂的影响,对环缝面不平整度设计值的建议如下:在采用最不利纵向荷载时,对于凸台传力方式,建议取 2.0Δ 作为环缝面不平整度的设计值;对于垫片传力方式,建议取 1.0Δ 作为环缝面不平整度的设计值。

2. 对配筋的建议

拼装状态时管片为深梁,可按《混凝土结构设计规范》(GB 50010—2020)对深梁配筋要求进行设计。成环状态时,管片为双向偏心受压,按该规范对双向偏压受力进行配筋。当环缝面不平整引起的纵向荷载仅为施工荷载时,可仅按强度进行配筋;当其为永久荷载时,既要满足强度要求,也要满足裂缝宽度要求。

根据混凝土存在一定的裂缝自愈合性,当水力梯度为 40 时,0.1mm 以下的裂缝可以自愈,0.3mm 及以上裂缝难以自愈。尽管大部分盾构隧道裂缝处的水力梯度大于 40,但为提高经济性,要求因纵向弯矩产生裂缝开展宽度不大于 0.1mm。

4.4　考虑防水构造影响的纵缝力学性能计算方法

4.4.1　管片纵缝刚度计算方法

4.4.1.1　数值模型

为更为全面地获取管片接头抗弯性能的一般性规律，选取直径为 7.6～15.5m 的六个典型盾构隧道工程的管片接头进行计算分析。管片厚度依次为 0.40m、0.45m、0.50m、0.55m、0.60m 和 0.65m，基本涵盖目前水下盾构隧道常用管片接头的厚度。数值模型如图 4-78 所示，所选取管片接头的接缝面细部构造及尺寸如图 4-79 所示，具体尺寸参数和混凝土及螺栓的材料参数见表 4-24。

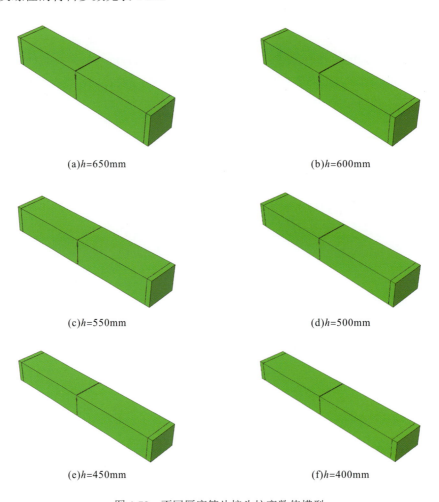

(a)*h*=650mm

(b)*h*=600mm

(c)*h*=550mm

(d)*h*=500mm

(e)*h*=450mm

(f)*h*=400mm

图 4-78　不同厚度管片接头抗弯数值模型

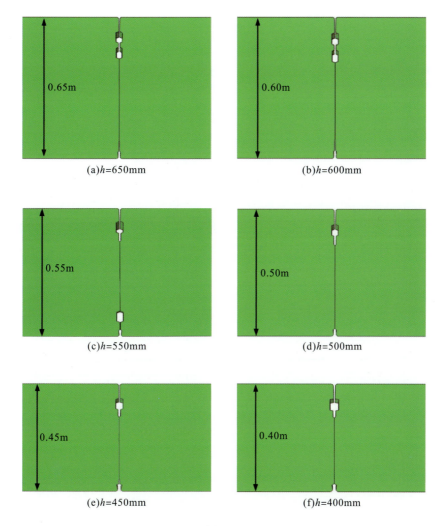

图 4-79　不同厚度管片接头接缝面构造图

表 4-24　数值模型各组成部分材料参数

部件	弹性模量/MPa	泊松比	屈服应力/MPa	极限应力/MPa
管片	36 500	0.18	—	38.5
螺栓	210 000	0.22	900	1 000
钢筋	200 000	0.28	335	455
垫片	210 000	0.22	—	—
螺帽	40 000	0.22	—	—
支座	3.45e9	0.2	—	—

4.4.1.2 计算结果分析

选取以上 6 座隧道管片接头常用的轴力范围，设定 7 种轴力工况进行计算，即轴力 N=1000kN、1500kN、2000kN、2500kN、3000kN、3500kN 和 4000kN，结果如图 4-80 和图 4-81 所示。

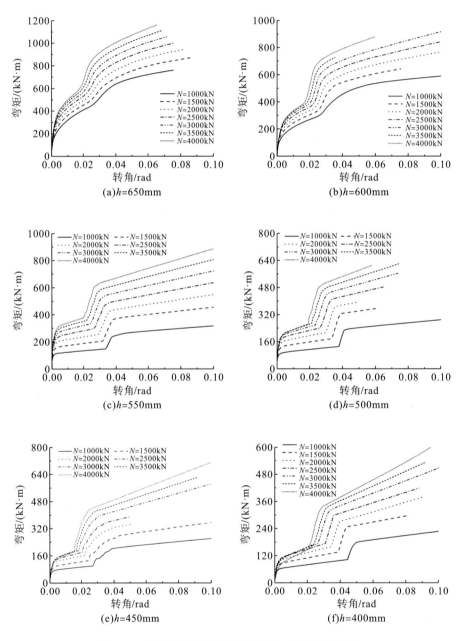

图 4-80　正弯矩下不同厚度管片接头弯矩-转角曲线

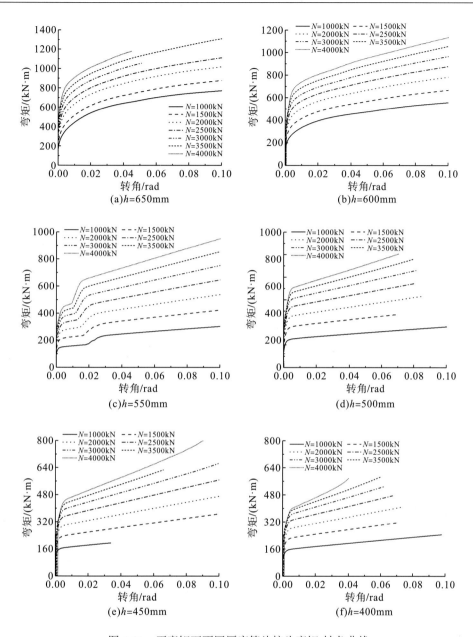

图 4-81　正弯矩下不同厚度管片接头弯矩-转角曲线

　　由图 4-80 和图 4-81 可知，对于同一厚度管片接头，轴力变化不改变接头弯矩-转角曲线的形状，表明接头弯矩-转角曲线只与接头自身的特征有关而与轴力等外力作用无关。

　　正负弯矩下，弯矩大小相同时，轴力越大，对应接头转角越小，可见轴力增大可提升接头抗弯性能，且随着弯矩增大，不同轴力条件下接头转动角度差异增大，表明轴力对于接头抗弯性能的影响随着弯矩的增大而增大；随着轴力增大，相同厚度接头弯矩-转角曲线之间的"距离"逐渐减小，表明轴力对于接头抗弯性能的影响随轴力增大而减小。分析可知，轴力的增大抑制了接头变形的发展，使得相同接头转角下，弯矩明显增大，不同轴力间弯矩的差距减小，因而曲线逐渐"靠近"；随着厚度的减小，在相同轴力范围内，接头弯矩-转角曲线的间距明显增大，表明轴力对管片接头抗弯性能的影响随着接头厚度的减小而增大，这是由于相同轴力下，厚度越小，轴力对于接头变形的控制作用越明显。

4.4.1.3　管片接头抗弯刚度取值方法

采用"梁-接头模型"进行管片结构内力计算时[29]，一般需要管片接头抗弯刚度(弯矩与转角的比值)这一重要参数。当接头厚度不同时，其抗弯刚度取值一般存在差异，而如何准确而方便地获取不同厚度管片接头的抗弯刚度是困扰设计和研究人员的重大难题之一[30-32]。由于管片接头构造复杂，在轴力和弯矩作用下的变形阶段较多，基于理论推导的结果往往较为复杂且难以直接应用，而进行精细化数值仿真需耗费巨大的计算资源和时间资源，因此对于实际应用而言，最佳方法是给出接头抗弯刚度的显式计算公式(或相关参数的取值方法)。

当前最为常用的接头抗弯刚度计算方法是由 Leonhardt 和 Reimann(1965 年)提出、Janssen(1983 年)完善的公式，如式(4-10)所示(ITA Working Group 2，2019)。但由于在推导过程中未考虑复杂接缝面构造和螺栓的影响，因此直接将其应用于接缝面构造复杂且存在大量螺栓连接的大断面盾构隧道管片接头抗弯刚度计算时可能会造成一定的误差，如图 4-82 所示，可见在接头变形较小时(转角小于 0.002rad)，数值模型计算结果和 Janssen 法较为接近，而当接头转角大于 0.002rad 后，两者的差异随着弯矩的增大逐渐增大，表明既有方法可能不适用于表征接头变形较大时的力学性能。

$$\varphi = \begin{cases} \dfrac{12M}{E_c l^2} & \left(M \leqslant \dfrac{Nl}{6} \right) \\[3mm] \dfrac{8N}{9(2\dfrac{M}{Nl}-1)^2 E_c l} & \left(M > \dfrac{Nl}{6} \right) \end{cases} \tag{4-10}$$

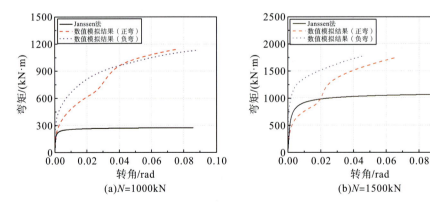

(a)$N=1000$kN　　　　　　　　　(b)$N=1500$kN

图 4-82　数值模拟与既有抗弯性能计算方法的对比

进一步地，基于图 4-80 和图 4-81 所示的计算数据，结合非线性方程拟合算法，可最终得到正负弯矩下管片接头抗弯刚度的取值公式分别如式(4-11)和式(4-12)所示：

$$M = \begin{cases} k_1\varphi & (\varphi \leqslant \varphi_0) \\ \dfrac{k_2\varphi^2 + k_3\varphi + k_4}{\varphi + k_5} & (\varphi > \varphi_0) \end{cases} \tag{4-11}$$

$$M = \begin{cases} k_1\varphi & (\varphi \leqslant \varphi_0) \\ \dfrac{k_2\varphi^2 + k_3\varphi + k_4}{\varphi + k_5} & (\varphi_0 < \varphi \leqslant \varphi_1) \\ \dfrac{k_6\varphi^2 + k_7\varphi + k_8}{\varphi + k_9} & (\varphi > \varphi_1) \end{cases} \tag{4-12}$$

对于不同厚度管片接头,正弯矩下所提出特征方程的拟合优度 R^2 最小值为 0.918、最大值为 0.999、平均值为 0.986;负弯矩下所提出特征方程的拟合优度最小值为 0.954、最大值为 0.999、平均值为 0.990,可见所得到的特征方程具有较好的拟合效果。

4.4.2　管片纵缝强度计算方法

盾构隧道管片接头对于管片衬砌的受力和变形有重要的影响,其中接头的抗弯承载性能直接决定了管片结构的整体承载性能[33-35]。然而,由于接头构造的多样性及其抗弯承载性能的复杂性,现有研究多侧重于测试接头的抗弯性能,即接头变形和抗弯刚度等参数随接头内力的变化规律,而对于接头承载力的研究较少,尚未提出接头抗弯承载力的计算方法,导致现行接头设计多依据经验和类比方法开展。管片接头抗弯承载性能是整体结构承载性能的重要组成[36],许多学者已展开了卓有成效的研究,但现有接头承载性能研究的思路主要有两种:一种是忽略螺栓的影响,根据接头内力平衡关系求解受压区高度,并以此为限制条件反向求解最大弯矩;另一种考虑螺栓的作用,分析接缝面不同受力状态,根据平衡关系得到破坏时接头轴力和弯矩的关系。

在我国目前建设的大多数盾构隧道工程中,管片接头处均布置有螺栓,故本研究的推导以斜螺栓接头为例,考虑螺栓对于接缝面受力的影响。根据接缝面构造特点和接头破坏时的受力特点,结合钢筋混凝土结构正截面承载力计算理论,提出管片接头抗弯承载力的解析方法。并采用该解析方法,将解析结果与接头抗弯试验结果进行比较,验证该解析方法的正确性。进一步地,采用该解析方法对接头抗弯承载性能进行参数分析,讨论螺栓和混凝土材料参数及尺寸对于接头承载能力的影响。

4.4.2.1　理论模型的建立

1. 接头承载极限状态

管片接头达到承载力极限状态意味着接头失去进一步承载的能力,此时接头混凝土和螺栓可能同时屈服,也可能两者之一达到屈服状态,另一个仍处于弹性受力状态。因此,有必要明确划分接头达到承载力极限状态时的受力状态。有学者开展试验研究了外径为 6.2m 的地铁隧道原型管片抗弯承载力,试验结果表明:正负弯矩作用下,接头承载力极限状态为受压区混凝土压碎,螺栓屈服。封坤等开展足尺试验研究了狮子洋隧道外径 10.8m

管片接头在高轴压作用下的抗弯性能，试验结果表明：正弯矩作用下，接头破坏特征为螺栓先屈服，之后受压区混凝土屈服并压溃；负弯矩作用下，接头破坏特征为受压区混凝土剥离、掉块[37]。杨雨冰等建立了基于断裂力学的有限元模型以研究接头开裂破损机制，在数值模型中接头破坏时其变形表现为接头受压区混凝土挤压在一起，并出现压溃的现象[38]。

综上，接头试验和数值模拟的研究成果均表明，接头破坏的发展过程为受压区边缘混凝土由最初的分离状态变为压合，并形成压溃区。然而对于实际工程而言，当接头混凝土受压形成压溃区时，接头早已不适合承载，因此不能将压溃区的形成作为接头达到承载力极限的特征。结合钢筋混凝土结构设计理论，同时考虑计算的便利性，本研究将接缝面混凝土达到屈服状态作为判断接头达到承载力极限的标准。

2. 基本假设

(1) 不考虑接缝弹性密封衬垫的影响。
(2) 在压弯荷载下，接缝面受力满足平截面假定。
(3) 假定接缝面混凝土最大应变达到极限应变时，接头达到承载极限状态。
(4) 不考虑螺栓预紧力对接头抗弯承载能力的影响。
(5) 接缝面接触特性。

盾构隧道管片接头的接缝面是不连续结构，接缝两侧混凝土通过螺栓和缝面摩擦作用联合承载，因此接缝易出现明显的张开变形。沿着管片厚度方向，由于防水槽和凹凸榫等构造的存在，缝面混凝土的承压面积有所折减，一定程度上削弱了接头的抗弯承载能力。图 4-83 为盾构隧道管片接头设置双道防水时接缝面常见的构造形式，其中 d_1 为接缝外缘，d_2 为外缘主要承压区，d_3 为外侧防水区，d_4 为核心承压区，d_5 为内侧防水区，d_6 为内缘主要承压区，d_7 为接缝内缘。其中 d_2、d_4、d_6 为接头受荷过程中主要的承载区域(不考虑传力衬垫的影响)。

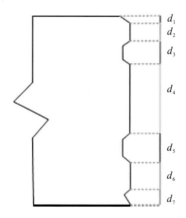

图 4-83　管片接头接缝面分区示意图

表 4-25 中给出了在建和已建隧道工程接头混凝土最大承压面积的占比(接缝受压弯荷载作用变形过程中，混凝土最大承压面积/接缝面面积)。可见，管片接头接缝面因为其他

功能性构造使得最大承压区减小的幅度较大,所以在进行接头抗弯承载力的推导过程中,必须考虑接缝面的有效面积。

表 4-25 混凝土承压面积占比

工程名称	外径/m	螺栓类型	占比/%（正弯矩）	占比/%（负弯矩）
上海崇明过江隧道	15	斜螺栓	74.5	67.5
南京长江隧道	14.5	斜螺栓	75.5	70.2
南京地铁 10 号线过江隧道	12	斜螺栓	60.8	56.2
广深港高铁狮子洋隧道	10.8	斜螺栓	65.6	59.6
武汉三阳路隧道	15.2	斜螺栓	74.9	70.3
佛莞城际铁路狮子洋隧道	13.1	斜螺栓	80.8	70.9

3. 材料本构

材料本构的选取对于接头承载力的计算精度和准确性具有较大的影响。对于混凝土的本构模型,既有文献主要采用双线性本构或抛物线与直线组合的本构模型,而实际上混凝土在达到屈服强度后若应变继续增加混凝土应力应变曲线会出现下降段,据此本研究推导中混凝土弹塑性本构采用 Hongnestad 提出的抛物线-线性模型,其表达式为

$$\sigma = \sigma_0 \left[2 \left(\frac{\varepsilon}{\varepsilon_0} \right) - \left(\frac{\varepsilon}{\varepsilon_0} \right)^2 \right] \quad (0 < \varepsilon < \varepsilon_0) \tag{4-13}$$

$$\sigma = \sigma_0 \left[1 - 0.15 \left(\frac{\varepsilon - \varepsilon_0}{\varepsilon_u - \varepsilon_0} \right) \right] \quad (\varepsilon_0 < \varepsilon < \varepsilon_u) \tag{4-14}$$

式中,ε 为混凝土应变值;σ 为混凝土应力;ε_0 为混凝土屈服应变,取为 $0.002\mu\varepsilon$;ε_u 为混凝土极限应变,取为 $0.0033\mu\varepsilon$;σ_0 为混凝土屈服应力,根据混凝土强度等级确定。

螺栓本构采用双线性本构,其表达式为

$$f_s = f_y \cdot \varepsilon / \varepsilon_0 \tag{4-15}$$

$$f_s = f_y \tag{4-16}$$

式中,f_s 为螺栓应力;ε 为螺栓应变;f_y 为螺栓屈服应力;ε_0 为螺栓屈服应变。

4. 计算模型

接头破坏时,受压区混凝土屈服,此时接头螺栓可能存在 3 种受力状态:先于缝面混凝土屈服、同时屈服和未屈服。分析可知:当接头所受轴力较大时,接缝张开变形受到限制,此时缝面混凝土受压面积较大,螺栓受力较小,可能出现未屈服和同时屈服的情况;同样,当接头轴力较小时,接缝张开变形较大,在缝面混凝土屈服之前螺栓可能已经屈服。下面分别对上述 3 种情况进行分析。

1)螺栓先屈服

当缝面承受轴压较小时,相同弯矩作用下接头的转动变形较大,接头易出现螺栓先于

缝面混凝土屈服破坏的情况,此时螺栓应变达到屈服应变,而混凝土应变未达到极限应变;当接头达到承载极限发生破坏时,混凝土应变达到极限应变,螺栓应变已超过屈服应变。

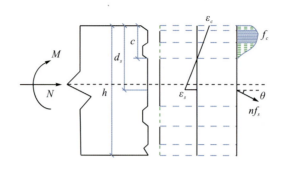

图 4-84   螺栓先屈服时管片接头受力情况

接头破坏时,接缝面受力如图 4-84 所示,缝面受压区高度可根据所受的轴力情况进行求解,计算公式如下:

$$\frac{1}{b}\left(N_1 + \frac{1}{4}n\pi f_y d^2 \cos\theta\right) = \sum_{i=1}^{n}\int_{x_i}^{x_{i+1}}\sigma\left(\frac{p}{c_1}\varepsilon\right)\mathrm{d}p \tag{4-17}$$

式中,N_1 为接头所受轴力;n 为螺栓个数;p 为积分变量;b 为管片幅宽;d 为螺栓直径。从螺栓的应力应变关系可以看出,螺栓应力达到屈服应力之后就不再随着应力的增加而增加,故式(4-17)中螺栓应力仍为屈服应力。当缝面受压区高度 c_1 确定后,此时极限弯矩可通过下式计算得到,即:

$$M_1 = \sum_{i=1}^{n}\int_{x_i}^{x_{i+1}}b\sigma\left(\frac{p}{c_1}\varepsilon\right)\cdot\left(\frac{1}{2}h - c_1 - p\right)\mathrm{d}p + \frac{1}{4}n\pi f_y d^2 \cos\theta\cdot\left(d - \frac{1}{2}h\right) \tag{4-18}$$

2)同时屈服

当接头螺栓和混凝土同时达到屈服状态时,接缝面上缘混凝土达到极限应变,此时螺栓恰好屈服。该破坏模式下接缝面受力如图 4-85 所示,此时受压区高度的表达式为

$$c_b = \varepsilon_u d_s / \left(\varepsilon_u + \varepsilon_y \cos\theta\right) \tag{4-19}$$

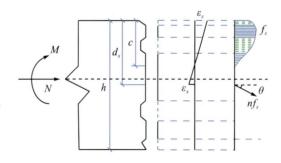

图 4-85   同时屈服时管片接头受力情况

根据接头受力平衡关系,可得接头所受轴力 N_b 和极限弯矩 M_b 的表达式为

$$N_b = \sum_{i=1}^{n} \int_{x_i}^{x_{i+1}} b\sigma\left(\frac{p}{c_1}\varepsilon\right)\mathrm{d}p + \frac{1}{4}n\pi f_y d^2 \cos\theta \qquad (4\text{-}20)$$

$$M_b = \sum_{i=1}^{n} \int_{x_i}^{x_{i+1}} b\sigma\left(\frac{p}{c_1}\varepsilon\right)\cdot\left(\frac{1}{2}h-c_1-p\right)\mathrm{d}p + \frac{1}{4}n\pi f_y d^2 \cos\theta\cdot\left(d-\frac{1}{2}h\right) \qquad (4\text{-}21)$$

3）螺栓未屈服

当轴压较大时，在相同弯矩作用下接头张开变形较小，螺栓受力较小，接头破坏时混凝土达到极限应变而螺栓未达到屈服应变，故此时螺栓的应力未达到屈服应力，此时接缝面应力分布如图 4-86 所示。

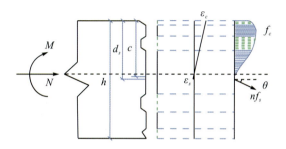

图 4-86　螺栓未屈服时管片接头受力情况

设螺栓应变为 ε'_y，受压区高度为 c_2，见图 4-87，则有

$$\frac{\varepsilon_u}{c_2} = \frac{\varepsilon'_y\cos\theta}{d_s-c_2} \qquad (4\text{-}22)$$

$$N_b = \sum_{i=1}^{n} \int_{x_i}^{x_{i+1}} b\sigma\left(\frac{p}{c_1}\varepsilon\right)\mathrm{d}p + \frac{1}{4}n\pi\frac{f_y}{\varepsilon_y}\varepsilon'_y d^2 \cos\theta \qquad (4\text{-}23)$$

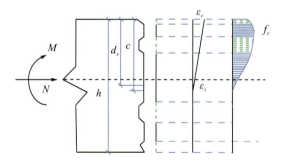

图 4-87　螺栓不承载时管片接头受力情况

联立式(4-22)和式(4-23)，可以解得螺栓应变及受压区高度，从而计算得到接头极限弯矩 M_2 为

$$M_2 = \sum_{i=1}^{n} \int_{x_i}^{x_{i+1}} b\sigma\left(\frac{p}{c_1}\varepsilon\right)\cdot\left(\frac{1}{2}h-c_1-p\right)\mathrm{d}p + \frac{1}{4}n\pi\frac{f_y}{\varepsilon_y}\varepsilon'_y d^2 \cos\theta\cdot\left(d-\frac{1}{2}h\right) \qquad (4\text{-}24)$$

考虑到螺栓不能承受压应力，故当螺栓处于受压区范围内时螺栓受力为零，接头所受弯矩、轴力完全由混凝土承受，式(4-23)退化为

$$N_2 = \sum_{i=1}^{n} \int_{x_i}^{x_{i+1}} b\sigma\left(\frac{p}{c_2}\varepsilon\right) \mathrm{d}p \tag{4-25}$$

联立式(4-23)和式(4-25)，解得螺栓应变和受压区高度，此时接头极限弯矩 M_2 为

$$M_2 = \sum_{i=1}^{n} \int_{x_i}^{x_{i+1}} b\sigma\left(\frac{p}{c_2}\varepsilon\right) \cdot \left(\frac{1}{2}h - c_2 - p\right) \mathrm{d}p \tag{4-26}$$

4.4.2.2 模型求解

对于细部尺寸以及混凝土与螺栓材料参数确定的管片接头，联立式(4-13)～式(4-26)可求解不同轴压下接头抗弯极限弯矩。当轴力一定时，可以求解得到接头受压区高度和螺栓拉力，再根据式(4-18)、式(4-21)、式(4-24)和式(4-26)计算对应受力状态下极限弯矩，意味着轴压一定时对应的极限弯矩可以唯一确定。

此外，接头出现混凝土和螺栓同时屈服破坏时对应的轴压是螺栓先屈服破坏和螺栓未屈服破坏的分界点，故可以先求得发生同时屈服时的临界轴压，然后再将选定轴压与临界轴压进行比较，当轴压大于临界轴压时，接头螺栓未发生屈服破坏，其极限弯矩按式(4-22)～式(4-24)或式(4-22)、式(4-25)和式(4-26)进行求解。反之，当接头发生螺栓先屈服的破坏情况时，极限弯矩按式(4-17)和式(4-18)进行求解。据此，接头抗弯承载力的求解流程如图4-88所示。

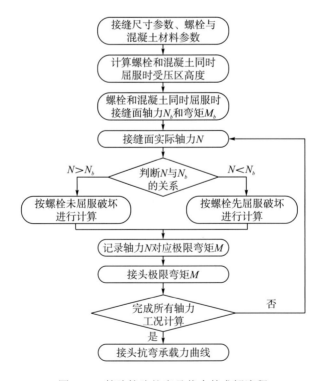

图4-88 管片接头抗弯承载力的求解流程

当受压区高度一定时，接缝面上受压区内混凝土的应力分布如图 4-89 所示。由于混凝土应力应变曲线为抛物线与直线的组合曲线，故受压区内应力分布函数为分段函数，即：

$$\sigma(x)=\begin{cases}\sigma_0\left(\dfrac{33x}{10c}-\dfrac{1089x^2}{400c^2}\right) & \left(0\leqslant x\leqslant\dfrac{20}{33}c\right)\\[3mm]\sigma_0\cdot\dfrac{320c-99x}{260c} & \left(\dfrac{20}{33}c<x\leqslant c\right)\end{cases} \tag{4-27}$$

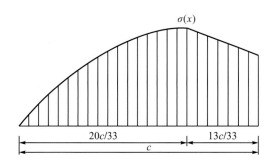

图 4-89 受压区混凝土应力分布

考虑到接缝面应力分布函数[式(4-27)]以及轴力、弯矩计算式(4-17)、式(4-18)、式(4-20)、式(4-21)、式(4-23)～式(4-26)中积分部分的复杂性，考虑采用"等效法"进行求解。"等效法"引入两项等效系数 α 和 β 将接缝面应力分布由抛物线分布等效为矩形分布，如图 4-90 所示。

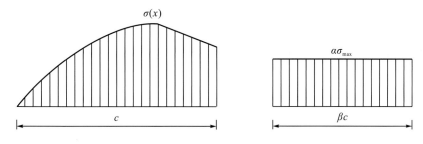

图 4-90 "等效法"等效方式

根据等效前后计算所得弯矩和轴力相等的原则计算两项等效系数，计算方法如下。
(1)按弯矩等效可得

$$\int_0^c\sigma(x)\cdot(h-c+x)\mathrm{d}x=\alpha\sigma_0\beta c\cdot\left(h-\frac{1}{2}\beta c\right) \tag{4-28}$$

(2)按轴力等效可得

$$\int_0^c\sigma(x)\mathrm{d}x=\alpha\sigma_0\beta c \tag{4-29}$$

联立式(4-28)和式(4-29)可解得

$$\alpha = \frac{\int_0^c \sigma(x)\mathrm{d}x}{\sigma_0 \beta c} \tag{4-30}$$

$$\beta = \frac{2h}{c} - \frac{2\int_0^c \sigma(x)\cdot(h-c+x)\mathrm{d}x}{c\cdot\int_0^c \sigma(x)\mathrm{d}x} \tag{4-31}$$

由于式(4-30)、式(4-31)中含有变量 h 和 c，因此无法直接得到 α 和 β，而在受压区高度 c 的变化范围为 $(0, h)$，故假设 $c=kh$，代入式(4-30)和式(4-31)可得 α 和 β 为定值，即 $\alpha=0.9093$，$\beta=0.8451$。

为方便计算模型的应用，针对图 4-83 所示的接缝面构造，给出抗弯承载力计算模型的求解过程。

当接缝面受压区高度为 c 时，根据基本假设(2)可得螺栓此时应力 f_s 为

$$f_s = \begin{cases} \dfrac{f_y}{\varepsilon_y}\cdot\dfrac{\varepsilon_u(d_s-c)}{c} & (0<c\leqslant d_s) \\ 0 & (c>d_s) \end{cases} \tag{4-32}$$

式中，f_y 为螺栓的屈服强度；ε_y 为螺栓的屈服应变；ε_u 为混凝土的屈服应变；d_s 为螺栓距受压区上缘的高度。

从计算式(4-17)～式(4-26)可以看出，当受压区高度一定时，接缝面处的弯矩和轴力一定，因此在进行编程求解时，可以以接缝面受压区高度为变量，计算弯矩和轴力，通过计算不同的受压区高度下的弯矩和轴力，获取接缝面抗弯承载力曲线。结合"等效法"计算模式和图 4-83 所示接缝面参数，其接缝面抗弯承载力曲线的计算式如表 4-26 所示。

表 4-26 管片接头抗弯承载力计算公式表

受压区高度条件		计算公式
$d_1 < c < \sum_{i=1}^{2} d_i$	轴力	$\alpha f_c b\beta(c-d_1) - \dfrac{n\pi d^2}{4}f_s\cos(\theta)$
	弯矩	$\dfrac{1}{2}\alpha f_c b\beta(c-d_1)(h-c-d_1) + \dfrac{n\pi d^2}{4}f_s\cos(\theta)(d_s-0.5h)$
$\sum_{i=1}^{2} d_i < c < \sum_{i=1}^{3} d_i$	轴力	$\alpha f_c b\beta d_2 - \dfrac{n\pi d^2}{4}f_s\cos(\theta)$
	弯矩	$\alpha f_c b\beta d_2\left(\dfrac{h}{2}-\dfrac{d_2}{2}-d_1\right) + \dfrac{n\pi d^2}{4}f_s\cos(\theta)(d_s-0.5h)$
$\sum_{i=1}^{3} d_i < c < \dfrac{h}{2}$	轴力	$\alpha f_c b\beta(c-d_1-d_3) - \dfrac{n\pi d^2}{4}f_s\cos(\theta)$
	弯矩	$\alpha f_c b\beta d_2\left(\dfrac{h}{2}-\dfrac{d_2}{2}-d_1\right) + \alpha f_c b\beta(c-d_1-d_2-d_3)\cdot$ $\left(\dfrac{h}{2}-\dfrac{c}{2}-\dfrac{d_1}{2}-\dfrac{d_2}{2}-\dfrac{d_3}{2}\right) + \dfrac{n\pi d^2}{4}f_s\cos(\theta)(d_s-0.5h)$

续表

受压区高度条件		计算公式
$\alpha\dfrac{h}{2}\leqslant c<\displaystyle\sum_{i=1}^{4}d_i$	轴力	$\alpha f_c b\beta\left(c-d_1-d_3\right)-\dfrac{n\pi d^2}{4}f_s\cos(\theta)$
	弯矩	$\alpha f_c b\beta d_2\left(\dfrac{h}{2}-\dfrac{d_2}{2}-d_1\right)+\alpha f_c b\beta\left(\dfrac{h}{2}-d_1-d_2-d_3\right)\left(\dfrac{h}{4}-\dfrac{d_1}{2}-\dfrac{d_2}{2}-\dfrac{d_3}{2}\right)$ $+\alpha f_c b\beta\left(c-\dfrac{h}{2}\right)\left(\dfrac{c}{2}-\dfrac{h}{4}\right)+\dfrac{n\pi d^2}{4}f_s\cos(\theta)\left(d_s-0.5h\right)$
$\displaystyle\sum_{i=1}^{4}d_i<c<\sum_{i=1}^{5}d_i$	轴力	$\alpha f_c b\beta\left(d_2+d_4\right)-\dfrac{n\pi d^2}{4}f_s\cos(\theta)$
	弯矩	$\alpha f_c b\beta d_2\left(\dfrac{h}{2}-\dfrac{d_2}{2}-d_1\right)+\alpha f_c b\beta\left(\dfrac{h}{2}-d_1-d_2-d_3\right)\left(\dfrac{h}{4}-\dfrac{d_1}{2}-\dfrac{d_2}{2}-\dfrac{d_3}{2}\right)$ $-\dfrac{1}{2}\alpha f_c b\beta\left(d_1+d_2+d_3+d_4-\dfrac{h}{2}\right)^2+\dfrac{n\pi d^2}{4}f_s\cos(\theta)\left(d_s-0.5h\right)$
$\displaystyle\sum_{i=1}^{5}d_i<c<\sum_{i=1}^{6}d_i$	轴力	$\alpha f_c b\beta\left(c-d_1-d_3-d_5\right)-\dfrac{n\pi d^2}{4}f_s\cos(\theta)$
	弯矩	$\alpha f_c b\beta d_2\left(\dfrac{h}{2}-\dfrac{d_2}{2}-d_1\right)+\dfrac{1}{2}\alpha f_c b\beta\left(\dfrac{h}{2}-d_1-d_2-d_3\right)^2-\dfrac{1}{2}\alpha f_c b\beta\cdot$ $\left(d_1+d_2+d_3+d_4-\dfrac{h}{2}\right)^2-\dfrac{1}{2}\alpha f_c b\beta\left(c-d_1-d_2-d_3-d_4-d_5\right)\dots$ $\left(c-h+d_1+d_2+d_3+d_4+d_5\right)+\dfrac{n\pi d^2}{4}f_s\cos(\theta)\left(d_s-0.5h\right)$
$\displaystyle\sum_{i=1}^{6}d_i<c\leqslant\sum_{i=1}^{7}d_i$	轴力	$\alpha f_c b\beta\left(d_2-d_4-d_6\right)-\dfrac{n\pi d^2}{4}f_s\cos(\theta)$
	弯矩	$\alpha f_c b\beta d_2\left(\dfrac{h}{2}-\dfrac{d_2}{2}-d_1\right)+\dfrac{1}{2}\alpha f_c b\beta\left(\dfrac{h}{2}-d_1-d_2-d_3\right)^2-\dfrac{1}{2}\alpha f_c b\beta\cdot$ $\left(d_1+d_2+d_3+d_4-\dfrac{h}{2}\right)^2-\alpha f_c b\beta d_6\left(d_1+d_2+d_3+d_4+d_5-\dfrac{h}{2}\right)$ $+\dfrac{n\pi d^2}{4}f_s\cos(\theta)\left(d_s-0.5h\right)$

4.4.2.3　试验验证

1. 接头试验

　　为了验证接头承载力理论模型的正确性，开展接头足尺试验进行对比分析。试验采用自主研发的盾构隧道管片接头加载试验装置进行，试验情况如图 4-91 所示。

(a)接头试验加载仪器   (b)试验试件

图 4-91   接头极限抗弯承载力试验

2. 接头构造

试验以苏通 GIL 综合管廊盾构隧道工程为背景，其管片接头接缝面构造如图 4-92 所示。接头处设置双层防水槽，螺栓从核心承压区穿过，与接缝面夹角为 60°。管片幅宽为 2m，厚度为 550mm。接缝面细部尺寸及螺栓尺寸和位置参数列于表 4-27。

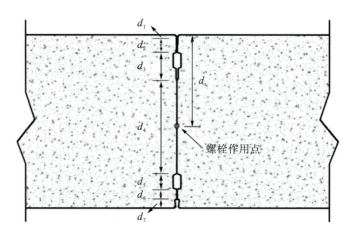

图 4-92   管片接头构造图

表 4-27   接缝面细部尺寸及螺栓参数

试验类型	接缝面细部尺寸/mm							螺栓/mm	
	d_1	d_2	d_3	d_4	d_5	d_6	d_7	d	d_s
正弯	5	50	89	296	50	30	30	36	280
负弯	30	30	50	296	89	50	5	36	270

3. 材料参数

该盾构隧道工程中管片混凝土等级为 C60，由于试验中试件在实验室浇筑而成，需要通过强度试验测定混凝土实际强度。测定方法如图 4-93 所示，在压力试验机上测定边长为 150mm 的标准立方体试件的破坏强度，将其换算为混凝土抗压和抗拉强度的设计值。

采用《混凝土强度检验评定标准》(GB/T 50107—2010)推荐方法进行试件养护和强度测试，换算得所浇筑试件的抗压强度标准值为41.3MPa。

图 4-93　管片混凝土强度试验

螺栓强度等级为 10.9 级，其屈服强度为 900MPa，极限强度为 1000MPa。本研究中假定螺栓屈服后螺栓的应力保持不变，因此在计算中只考虑螺栓的屈服强度，螺栓的弹性模量为 2.1×10^5MPa。

4. 对比分析

接头试验中采用的加载方案为：保持接头轴向压力 N 不变，逐步增大竖向力 F 直到接头破坏。正、负弯试验中接头轴力均为4000kN，竖向力增量为32kN。正、负弯荷载作用下，试验加载过程与承载力解析结果如表4-28所示。

表 4-28　轴力为 4000kN 接头正、负弯试验结果与解析结果

工况	正弯试验		负弯试验	
	弯矩/(kN·m)	现象	弯矩/(kN·m)	现象
1	395.3	—	246.8	—
2	414.1	接缝上缘接触	303.1	—
3	432.9	微裂纹	381.7	接缝上缘接触
4	451.7	可见裂缝	435.1	微裂纹
5	470.6	接头压溃	488.6	可见裂缝、接头破坏
理论解	442.4	—	435.6	—

对比解析结果和试验结果可知，正、负弯荷载下加载结束时，接头弯矩已超过解析解中该轴力下的极限弯矩值，但由于试验结束时受压区混凝土已经压溃并形成明显的压溃

区,而在解析模型中对于接头破坏的界定为混凝土达到极限应变,显然在试验结束前接缝面混凝土应变已达到极限值。通过分析接缝面混凝土应变数据可知,正弯试验接头弯矩为432.9kN·m时和负弯试验接头弯矩达到435.1kN·m时,接缝面可观察到微裂缝,此时受压区混凝土已经屈服。此后继续加载,接头竖向位移迅速发展,受压区出现明显的裂缝并最终被压溃。该现象说明了理论解析结果能准确反映试验中混凝土受力状态。同时,从试验现象揭示出:从接缝面混凝土屈服到接头承载极限,弯矩的增量较小,而接缝面混凝土屈服后,接头处于不稳定状态,已不再适合承载,表明解析模型中将接缝面混凝土屈服作为管片接头承载极限状态是合理的。

5. 接头抗弯承载力曲线特征分析

从前述推导过程可以看出,接头抗弯承载力与螺栓是否屈服、轴压情况、偏心距的大小等因素相关。根据上节提出的模型求解方法,可得到不同轴压比下接头的破坏弯矩,以及接头破坏时混凝土和螺栓的受力情况。为了更为直观地反映轴压由小变大过程中接头破坏时的受力状态,将计算结果通过曲线的形式表示,如图4-94所示。

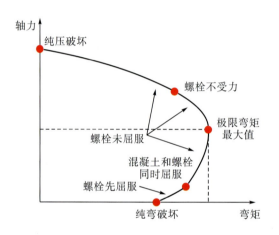

图 4-94　压弯荷载作用下接头抗弯承载力曲线

从图 4-94 中可见,接头抗弯承载力曲线可以分为两段,按照接头破坏时螺栓的受力状态可以分为螺栓先屈服和螺栓未屈服。

具体而言,当接头轴力为零时,接头破坏时只承受弯矩,为纯弯破坏。对于接头轴力不为零的情况,当轴力较小时,随着轴力的增大,至混凝土和螺栓同时屈服之前,接头在承受弯矩时张开变形明显,螺栓受力较大,容易屈服。当接头轴力增加至混凝土和螺栓同时屈服破坏的临界状态时,可以看出此时接头的极限弯矩并不是整条曲线上的最大值,这一点与钢筋混凝土管片的极限承载力曲线规律存在明显区别。随着轴压的增大,接头破坏进入螺栓未屈服的破坏状态,在该破坏状态中,接头抗弯承载力曲线存在明显的反弯点,并且在该反弯点处极限弯矩取得最大值。同时,随着接头轴力继续增大,接头的张开变形逐渐减小,接头破坏时螺栓的受力将逐步减小,当接头轴力增大超过某一阈值,螺栓不再受力。随着接头轴力的进一步增大,接头极限弯矩不断减小,直到某一轴压下,接缝面混凝土全部受压破坏,接头弯矩为零,为纯压破坏。

可见,接头抗弯承载力曲线主要有如下几个特征:

(1)螺栓先屈服的破坏发生在接头轴力较小时,该类破坏所对应的承载力曲线起点为接头纯弯破坏状态,终点为混凝土和螺栓同时屈服状态。在该类破坏状态中,随着轴力的增大,接头破坏时的极限弯矩增大。

(2)螺栓未屈服的破坏发生在接头轴力较大时,该类破坏所对应的承载力曲线起点为混凝土和螺栓同时屈服状态至接头混凝土纯压破坏状态。在该类破坏中,随着轴力的增大,接头破坏时的极限弯矩先增大后减小。

(3)管片接头极限弯矩的最大值出现在螺栓未屈服阶段,该状态下轴力高于混凝土与螺栓同时屈服时的轴力。

(4)在螺栓未屈服的破坏状态中,随着接头轴力的增大,螺栓拉力逐渐减小,直到螺栓不受力。之后随着轴压的增大,螺栓在接头受弯变形直到破坏的过程中对接头承载力的贡献为零。

4.4.2.4　参数分析

从前文推导与分析可知,影响接头抗弯承载力的因素有两类,一类是混凝土和螺栓的强度,另一类是接缝面的构造。由于接缝面细部尺寸的选取不仅考虑接头承载性能,还要综合考虑防水、耐久性等功能的需要,故在此不对接缝面细部尺寸进行参数分析。现以图 4-95 所示的接头构造为例,分析混凝土强度、螺栓尺寸(直径)和强度三方面参数对接头抗弯承载能力的影响。

1. 混凝土强度对承载力的影响

在其他构造参数和材料参数不变条件下,选取混凝土强度等级为 C40、C45、C50、C55、C60 时的承载力曲线进行分析,如图 4-95 所示。由于该曲线主要为设计提供参考,因此混凝土强度按强度设计值进行取值,参照混凝土结构设计规范,各强度等级下混凝土强度分别取为 19.1MPa、21.1MPa、23.1MPa、25.3MPa 和 27.5MPa。

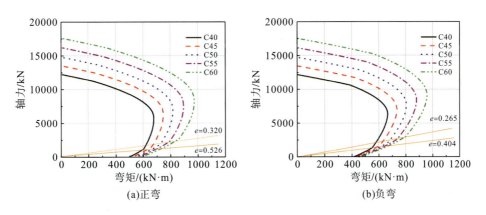

图 4-95　不同混凝土强度等级下接头抗弯承载力曲线

从图 4-95 中可以看出，随着混凝土强度的提高，接头抗弯承载能力提高较为明显。不同混凝土强度下，混凝土与螺栓同时破坏时接头的偏心距 e 不同，随着混凝土强度的提升，该偏心距略有减小，正弯时其变化范围为 0.320～0.526，负弯时其变化范围为 0.265～0.404。当接头偏心距超过这一范围时，混凝土强度提升引起的承载力增大具有明显的非线性关系，即混凝土强度越高，承载力增幅越明显；而当接头偏心距小于这一范围时，随着混凝土强度的提升，承载力增大的比例趋于稳定。

不同混凝土强度等级下接头极限弯矩最大值及对应轴力如表 4-29 所示。

表 4-29　接头极限弯矩最大值及对应轴力

参数	混凝土强度				
	C40	C45	C50	C55	C60
正弯矩最大值/(kN·m)	677.1	747.9	818.8	896.6	974.5
对应轴力/kN	5540.3	6201.7	6806.9	7472.6	8278.6
负弯矩最大值/(kN·m)	666.1	735.8	805.5	882.2	958.9
对应轴力/kN	6331.6	6994.6	7657.6	8386.9	9116.2

可见，不同混凝土强度下，接头极限弯矩最大值的差异明显，接头承受负弯矩时的极限弯矩最大值小于承受正弯矩时的极限弯矩最大值。提升混凝土强度等级对于提高极限弯矩最大值和接头整体承载能力的作用十分明显，极限弯矩最大值增大的倍率与混凝土强度增加的速率相近。

2. 螺栓强度对承载力的影响

以工程中接头螺栓常用强度等级为比较参数，研究不同螺栓强度对于接头极限承载能力的影响。选取螺栓强度等级分别为 10.9 级、9.8 级、8.8 级和 5.8 级，其屈服强度分别对应为 900MPa、720MPa、640MPa 和 400MPa。不同螺栓强度等级下，接头抗弯承载力曲线如图 4-96 所示(混凝土强度等级为 C60)。

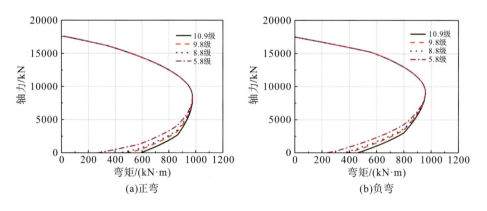

图 4-96　不同螺栓强度等级下接头抗弯承载力曲线

从图 4-96 中可见，在偏心距为 0.108m 时，不同螺栓强度等级下接头抗弯承载能力曲线重合，此时螺栓强度对于接头承载力的影响基本消失。从前述推导可知，在接头轴力增大的过程中，接头破坏时螺栓可能处于受压区，此时螺栓受力为零，因此对接头抗弯承载力的贡献也为零。当偏心距小于 0.108m 时，随着偏心距的减小，螺栓强度对于接头承载能力曲线的影响逐步减小。从轴力大小的角度考虑，在接头轴压较小时，使用更高强度的螺栓可以适当提升接头抗弯承载能力，当轴压高于某一阈值后至接头破坏螺栓对于抗弯承载无作用(在不考虑螺栓预紧力的前提下)。

3. 螺栓直径对承载力的影响

图 4-92 所示工程实例中管片接头所采用的环向螺栓直径为 36mm，为比较不同螺栓直径对于接头承载力的影响，分别计算了螺栓直径为 32mm、34mm、36mm、38mm 和 40mm 的接头抗弯承载力曲线，如图 4-97 所示。

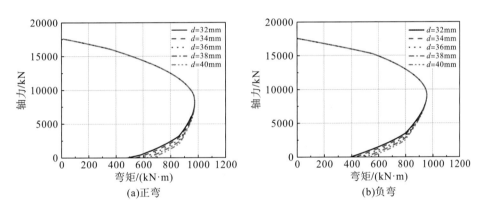

图 4-97 不同螺栓直径下接头抗弯承载力曲线

可见，螺栓直径变化对于接头抗弯承载力的影响与接头偏心距有关，随着偏心距的增大，螺栓直径对接头承载能力的影响逐渐减弱；当偏心距小于某一阈值时(图 4-95 中该值为 0.108m)，螺栓直径对于承载力的影响减小为零。结合螺栓强度对于接头承载能力的影响可以看出，通过改变螺栓强度和直径提升接头抗弯承载力的理念具有局限性：①该理念对于接头抗弯承载能力的增大作用有限；②该理念只在接头轴压较低或偏心距较大时具有一定作用。

4.4.3 管片错台对接头抗弯性能的影响

4.4.3.1 数值模型

建立数值模型，如图 4-98 所示，采用六面体弹塑性模型，从左到右分别是左支座、左混凝土管片、螺栓、右混凝土管片、右支座。其中，混凝土管片中施加钢筋，其位置及螺栓位置如图 4-98 所示。

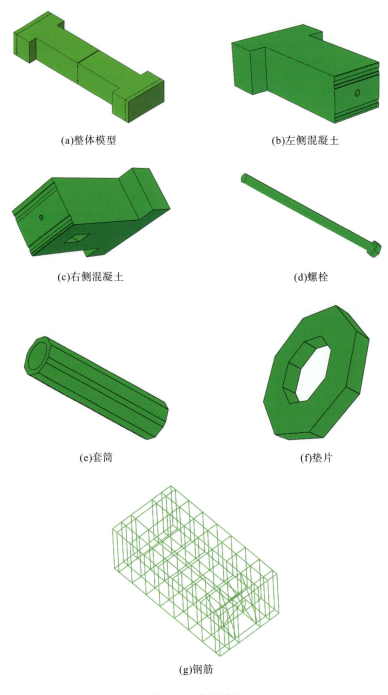

(a)整体模型   (b)左侧混凝土

(c)右侧混凝土   (d)螺栓

(e)套筒   (f)垫片

(g)钢筋

图 4-98   数值模型

4.4.3.2   荷载施加方式

模型承受荷载包括管片轴力、管片竖向位移、管片弯矩以及螺栓预紧力。其中螺栓预紧力在计算初始沿螺栓轴向施加，随后施加管片轴力。之后施加一定量的管片竖向位移，即错台量。待错台量施加完成后，再通过施加剪力的办法施加弯矩。

在整体笛卡儿坐标系中对平板形斜螺栓管片接头进行三维建模分析。考虑到盾构隧道管片结构的承载、变形及其影响因素，对管片内侧远离接触面底边施加铅直约束，而在水平面内允许其自由变形。计算力学模型及约束施加如图 4-99 所示。结合结构的几何对称性，计算选取 1/3 管片幅宽进行研究，而在对称面施加水平面约束。

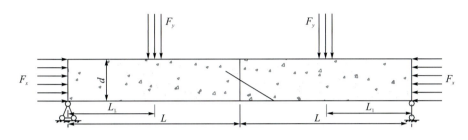

图 4-99　模型加载示意图

4.4.3.3　计算工况

本次计算中，将管片轴力固定为 2000kN，竖向荷载最大为 1000kN。错台量分为 5mm、10mm、15mm 三个等级，并按负弯逆向错台、负弯顺向错台、正弯逆向错台、正弯顺向错台的方式分别施加荷载，总计 12 个工况。

4.4.3.4　计算结果分析

水平荷载 2000kN，最大竖向荷载 1000kN 保持不变。

1. 负弯逆向错台

1）错台量 5mm

混凝土应力如图 4-100～图 4-105 所示。

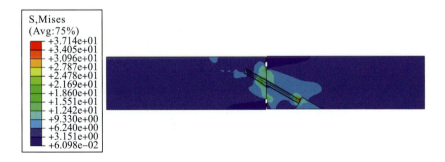

图 4-100　错台后混凝土应力/MPa

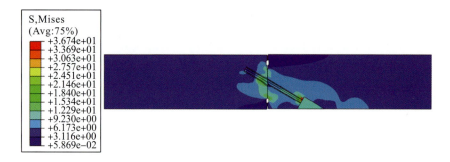

图 4-101   弯矩为 44kN·m 时混凝土应力/MPa

图 4-102   弯矩为 100kN·m 时混凝土应力/MPa

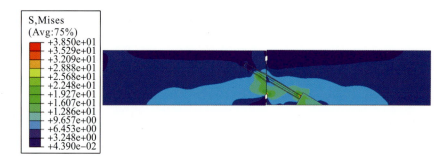

图 4-103   弯矩为 150kN·m 时混凝土应力/MPa

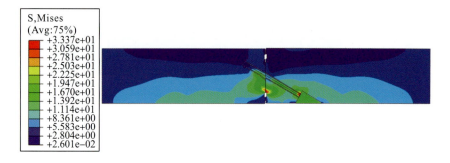

图 4-104   弯矩为 224kN·m 混凝土应力/MPa

图 4-105　弯矩为 253kN·m 时混凝土应力/MPa

螺栓应力如图 4-106～图 4-111 所示。

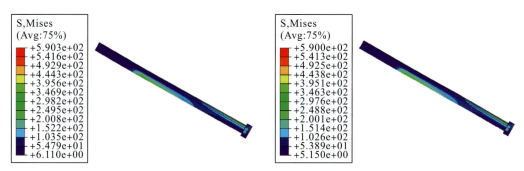

图 4-106　错台后螺栓应力/MPa　　　　　图 4-107　弯矩为 44kN·m 时螺栓应力/MPa

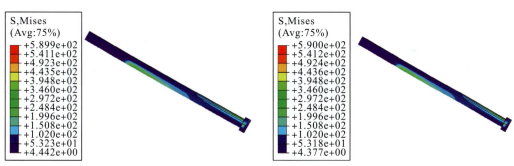

图 4-108　弯矩为 100kN·m 时螺栓应力/MPa　　　图 4-109　弯矩为 150kN·m 时螺栓应力/MPa

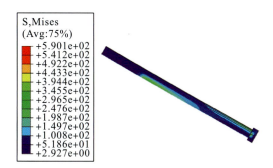
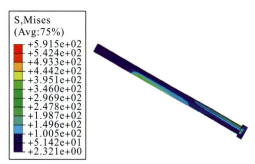

图 4-110　弯矩为 224kN·m 时螺栓应力/MPa　　图 4-111　弯矩为 253kN·m 时螺栓应力/MPa

2）错台量 10mm

混凝土应力如图 4-112～图 4-117 所示。

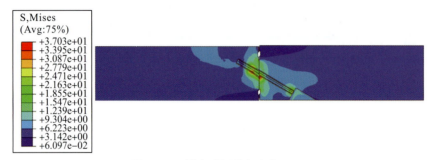

图 4-112　错台后混凝土应力/MPa

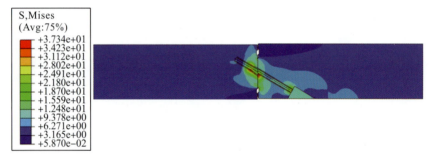

图 4-113　弯矩为 44kN·m 时混凝土应力/MPa

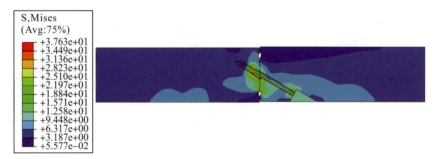

图 4-114　弯矩为 100kN·m 时混凝土应力/MPa

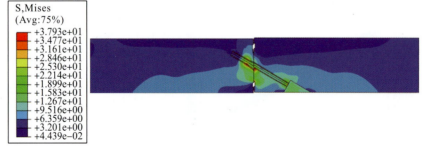

图 4-115　弯矩为 150kN·m 时混凝土应力/MPa

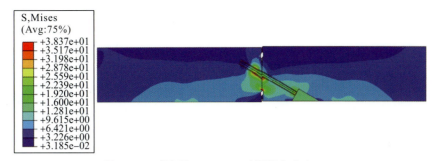

图 4-116　弯矩为 196kN·m 时混凝土应力/MPa

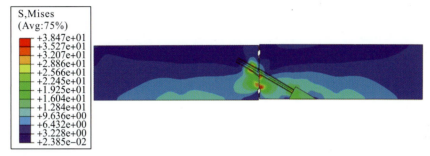

图 4-117　弯矩为 254kN·m 时混凝土应力/MPa

螺栓应力如图 4-118～图 4-123 所示。

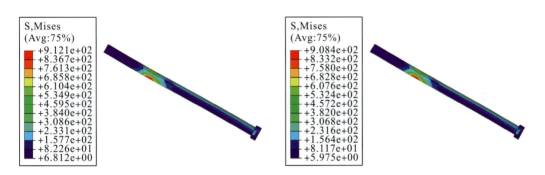

图 4-118　错台后螺栓应力/MPa　　　　　　图 4-119　弯矩为 44kN·m 时螺栓应力/MPa

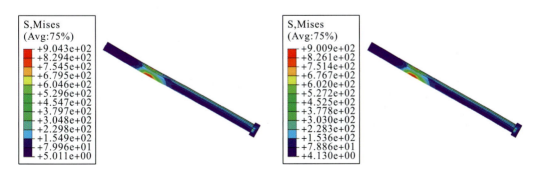

图 4-120　弯矩为 100kN·m 时螺栓应力/MPa　　　图 4-121　弯矩为 150kN·m 时螺栓应力/MPa

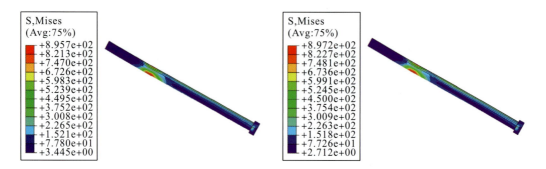

图 4-122 弯矩为 196kN·m 时螺栓应力/MPa   图 4-123 弯矩为 254kN·m 时螺栓应力/MPa

3) 错台量 15mm

混凝土应力如图 4-124～图 4-129 所示。

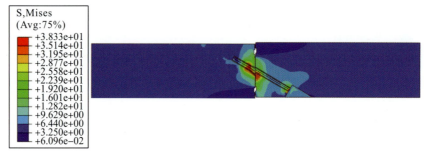

图 4-124 错台后混凝土应力/MPa

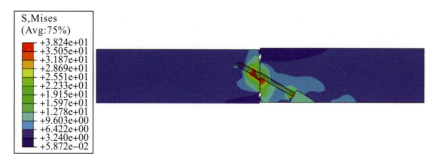

图 4-125 弯矩为 44kN·m 时混凝土应力/MPa

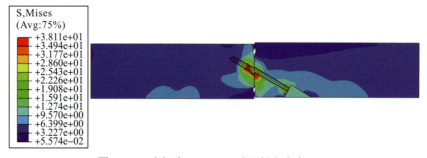

图 4-126 弯矩为 100kN·m 时混凝土应力/MPa

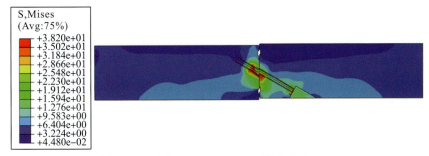

图 4-127　弯矩为 150kN·m 时混凝土应力/MPa

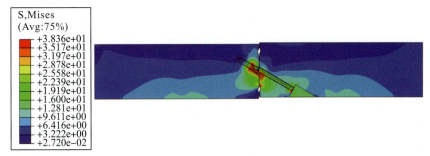

图 4-128　弯矩为 224kN·m 时混凝土应力/MPa

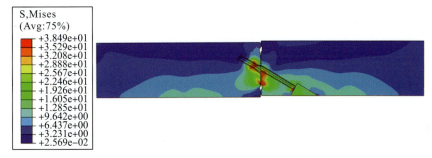

图 4-129　弯矩为 253kN·m 时混凝土应力/MPa

螺栓应力如图 4-130～图 4-135 所示。

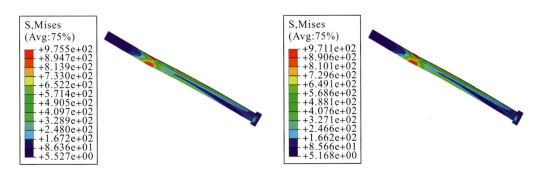

图 4-130　错台后螺栓应力/MPa　　　　　　图 4-131　弯矩为 44kN·m 时螺栓应力/MPa

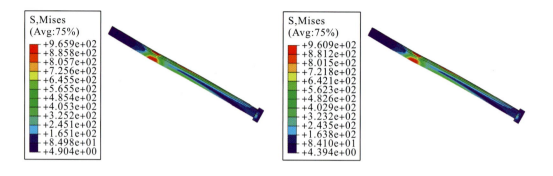

图 4-132　弯矩为 100kN·m 时螺栓应力/MPa　　　　图 4-133　弯矩为 150kN·m 时螺栓应力/MPa

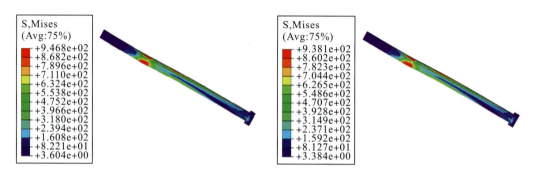

图 4-134　弯矩为 224kN·m 时螺栓应力/MPa　　　　图 4-135　弯矩为 253kN·m 时螺栓应力/MPa

4) 小结

根据应力图分析,错台变化过程会使接头和螺栓受剪。随着错台量增加,螺栓和接头受到的剪切作用变强,对应混凝土和螺栓的最大应力与高应力作用区域也变大。如在错台量为 5mm 时,最大应力仅在手孔与螺栓接触处出现;当错台量增加到 10mm 和 15mm 后,最大应力开始在螺栓与管片相剪处出现,且作用区域逐渐向周围扩大。

此外,错台量的增加还会降低接头和螺栓的抗弯能力,使得后两者在弯矩作用下的受荷作用更明显,变形也更显著。

分析表 4-30 中的数据可知,错台量从零开始增加到 5mm 和 10mm 时,对应的接头竖向位移与接头张开量随之增加;但当错台量继续增大到 15mm 时,对应的接头竖向位移与接头张开量反而开始减小。

表 4-30　负弯逆向错台时接头竖向位移与接头张开量

错台量/mm	接头竖向位移/mm	接头张开量/mm
5	4.13673	1.371564
10	4.67945	1.892573
15	3.80421	1.762346

观察图 4-136(a)可知,接头竖向位移随弯矩增大而增大,且相同弯矩下,错台量越小,

对应接头竖向位移越大。观察图 4-136(b)可知,接头张开量随弯矩增大而增大,且受错台量影响较小。

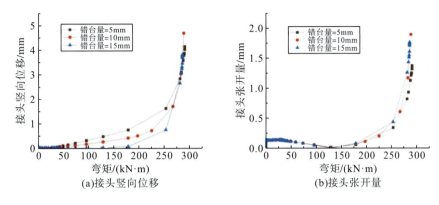

图 4-136 负弯逆向错台下接头变形

2. 负弯顺向错台

根据应力图分析,错台变化过程会使接头和螺栓受剪。随着错台量增加,螺栓和接头受到的剪切作用变强,对应混凝土和螺栓的最大应力与高应力作用区域也变大。如在错台量为 5mm 时,最大应力仅在手孔与螺栓接触处出现;当错台量增加到 10mm 和 15mm 后,最大应力开始在螺栓与管片相剪处出现,且作用区域逐渐向周围扩大。此外,错台量的增加还会降低接头和螺栓的抗弯能力,使得后两者在弯矩作用下的受荷作用更明显,变形也更显著。

分析表 4-31 中的数据可知:随着错台量从零开始增加到 5mm、10mm 和 15mm,对应的接头竖向位移随之增大,但增长速率放缓。随着错台量从零开始增加到 5mm,对应接头张开量增大;当错台量继续增加到 10mm 后,接头张开量不再继续随之增长;而当错台量继续增加到 15mm 后,对应接头张开量则开始减小。

表 4-31 负弯顺向错台时接头竖向位移与接头张开量

错台量/mm	接头竖向位移/mm	接头张开量/mm
5	8.11364	2.35413
10	8.65261	2.356078
15	8.76077	2.20998

观察图 4-137(a)可知,接头竖向位移随弯矩增大而增大,且相同弯矩下,错台量越大,对应接头竖向位移越大,但最终位移落点相近。观察图 4-137(b)可知,接头张开量随弯矩增大而增大,当弯矩较小(小于 150kN·m)时,受错台量影响较小;当弯矩变大,张开量有随错台量增大而增大的趋势,但落点反而随错台量增大而提前。

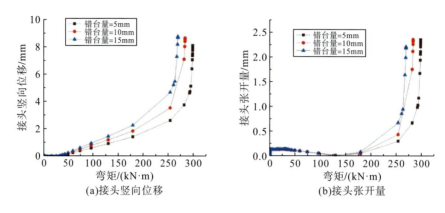

(a)接头竖向位移   (b)接头张开量

图 4-137   负弯顺向错台下接头变形

3. 正弯逆向错台

根据应力图分析，错台变化过程会使接头和螺栓受剪。随着错台量增加，螺栓和接头受到的剪切作用变强，对应混凝土和螺栓的最大应力与高应力作用区域也变大。如在错台量为 5mm 时，最大应力仅在手孔与螺栓接触处出现；当错台量增加到 10mm 和 15mm 后，最大应力开始在螺栓与管片相剪处出现，且作用区域逐渐向周围扩大。此外，错台量的增加还会降低接头和螺栓的抗弯能力，使得后两者在弯矩作用下的受荷作用更明显，变形也更显著。

分析表 4-32 中的数据可知：随着错台量从零开始增加到 5mm、10mm 和 15mm，对应的接头竖向位移值随之增大，且增长速率增大。随着错台量从零开始增加到 5mm，对应接头张开量增大；当错台量继续增加到 10mm 后，接头张开量不再随之增长；而当错台量继续增加到 15mm 后，对应接头张开量又开始继续增大。

表 4-32   正弯逆向错台时接头竖向位移与接头张开量

错台量/mm	接头竖向位移/mm	接头张开量/mm
5	−4.95233	0.677141
10	−5.47777	0.6725323
15	−7.88574	1.126115

观察图 4-138(a)可知，接头竖向位移的值随弯矩增大而增大，且相同弯矩下，错台量越大，对应接头竖向位移的值越大。观察图 4-138(b)可知，接头张开量随弯矩增大而增大，当弯矩较小(小于 150kN·m)时，受错台量影响较小；当弯矩变大，张开量有随错台量增大而增大的趋势。

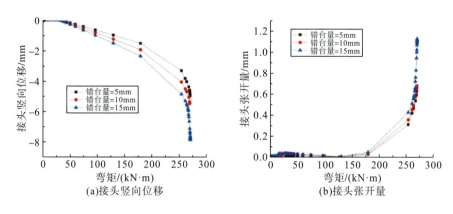

图 4-138　正弯逆向错台下接头变形

4. 正弯顺向错台

根据应力图分析，错台变化过程会使接头和螺栓受剪。随着错台量增加，螺栓和接头受到的剪切作用变强，对应混凝土和螺栓的最大应力与高应力作用区域也变大。如在错台量为 5mm 时，最大应力仅在手孔与螺栓接触处出现；当错台量增加到 10mm 和 15mm 后，最大应力开始在螺栓与管片相剪处出现，且作用区域逐渐向周围扩大。此外，错台量的增加还会降低接头和螺栓的抗弯能力，使得后两者在弯矩作用下的受荷作用更明显，变形也更显著。

分析表 4-33 中的数据可知：随着错台量从零开始增加到 5mm、10mm 和 15mm，对应的接头竖向位移值随之增加，但增长速率放缓。随着错台量从零开始增加到 5mm，对应接头张开量增大；当错台量继续增加到 10mm 后，接头张开量继续随之增长，但增长速率放缓；而当错台量继续增加到 15mm 后，对应接头张开量与 10mm 时相比有一定增大，但增长幅度大大减小。

表 4-33　正弯顺向错台时接头竖向位移与接头张开量

错台量/mm	接头竖向位移/mm	接头张开量/mm
5	−5.36146	1.154525
10	−3.65747	0.83817
15	−3.02572	0.816908

观察图 4-139(a) 可知，接头竖向位移随弯矩增大而增大。当弯矩较小(小于 150kN·m) 时，错台量越小，对应接头竖向位移越大；当弯矩变大，接头竖向位移有随错台量增大而增大的趋势，但最终位移落点仍与错台量反相关。观察图 4-139(b) 可知，接头张开量随弯矩增大而增大，当弯矩较小(小于 150kN·m) 时，受错台量影响较小；当弯矩变大，张开量有随错台量增大而增大的趋势，但落点反而随错台量增大而提前。

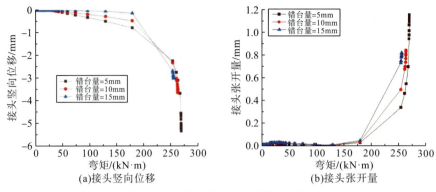

(a)接头竖向位移   (b)接头张开量

图4-139   正弯顺向错台下接头变形

5. 接头抗弯刚度

不同错台量和不同加载方式下,管片接头刚度曲线如图4-140所示。可以看到,在其他条件不变的情况下,管片所受弯矩越大,对应的接头抗弯刚度越小,这说明弯矩的增大会改变管片受力状态,从而削弱接头的抗弯刚度。

此外,错台方向和弯矩方向也对接头抗弯刚度有影响:当错台方向和弯矩方向相异(负弯顺向和正弯逆向)时,错台量越小,接头的抗弯刚度越小,此时错台量对接头的抗弯刚度是不利的;当错台方向和弯矩方向相同(负弯逆向和正弯顺向)时,随着错台量的增大,接头的抗弯刚度反而显著变大,此时错台量对接头的抗弯刚度是有利的。

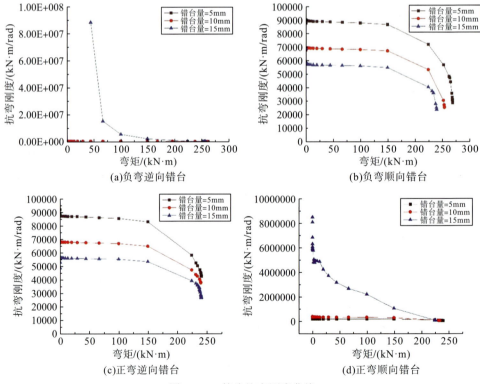

(a)负弯逆向错台   (b)负弯顺向错台

(c)正弯逆向错台   (d)正弯顺向错台

图4-140   接头抗弯刚度曲线

4.5　本 章 小 结

本章提出了施工期环缝错台量计算方法及采用凹凸榫控制错台量的结构技术,研究了环缝面不平整对衬砌结构受力和开裂的影响,并对错台对纵向应力松弛的影响等问题进行了探讨,建立了管片纵缝抗弯承载力理论模型,将理论结果与接头足尺试验结果进行对比,所得主要结论如下:

(1)管片环间错台是盾构隧道施工中最常见的问题,为探明隧道施工过程中同步注浆浆液浮力引起的管片错台规律,提出了"从整体受力状态分析到局部变形计算"的管片环间错台量的计算方法,分别建立了盾构隧道施工期纵向分析模型与管片环间错台量计算模型,对不同直径、不同埋深、不同浆液凝固时间、不同掘进速度、不同围岩条件、不同壁后间隙条件下施工期隧道结构纵向受力、管片环间错台量进行了计算与对比分析,并在工程现场进行了对比验证,为采取环间错台控制措施提供了理论依据。

(2)单环衬砌环间发生错台时,对邻近环管片的纵向应力松弛演变几乎没有影响;而当错台在相邻衬砌环间连续发生时,将对纵向应力传递产生较大的影响并一直延续到纵向应力松弛的稳定阶段。因此,合理控制错台量是提高结构永久安全性的一个关键因素。

(3)发明了"分布式凹凸榫"环间抗剪结构,并与螺栓一起形成了新型的环间连接方式,对其效果进行了数值模拟、模型试验和现场试验,可有效控制环缝错台量(根据需要控制在 5~10mm),极大提高了接缝防水可靠性和整体承载能力。

(4)由于管片制作尺寸误差不可避免,设计中必须考虑环缝面不平整对管片结构受力的影响。由环缝面不平整产生的纵向不均匀接触荷载既可能是施工荷载,也可能是使用阶段的一个可变荷载,在施工阶段和运营阶段均需要考虑该荷载的影响。

(5)现有规范仅对管片环向强度的设计方法进行了规定。本章对不同环缝面构造、不同环缝面不平整度时单块管片在施工阶段和使用阶段可能出现的纵向受力最不利情况进行研究,提出了管片作为构件的纵向设计方法,即:在采用最不利纵向荷载时,建议取 1.0Δ(Δ 为环宽允许偏差)作为环缝面不平整度设计值,计算所得管片纵向弯矩与管片横向内力组合后按双向偏压构件对管片进行配筋,且纵向弯矩产生的裂缝开展宽度不应大于 0.1mm。该成果完善了管片结构设计理论,成功解决了管片纵向开裂渗漏水难题。

(6)国内以往设计规范缺少对纵缝强度的计算方法,本章建立了盾构隧道管片接头抗弯承载力理论模型,对接头抗弯承载力进行了理论解析,将理论结果与接头足尺试验结果进行对比,验证了计算模型的正确性。研究发现管片接头抗弯承载力曲线具有明显的非线性特征,可以分为螺栓先屈服和螺栓未屈服两段。在螺栓先屈服的破坏类型中,接头极限弯矩随着轴力的增大而增大;在螺栓未屈服的破坏类型中,随着轴力的增大,接头极限弯矩呈先增大后减小的规律变化。提升混凝土强度对于提高管片接头整体的抗弯承载能力有明显的作用,而螺栓直径和螺栓强度对于接头抗弯承载能力的影响受轴压条件的控制,轴力较小时影响较大,轴压较大时影响效果逐步减弱,当轴力高于某一阈值后,螺栓的参数对于抗弯承载力无影响。

参 考 文 献

[1] 李燊, 丁文其, 杨林松, 等. 盾构隧道管片接缝渗漏水嵌缝处理试验研究[J]. 现代隧道技术, 2021, 58(05): 167-172.

[2] 张稳军, 曹文振. 地震下大断面盾构隧道接缝力学及防水性能研究[J]. 岩土工程学报, 2021, 43(04): 653-660.

[3] 张稳军, 张高乐, 李宏亮, 等. 盾构隧道管片接缝密封垫防水性能及受施工荷载影响研究[J]. 中国公路学报, 2020, 33(12): 130-141.

[4] 李翔宇, 王志良, 刘铭, 等. 基于管片错台的通缝拼装盾构隧道纵向变形安全评估[J]. 现代隧道技术, 2011, 48(06): 27-31.

[5] 杨帆. 穿黄超大断面盾构隧道纵向结构性状及设计模式研究[D]. 济南: 济南大学, 2019.

[6] 姚家晨, 杨建喜, 曾东, 等. 考虑环间接头力学特性的盾构隧洞纵向分析模型[J]. 水利水运工程学报, 2022(04): 114-122.

[7] 肖明清, 谢宏明, 王士民, 等. 盾构隧道管片接缝防水体系演化历程与展望[J]. 隧道建设(中英文), 2021, 41(11): 1891-1902.

[8] 王祖贤, 施成华, 龚琛杰, 等. 邻近车站(工作井)基坑开挖对下卧盾构隧道影响的解析计算方法[J]. 岩土力学, 2022, 43(08): 2176-2190.

[9] 王祖贤, 施成华, 刘建文. 非对称推力作用下盾构隧道附加响应的解析解[J]. 岩土力学, 2021, 42(09): 2449-2460.

[10] 日本土木学会. 隧道标准规范(盾构篇)及解说[M]. 朱伟, 译. 北京: 中国建筑工业出版社, 2001.

[11] 张志强, 朱敏, 何川. 盾构隧道纵向刚度计算方法以及影响因素研究[J]. 现代隧道技术, 2008, 45(S1): 198-202.

[12] 肖明清, 封坤, 张忆, 等. 盾构隧道同步注浆浆液浮力引起的管片错台量分析[J]. 隧道建设(中英文), 2021, 41(12): 2048-2057.

[13] 丁宇能. 盾构隧道壁后注浆材料物理力学性质试验研究[D]. 南京: 东南大学, 2017.

[14] 舒瑶, 季昌, 周顺华, 等. 考虑地层渗透性的盾构隧道施工期管片上浮预测[J]. 岩石力学与工程学报, 2017, 36(S1): 3516.

[15] 李明宇, 余刘成, 陈健, 等. 粉质黏土中大直径泥水盾构隧道管片上浮及错台现场测试分析[J]. 铁道科学与工程学报, 2022, 19(6): 1705-1715.

[16] 桑运龙, 刘学增, 张强. 基于螺栓-凹凸榫连接的地铁盾构隧道管片环缝接头刚度分析及应用[J]. 隧道建设(中英文), 2020, 40(01): 19-27.

[17] 刘迅, 封坤, 肖明清. 盾构隧道新型分布榫式管片结构的局部原型试验研究[J]. 工程力学, 2022, 39(01): 197-208.

[18] 刘兴旺, 吴才德, 边学成, 等. 软土地层工程建设对邻近地铁隧道扰动控制关键技术与工程应用[J]. 建设科技, 2022(07): 87-90.

[19] 朱俊, 李小军, 梁建文. 地震波斜入射地下隧道地震响应: 2.5 维 FE-BE 耦合模拟[J]. 岩土工程学报, 2022, 44(10): 1846-1854.

[20] 叶继红, 李俊杰. 盾构隧道管片及接头耐火试验[J]. 中国公路学报, 2022, 35(09): 331-339.

[21] 华晓晔, 周全, 丁鸿志. 外力作用下夹江盾构隧道纵向沉降特征及其影响分析[J]. 建筑技术开发, 2021, 48(17): 112-114.

[22] 徐培凯. 盾构隧道分布式凹凸榫环间接头抗剪性能研究[D]. 成都: 西南交通大学, 2021.

[23] 张璐. 曲线盾构施工期管片上浮机理及控制措施研究[J]. 铁道建筑技术, 2022(10): 149-153.

[24] 彭益成, 龚琛杰, 丁文其, 等. 考虑管片接头渗流的盾构隧道流固耦合模型研究[J]. 土木工程学报, 2022, 55(04): 95-108.

[25] 焦亚基, 雷晗. 盾构隧道管片接头螺栓力学行为研究[J]. 特种结构, 2022, 39(04): 47-53.

[26] 邓一三, 李德明, 陈代秉. 钢纤维混凝土管片顶推工况下的力学响应试验[J]. 重庆交通大学学报(自然科学版), 2022, 41(08): 127-133.

[27] 肖明清, 张忆, 薛光桥. 盾构法隧道管片环缝面不平整对结构受力影响研究[J]. 隧道建设(中英文), 2020, 40(02): 153-161.

[28] 陈俊生, 莫海鸿. 盾构隧道管片施工阶段力学行为的三维有限元分析[J]. 岩石力学与工程学报, 2006(S2): 3482-3489.

[29] 赵瑞. 湛江湾跨海盾构隧道衬砌结构静力特性研究[D]. 广州: 华南理工大学, 2018.

[30] 王金昌, 谢家冲, 黄伟明. 盾构隧道衬砌非线性力学响应分析综述[J]. 隧道建设(中英文), 2021, 41(S2): 22-35.

[31] 张勇. 地面堆载对既有盾构隧道的影响研究[D]. 徐州: 中国矿业大学, 2020.

[32] 张琪. 静动力作用下盾构隧道常用接头力学性能研究[D]. 天津: 天津大学, 2019.

[33] 刘义. 地下铁道并行盾构隧道扩建车站结构的理论与试验研究[D]. 北京: 北京工业大学, 2018.

[34] 赵青. 盾构隧道三维数值分析方法与衬砌力学特性研究[D]. 成都: 西南交通大学, 2017.

[35] 朱磊. 盾构管片接头转动刚度衰减对衬砌的影响分析[D]. 郑州: 郑州大学, 2017.

[36] 肖明清, 封坤, 张力, 等. 盾构隧道管片接头抗弯承载力计算模型研究[J]. 土木工程学报, 2019, 52(11): 108-119.

[37] 封坤, 何川, 肖明清. 高轴压作用下盾构隧道复杂接缝面管片接头抗弯试验[J]. 土木工程学报, 2016(8): 99-110, 132.

[38] 杨雨冰, 谢耀雄. 基于断裂力学的盾构隧道管片结构开裂破损机制探讨[J]. 岩石力学与工程学报, 2015, 34(10): 2114-2124.

第5章　防水与结构一体化的非预埋监测系统

现有隧道结构健康监测技术主要分为机电型传感监测技术和光纤型传感监测技术[1-6]，这些监测技术均只能采用预埋传感器的方式，仅能监测极少数的管片。对于采用拼装式衬砌的盾构隧道，真正最危险、最需要监测的是施工中因各种原因引起的"缺陷管片"（即破损、开裂、严重错台管片），同时管片内力和安全系数也随施工参数而变化，但施工参数具有随机性，且经常波动较大，导致"缺陷管片"和"安全系数最小管片"的位置难以预料，也就难以进行传感器预埋，存在"该测无法测"的难题[7]。鉴于此，本章提出盾构法隧道非预埋式结构内力监测技术，在此基础上，开发一套盾构隧道结构内力反演的软件系统，可实现对隧道全域的监测，可全面了解隧道完工后的实际状态，为全面排查隧道结构与防水风险提供技术支撑。

5.1　非预埋式结构内力监测技术

5.1.1　现有盾构隧道结构内力监测方法概述

1. 隧道结构健康监测系统的组成

隧道结构健康监测系统是结构健康监测技术在隧道工程领域的应用，针对隧道的结构特点和应用场合，其结构健康监测系统一般包括[8]：

(1)隧道结构变形、内力及环境参数采集监测系统。

(2)隧道结构安全运营预警报警系统。

(3)隧道结构安全性评价及健康状况评估分析系统。

(4)隧道结构安全预案及应对措施分析系统。

如图5-1所示，隧道结构健康监测系统一般由3部分组成：监测、诊断、评价。

2. 隧道结构健康监测系统的特点

1)隧道结构的特殊性

所谓"隧道结构"与一般意义上的其他建(构)筑物结构不同，不仅包括结构本身，而且还包括隧道周边一定范围内的地层，从广义上说"隧道结构"为"地层结构"[9]。

隧道结构的受力、变形是通过地层作用在隧道结构上，同时隧道结构对地层有反作用，两者均作为结构的一部分。因此，隧道结构健康监测除了要对结构进行监测外，还要对周边的地层进行监测，这就使得隧道结构健康监测既具有一般结构健康监测的共性，又具有其自身的特性。

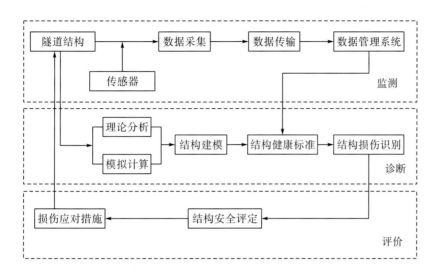

图 5-1　隧道结构健康监测系统基本构成

2) 监测时机的连续性

隧道施工对其周边地层产生扰动，即造成某种程度的损伤[10-13]。施工过程中监控量测起到保证施工安全并反馈指导施工的作用，因此，施工中的监控量测可以归结为隧道结构健康监测的一部分，并可称之为"施工期隧道结构健康监测"。

而通常意义上的结构健康监测[14]，主要是为了保证隧道修建完成后，能够按照设计要求，健康、正常地承担运营任务，所以可称为"运营期隧道结构健康监测"。该阶段地层与结构的应力从施工阶段进行调整，逐步趋于新的平衡，健康监测是在新的平衡基础上评价结构受环境影响的程度。

3) 结构敏感度

隧道为地下工程，其特点决定了结构与地层的统一性。隧道施工和运营期间对隧道结构的影响因子有很多，影响程度不同，不确定因素很大，对于地面建筑、桥梁等荷载明确、受力直接的结构物而言，隧道外部荷载的变化大部分必须通过地层才能反映到结构上，其中地层对荷载变化的吸收或转移是地下工程的一大难题[15,16]。因此，隧道结构对外荷载的敏感度不直接，其影响程度需进一步研究。

同时结构敏感度的问题带来了监测数据的采集传输系统要求，即隧道结构健康监测频率要求没有桥梁等结构物高，但对于监测仪器的精度要求则基本一致。

4) 监测仪器的耐久性与埋设问题(全寿命健康监测)

现场监测工作，尤其是传感器数据采集技术是整个工作的基础，如果采集不到真实、有效、合理的数据，则后续所有工作都将无法开展，从而导致整个隧道结构健康监测系统失去其根本意义。而隧道工程与桥梁工程健康监测最大的区别是监测仪器的耐久性和埋设问题，桥梁健康监测仪器大部分设置在结构的表面，且具备可更换性，而隧道外侧即为地层，大部分监测元件必须预埋，且不可更换，这对仪器的选择提出了较高要求。

5)健康监测评估系统的研究不成熟

隧道结构的荷载取值和计算模型均存在一定的精度问题，导致结构健康状况的评估也存在精度的问题[17]。

3. 盾构法隧道结构健康监测断面选择

隧道横断面监测断面选择的原则是：

(1)选取结构荷载差异较大的代表性断面。

(2)选取对水位变化、地震等作用敏感的断面。

(3)选取环境作用影响严重的断面。

4. 盾构法隧道结构健康监测的主要内容

隧道结构健康监测的主要对象是土体介质、隧道结构、隧道材料和周围环境，监测的部位包括土体和隧道结构，监测类型主要是地层水土压力和水位变化、结构内力、外力、变形以及材料的耐久性。

隧道健康监测的内容有：

(1)隧道位移变形：隧道净空收敛、纵向沉降、接头接缝张开度。

(2)隧道围岩荷载：隧道外侧水压力、土压力。

(3)隧道结构受力：钢筋应力、混凝土应变、螺栓锚固力、接头接缝的接触力。

(4)环境条件变化：水位、河(海)床断面及工程区域的地面沉降。

(5)结构耐久性参数：混凝土的碳化侵蚀、氯离子渗透深度等。

(6)结构渗漏水：渗漏部位、水量、含沙量等。

5. 隧道结构健康监测仪器

根据监测仪器的特点，隧道结构健康监测技术主要可分为两类：机电型传感监测技术、光纤型传感监测技术[18]。前者主要应用于施工过程监测监控中，后者的应用也正在不断研究和推广。

1)传统机电类传感监测技术

传统机电类传感监测技术主要是指振弦式、差动电阻式、电感式、电阻应变片式等传统机械或电子传感技术。此类技术发展时间较长，也较为成熟，已经广泛应用于大坝和岩土工程监测中。隧道施工期间的健康监测，主要采用的监测仪器就是振弦式或差动电阻式仪器。相关的各种监测传感器元件已经基本覆盖了岩土工程监测的各个方面，具有很强的适用性，且具有使用灵活、埋设简便以及价格相对较低等优点。

(1)非接触式量测技术

目前非接触式量测技术发展较快，非接触式量测技术主要包括全站仪自由设站量测技术、近景摄影(经纬仪、普通相机、数码相机)量测技术、巴塞特收敛系统、激光断面仪量测技术等。不同非接触式量测技术的特点见表5-1。

表 5-1　隧道位移非接触式量测技术特点表

非接触式量测技术	测量过程	适应性		监测内容	精度/mm	价格	应用现状
		环境要求	工法实用性				
全站仪自由设站	较简便,对施工干扰小	要求较低	各种工法	三维绝对位移、净空收敛	≤1	一般	已应用实际工程
近景摄影 经纬仪	复杂,对施工干扰大	要求较高	有局限性	超、欠挖判断	1~5	昂贵	推广难
近景摄影 普通相机	复杂,对施工干扰小			超、欠挖判断	1.5	便宜	推广难,将会淘汰
近景摄影 数码相机	复杂,对施工干扰小			三维绝对位移、净空收敛	≤1	便宜	实验室研发阶段,技术不成熟
巴塞特收敛系统	仪器安装难度大	无要求	有局限性	自动记录断面变形过程	≤1	昂贵	已实际应用
激光断面仪	较简便,对施工干扰小	要求较低	多种施工方法	超、欠挖判断	2	一般	已实际应用

(2)SAA 围岩监测技术

SAA(shape accel array)是一种灵活的、校准的三维量测系统(图 5-2),内部由三种微电子机械系统(MEMS)加速度计组成,具有自动、高频、实时量测的特点。成兰铁路隧道针对大变形、断裂破碎带地段,在部分隧道配置了该系统。该系统首次用于隧道围岩变形的实时监测、预警,取得了较好的监测效果。隧道初期支护施作完成后,该监测系统布设在隧道初期支护表面。

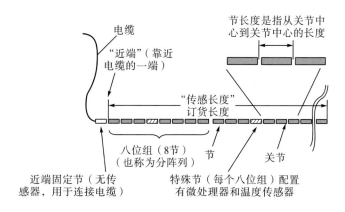

图 5-2　SAA 组成图

通过 SAA 在部分隧道中的应用情况,可知其特点如下:

(a)重复性。SAA 可轻便拆卸后用于其他断面的监测,进行重复利用。

(b)实时性。安装完成并启动监测后,系统可最小间隔 30min 监测一次,实现高频次、实时监测、预警与及时向管理人员反馈现场监测情况;自动化程度较高。

(c)SAA 可以进行数据自动采集、传输和预警。适用于地质条件复杂地段隧道收敛变形的监测预警。

(d)抗干扰能力强。不受洞内粉尘及噪声影响；无须占用施工道路，对施工影响小；免维护。在量程范围内只要无外力破坏，可长期免于维护。

传统机电类传感监测技术最大的缺点就是其属于点式测量，即仅能对其埋设位置附近的结构变异情况进行局部监测，如果要反映结构总体的变异情况，就必须在整个结构中大量埋设传感器元件，这显然是不可行的。

而长、大型隧道结构，从三维空间上而言，是一个相对较大的条状物体，且其结构健康状况与周边地层状况休戚相关。因此，在长达数公里范围内，仅仅通过局部个体状况来反映整个隧道结构的变异情况，难免不完全，使得某些异常情况无法得到及时反映。

2)新型光纤传感监测技术

光纤传感监测技术最早应用在航空航天领域，近年来随着这项技术的日趋成熟，逐渐开始在工程结构健康监测领域中开展应用。光纤传感技术是用光作为信息的载体，用光纤作为传递信息的介质，当待测区域受到应变、应力或温度变化等外因的扰动时，光信号传播到此处就会产生较大损耗，通过接收仪器就可以探测出这种损耗发生的位置、程度，从而确定出结构损伤位置。与传统监测技术相比，光纤传感技术具有抗电磁干扰、耐高温、抗腐蚀、体积小、重量轻等特点，尤其是容易实现分布式监测和长距离传输。从工程应用实例来看，光纤传感技术几乎可以在所有场合取代传统监测技术，从技术角度讲，可以克服传统监测方法的所有缺点。但光纤传感技术也存在一些明显缺点，如埋设方法要求高、对温度更加敏感，尤其是环境温度不均匀时温度修正较为复杂等，而且造价相对昂贵。

由于光纤既可作为感应元件，又可作为传输线路，因此理论上光纤传感技术可以实现对隧道结构全面的监测，弥补了传统监测技术的缺陷。根据其原理不同，光纤监测技术在隧道结构健康监测中主要有如下三种方式：SOFO 点式光纤传感技术、FBG 准分布式光纤传感技术、BOTDR 分布式光纤传感技术。

经过多年的研发，以 FBG(光纤光栅)、BOTDR(布里渊光时域反射)与 TDR(时域反射)为代表的光纤传感器监测技术已成为当今最为先进的岩土变形现场监测技术，其分布式、长距离、远程实时监控以及光纤耐久性好的特点正好弥补了传统监测技术的不足，因此已在国内外岩土工程界引起重视和推广。

5.1.2 现有盾构隧道结构内力监测与安全性评价存在的问题

现有盾构法隧道结构内力监测与安全性评价方法存在的主要问题如下：

1. 难以对最危险、最需要监测的部位进行监测

设计中，一般根据隧道所处地质条件、周边环境条件、远期规划条件等因素，选取设计过程中认为最不利、最危险的断面[19]进行监测，在该断面的管片内预埋好水土压力计、钢筋应力计、混凝土应力计等测试元器件，现场拼装后即可进行监测。但从结构长久健康来看，真正最危险、最需要长久监测的断面往往是施工中因各种原因引起的破损、开裂、严重错台等断面(简称"缺陷断面")，由于施工具有随机性，这些"缺陷断面"位置难以

预料，因而也难以进行元器件预埋。此外，隧道结构实际受力状态与施工参数直接相关，施工参数的变化会引起结构内力及最不利截面的显著变化，也就是说，设计中的安全系数最小位置实际上是随施工参数变化的，是不确定的，这也导致难以对安全系数最小位置进行元器件预埋。

2. 难以实现长久监测

预埋元器件的存活率难以达到100%，使用寿命短（常规机械式测量方法仅5～10年，光纤光栅元器件15年左右），且基本上无法实现更换与再布置。

3. 难以全隧道监测

出于成本原因，一般仅对少数几个断面预埋元器件，无法对所有管片都预埋[20]。

4. 盾构法隧道内力反演难度大

在盾构法隧道内力反演方面，国内外专家学者均采用从矿山法隧道演变而来的基于隧道净空收敛值的方法[21,22]，该方法对于山岭隧道相对较为适用，但盾构法隧道采用管片拼装而成，在拼装过程中，相邻管片之间存在错台、旋转，因而无法得出准确的净空收敛值，从而使管片内力反演结果存在极大误差，无法满足使用要求。

要解决现有的技术问题，基本思路就是：根据现场施工情况，针对出现施工缺陷的断面（破损、开裂、严重错台等），动态地增加测试元器件，保持对相应环管片的长久监测。需要解决的关键技术问题是：由于测试元器件采用后安装，测量值均为后续变化值，缺少结构内力的初始值，无法判定结构的安全状态。因此如何获取管片安装后（受力稳定后）的结构受力状态（长久监测初值），为后续补充设置健康监测系统提供初始值，是需要解决的关键技术问题。

5.1.3 非预埋式结构内力监测技术总体思路与实施步骤

1. 总体思路

根据施工过程中的需要，在出现施工缺陷的隧道断面，通过对管片尺寸变化实施精密测量，并基于稳定状态的反演分析和研究缺陷断面长久监测的必要性，有针对性地补充安装传感器元件，对其结构受力状态进行长久监测。当成本允许时，也可采用该方法对全隧道实施监测。

技术核心有两点：一是采用精密测量技术准确测量管片弧长（弦长）的变化和净空收敛；二是将常规的基于净空收敛的内力反分析改为基于结构环向变形与净空收敛相结合的反分析。

2. 具体实施步骤

实施步骤见图 5-3。

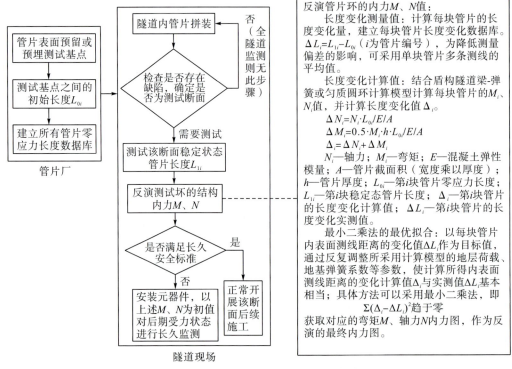

图 5-3　非预埋式结构内力监测及反演分析流程图

1) 第一步

管片预制生产时，在内表面预留固定的、能够长久保存的高精度定位测量基点，测量基点包括但不限于预埋钢锥、预留凹凸点、涂抹油漆等方式。测量基点应在管片内表面的中心点、四个角部、四个边长范围内设置，使得每块管片沿弧长方向有 3 条测线，每条测线至少有 3 个测点，并且每条测线上的相邻测点之间的弧面长度基本相等(图 5-4)。

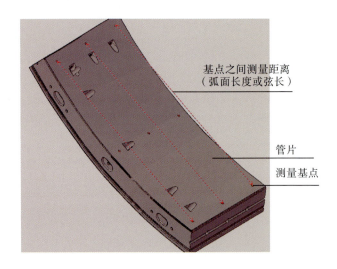

图 5-4　管片测量点预留预埋图及管片长度示意图

2）第二步

在管片拼装前测量基点之间的管片弧面长度（或弦长），获取管片"零应力"状态下的管片长度（L_{0i}）（i 为管片编号）。测量方法包括激光跟踪仪测量两点弦长进行换算、三维激光扫描仪扫描成像技术、粘贴线状应变或位移传感器测量及高精度摄像等，测量精度应控制在 0.1mm 以下。当采用三维激光扫描仪扫描成像技术时，可不预留或预埋第一步所述的测量基点。采用徕卡 ATS600 直接式激光跟踪仪测量时，误差小于 0.02mm，图 5-5 为采用该设备测量管片模具精度的情况。

图 5-5　徕卡 ATS600 直接式激光跟踪仪测量管片模具精度

3）第三步

待管片结构拼装后（图 5-6），根据现场实际情况，选定有缺陷的断面（破损、开裂、严重错台等）再次开展精密测量，获取管片变形稳定状态下的管片长度（L_{1i}）；计算"缺陷断面"内每块管片 3 条测线上各测点的长度变化值，将 3 条测线的平均距离变化值计为 $\Delta L_i = L_{1i} - L_{0i}$，同时测量多条测线的净空收敛变化值。

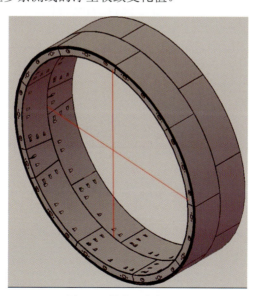

图 5-6　拼装后的管片环

4）第四步

针对"缺陷断面"的上述测量数据采用专用软件进行内力反演。

5）第五步

根据上述反演的内力，判断该断面安全系数是否足够，是否需要进行长久监测。如需要，则在"缺陷断面"内表面埋设后续监测元器件（一般为光纤传感器），将弯矩、轴力的反演值作为后续监测的初始值，建立长久监测体系。当后续传感器寿命失效后，可按上述方法，重新测量反演，获得该状态下的内力初值，更换传感器延续监测。

5.2 盾构隧道结构内力反演方法

5.2.1 结构力学分析模型

结构内力反演分析[23,24]采用的计算模型为盾构法隧道结构计算常用的匀质圆环模型（图5-7）、梁-弹簧模型（图5-8），也可以采用壳-弹簧模型、地层结构模型等[25]。

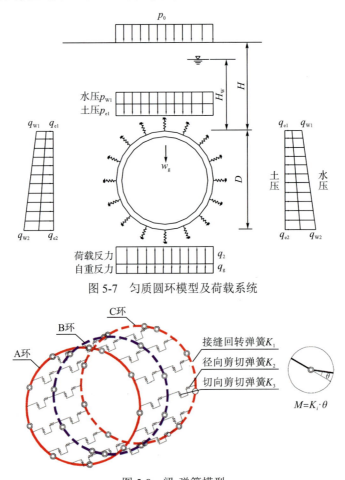

图 5-7 匀质圆环模型及荷载系统

图 5-8 梁-弹簧模型

　　盾构隧道反演参数主要为水平地应力、垂直地应力、地层模量、管片间弹簧转动模量、管片环间梁-弹簧剪切模量等。用户只需输入现场实测管片变形数据(图 5-9)，即可由反分析模块得到所需的待反演参数值[26]。

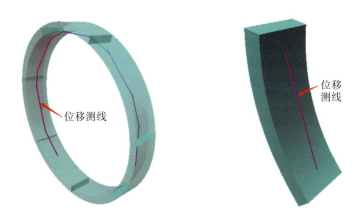

位移测线

位移测线

图 5-9　盾构管片结构位移测线示意图

　　基于盾构隧道管片现场变形实测数据，利用有限元分析方法反演结构力学状态，用于健康评价。基于现场实测位移，对隧道结构受力状态、围岩力学性能等参数反演的流程如图 5-10 所示。

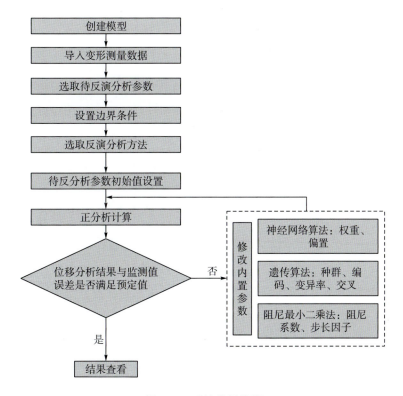

图 5-10　反演分析流程

5.2.2   反演分析全局最优解搜索算法

1. 神经网络法

在隧道力学分析中，结构的力学参数、围岩的性质及荷载等参数与测量的位移数据之间往往呈现出高度的非线性，这就使得非确定性模型可以在解决此类反分析问题中得到运用。借助于"黑箱"的方法，直接建立起模型参数和实测位移之间的关系。神经网络算法所描述的就是这样的一种原理[27,28]。建立大量的神经元并通过足够的机器学习，有效地建立起一个模型参数和实测位移数据间的非线性函数关系。该算法具有很强的并行处理能力、模型自适应能力和智能推理能力。

神经网络算法基于大量神经元，建立三层或更多层的神经元网络模型，通过调整神经元之间的权重和神经元激活函数阈值来调整模型结构，如图 5-11 所示。

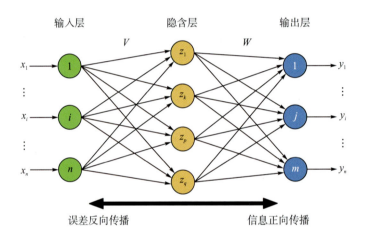

图 5-11   人工神经网络示意图

本研究根据有限元分析方法建立大量的学习样本，通过人工神经网络建立起模型参数和管片结构变形之间的对应关系。该人工神经网络模型建立之后即可代入现场监测数据进行反演分析及预测，为隧道工程的设计、施工提供一种非常有效的技术手段。人工神经网络对围岩和隧道结构参数优化反分析步骤如下：

(1)确定目标函数，本节采用的目标函数为观测点的残差平方和。

(2)通过正交设计方法设计学习样本，并利用有限元分析软件计算参数组合。

(3)进行神经网络学习，建立最佳的神经网络结构，建立反分析参数与目标函数之间的非线性映射。

(4)采用测试样本，测试神经网络的反分析和预测能力。

主要技术流程图如图 5-12 所示。

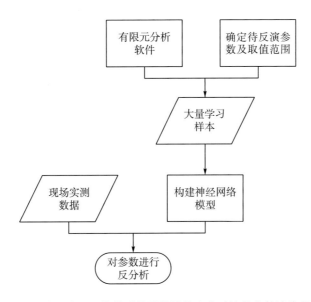

图 5-12　基于神经网络的盾构隧道结构内力反演优化算法流程图

2. 遗传算法

遗传算法(genetic algorithm，GA)由美国科学家 J·H·Holland 于 20 世纪 70 年代中期提出，它是模拟自然进化过程对群体进行简单的复制、杂交和变异作用以搜索全局最优解的方法，是一种概率搜索方法。该方法相对于常规优化方法最突出的特点是具有全局寻优，而且对目标函数的要求较少，适应性较强；人工神经网络，简称是为了模拟人类大脑复杂的神经系统而建立的一种数学模型，也是进行大规模分布式并行信息处理的一种信息处理系统。和人类大脑神经系统相似，人工神经网络通过大量简单神经元相互连接、相互传递，构成一个复杂的网络结构。

遗传算法与传统的优化方法(枚举、启发式)相比，以生物进化为原型，具有很好的收敛性，在同等计算精度下，计算时间少，鲁棒性高。遗传算法具有良好的全局搜索能力，可快速将空间中的全体解搜索出，而不沉陷于"局部最优解"的快速下降陷阱，并且遗传算法利用其内在并行性，可方便地进行分布式计算，加快求解速度。但遗传算法局部搜索能力较差，导致单纯的遗传算法比较费时，在进化后期搜索效率较低。实际应用中遗传算法容易产生早熟收敛的问题，采用何种选择方法既能使优良个体得以保留，又能维持群体多样性一直是遗传算法中的难点问题。

遗传算法搜索速度较慢，需通过训练才可得到较精确解。遗传算法计算流程如图 5-13 所示。

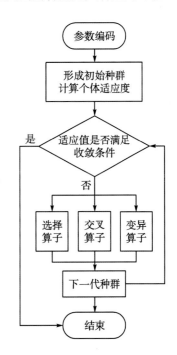

图 5-13　遗传算法计算流程

3. 阻尼最小二乘法

阻尼最小二乘法是对高斯-牛顿法的改进。Legender 第一次简明扼要地阐述了最小二乘法的基本原理为利用线性方程组对数据进行拟合的代数过程，并利用该方法对研究地球形状的数据进行了演示。最小二乘法创立后，因其简单易行，行之有效，在许多领域得到了广泛应用，但是在实际应用中也出现了很多问题，对复杂问题尤其是非线性问题的处理效果不尽如人意，于是学者开始对最小二乘算法进行优化研究，提出了众多改进方法。其中比较著名的是 Kenneth Levenberg 提出的阻尼最小二乘法。阻尼最小二乘法是求解非线性最小二乘问题的标准方法，最小二乘问题具体来说就是当有一组观测数据时，构造一个含参数的方程，使得方程尽可能地拟合观测数据。为了达到尽可能拟合的效果，需要将观测值、函数值与误差平方和取最小值，由此便可以确定所构造方程的参数值。当方程中的参数是非线性关系时，即所谓的非线性最小二乘问题。当遇到非线性最小二乘问题时，需要首先给定一个初始参数值或参数值组合，然后通过迭代的方法不断改变该参数值或参数值组合，使得正分析计算得到的观测点上的值与观测值之间的误差平方和(即目标函数值)趋近于零。对于一般的高斯-牛顿法而言，求解待定参数的方程组往往是奇异或病态的，这时若强行求解，所得解的误差往往会非常大。阻尼最小二乘法的精妙之处恰恰体现于此，在高斯-牛顿法的海瑟矩阵对角线上加入阻尼因子，使得海瑟矩阵保持正定，改善方程的病态情况。

阻尼最小二乘法的算法优越性体现于阻尼因子的调节作用，兼顾了高斯-牛顿法和最速下降法的优点，在两种算法中取得了某种加权选择。当阻尼因子为零时，阻尼最小二乘法变为高斯-牛顿法；当阻尼因子为无穷大时，阻尼最小二乘法近似变为最速下降法。具体求解实际问题时，在利用阻尼最小二乘法寻找目标函数极小值的过程中，迭代初期由于所选择初始值往往远离目标函数极小值，需要选择尽可能小的阻尼因子，此时的算法类似于高斯-牛顿法，可充分利用高斯-牛顿法迭代步长大的特点，提高寻优效率，保证目标函数值尽快下降。当出现目标函数值不降反升的情况时，说明当前的阻尼因子已不适应，需要增大阻尼因子，减小迭代步长，使得寻优向最速下降法靠近，通过逐步增大阻尼因子，保证目标函数始终朝着下降的方向迭代。由此看来阻尼最小二乘法实际上是在高斯-牛顿法和最速下降法(又称梯度下降法)之间取得了某种平衡。

阻尼最小二乘法主要用于解决曲线拟合问题。但是跟很多拟合算法一样，它只能找到一个局部最小值，而不一定是全局最小。由于高斯-牛顿法在远离最优值的区间海瑟矩阵负定而不收敛，阻尼最小二乘法比高斯-牛顿法寻优效果更好，虽然有时初始值距离全局最小值较远，但算法依旧能得到较为满意的解。

阻尼最小二乘法计算流程如图 5-14 所示。

4. 单纯形法

单纯形法是 1947 年由 George Bernard Dantzig(1914—2005)创建的。这里的"单纯形"是指 n 维空间 $\mathbb{R}^n$ 中具有 $n+1$ 个顶点的凸多面体。单纯形法的思想与其他反分析方法有所不同,它是建立 n 维空间中 $n+1$ 个顶点的初始单纯形后,通过反射、收缩、延伸(几种方法不一定同时使用)等步骤在取值范围内找到较好的点,并替代原单纯形中目标函数值最大的顶点,构成新的单纯形,或通过向目标值最低的顶点收缩形成新的单纯形,通过这样的步骤不停迭代,并逐步逼近极小值点,直到满足收敛准则为止。

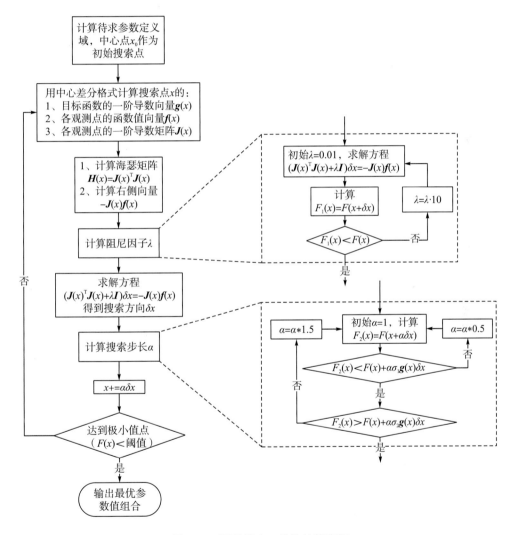

图 5-14　阻尼最小二乘法计算流程

单纯形法主要计算流程如图 5-15 所示。

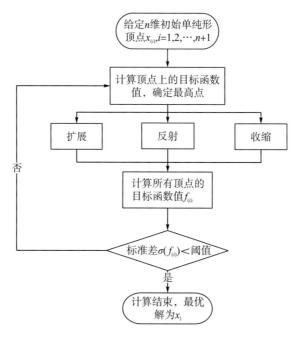

图 5-15 单纯形法计算流程

5.3　基于非预埋式监测的盾构隧道结构内力反演软件开发

5.3.1　研发平台

盾构隧道反分析软件使用 C++作为编程语言，基于同济曙光三维数值分析平台开发（GEOFBA3D）。同济曙光三维数值分析平台是上海同岩土木工程科技股份有限公司与同济大学联合打造的三维通用的数值分析平台，可快速提供软件界面、CAD 交互、消息响应机制、可视化图形、数据管理等功能。GEOFBA3D 包括六大共享模块：基础算法库、通用几何库、基础可视化库、对象交互库、网格剖分库和数据处理库。

5.3.2　软件总体思路

基于同济曙光三维数值分析平台(GEOFBA3D)，将施工现场精密测量的盾构隧道管片结构位移数据转换为力学模型的节点位移,利用最优解搜索优化方法和有限元正分析模型，不断迭代优化，实现目标参数的反演计算，软件设计路线如图 5-16 所示。

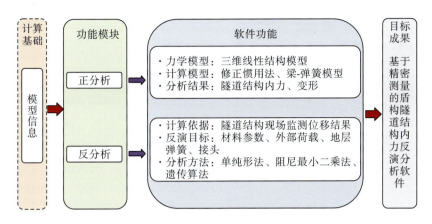

图 5-16 软件设计路线

5.3.3 软件功能架构

软件功能架构如图 5-17 所示，包括基础信息、正分析、反分析三大模块。基础信息主要为隧道建模参数，包括隧道信息、土层信息及荷载组合；正分析模块基于荷载结构法进行盾构隧道内力分析计算，反分析模块基于现场监测位移进行反演分析计算。

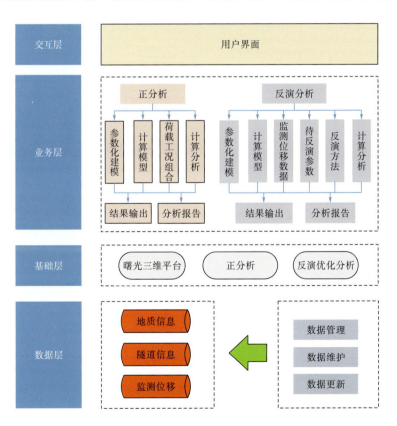

图 5-17 软件功能架构图

5.3.4 软件主要功能

1. 概况

如图 5-18、图 5-19 所示，软件主要功能包括参数设计、边界对象施加、反演设置、分析求解以及后处理。参数设计为选择规范参数，并进行隧道断面、土层参数、荷载工况设置；施加的边界对象包含地层压力、注浆荷载、地震荷载等；反演设置包括位移监测数据、反演目标和反演优化参数设置。程序可对多个参数同时进行反演，可输出每代种群最优解以及全局最优解，后处理以位移矢量、内力等多种形式展现。

图 5-18　软件启动界面

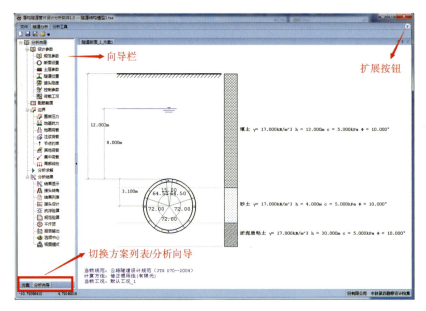

图 5-19　软件主界面

2. 测线位移输入

位移监测数据以相对位移测线、绝对位移测点方式输入，如图 5-20 所示。相对位移指管片上两点之间弦长变形前后差值，绝对位移指管片上某一点变形前后位移变化量。

图 5-20　位移测线设定示意图

3. 目标函数权重分配

在监测数据导入之后，反演分析进行之前，软件内部自动对各测点进行权重分配，遵循"最危险测点权重大、安全测点权重小"原则，用于反演分析目标函数求解。目标函数可表示为

$$F(X) = \sum_{i=1}^{n} \omega_i (x_i - x_i')^2 \tag{5-1}$$

其中，X 为待反演参数，可以为荷载、接头参数、地层弹簧参数等；ω_i 为测点 i 的权重值；x_i、x_i' 为监测点计算位移与实际输入位移。对输入的监测数据，当待反演参数对位移值影响敏感时，监测点位移最大的点权重分配为 1；当待反演参数对位移值影响不敏感时，监测点位移最大的点权重分配为 2；其余监测点权重与该测点监测位移与最大监测点位移比值成正比，导入监测点位移见表 5-2。

表 5-2　导入监测数据

序号	角度/(°)	位移/mm
1	0	4.5
2	45	2
3	90	5
4	190	1
5	290	0.8

待反演参数对位移影响敏感，则监测点 3 权重 ω_3 可取为 1，监测点 1 权重为 4.5/5=0.9，监测点 2 权重为 2/5=0.4，其余监测点以此类推。

4. 反演目标

反演目标分为结构性能与结构荷载两大类。结构性能主要为管片本身参数，如弹性模量、重度、接头刚度等；结构荷载是边界对象中所选取施加的荷载。

5. 反演方法

与单纯形法及遗传算法对比，阻尼最小二乘法较为稳定，迭代一定是往目标函数下降的方向进行，精度好，在待反演参数数量不多的情况下具有很好的收敛效率。

6. 反演重点对象

对多参数进行敏感性分析后，选取注浆荷载(代替不均匀土压力)、地层弹簧参数值作为主要反演对象。

7. 地层弹簧

可以采用全周弹簧、局部弹簧，也可考虑不同地层弹簧参数值。

5.3.5 软件实现核心技术

1. 现场实测盾构管片位移与力学模型节点位移转换方法

参考实际工程，测量数据处理以测线的形式进行。设置测线及测点定义完成后，有限元计算中将测点作为预设节点进行网格剖分。盾构隧道管片结构单一弦长测线收敛位移与测点有限元位移相互转化方法如下所述。

如图 5-21(a) 所示，在盾构隧道管片结构上设置一弦长测线 ij，取测点 i 为起点，测点 j 为终点，构建测线向量 $\overrightarrow{ij}$。

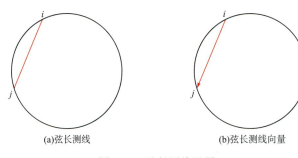

(a)弦长测线　　　　(b)弦长测线向量

图 5-21　弦长测线设置

如图 5-22(a) 所示，各测点对应的有限元节点 i 和 j 的 X 和 Y 方向的位移分别为 (x_i, y_i)、(x_j, y_j)，通过 X 和 Y 方向的位移求得节点 i 和 j 的位移矢量，分别为 $\overrightarrow{ii'}$ 和 $\overrightarrow{jj'}$，如图 5-22(b) 所示。

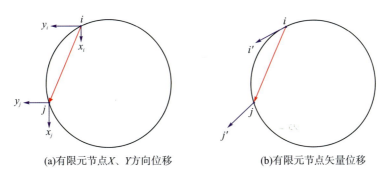

(a)有限元节点X、Y方向位移   (b)有限元节点矢量位移

图 5-22 有限元位移设置

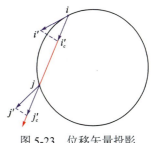

如图 5-23 所示,将节点 i 和 j 的位移矢量 $\overrightarrow{ii'}$ 和 $\overrightarrow{jj'}$ 分别向测线向量 $\overrightarrow{ij}$ 上投影,可得出位移矢量 $\overrightarrow{ii'}$ 和 $\overrightarrow{jj'}$ 在测线向量 $\overrightarrow{ij}$ 上的位移值 $\delta_{\overrightarrow{ij_c}}$ 和 $\delta_{\overrightarrow{jj_c}}$。

以测点 i 为基准点,则节点 i 和 j 间的相对位移为 $\delta = \delta_{jj_c} - \delta_{ii_c}$,$\delta$ 为正表示拉伸,反之表示压缩。节点间相对位移 δ 与测线收敛位移 δ_c 的差值平方 $\Delta\delta = (\delta - \delta_c)^2$ 为反演计算中误差控制值。

图 5-23 位移矢量投影

2. 基于阻尼最小二乘法的盾构隧道结构内力反演优化方法

本软件提供了多种反演方法,选取界面设置如图 5-24 所示。用户可以选择单纯形法、阻尼最小二乘法、遗传算法进行反演分析计算。

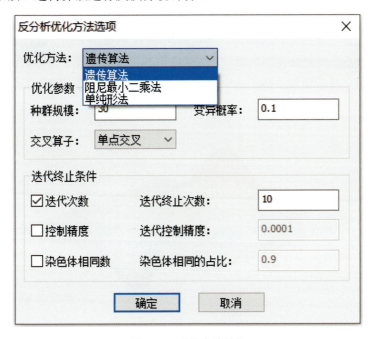

图 5-24 反演方法选取

当采用阻尼最小二乘法时，输入参数如图 5-25 所示。

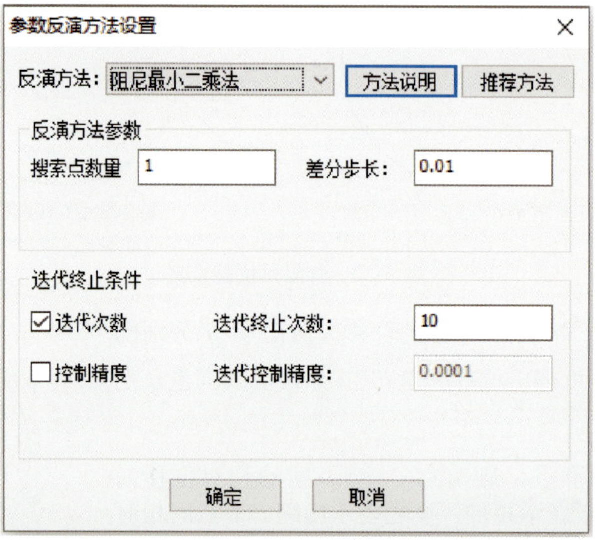

图 5-25　阻尼最小二乘法输入参数

搜索点数量：输入搜索点个数，一般为 1。

差分步长：指在数值微分法计算目标函数偏导时，用差商代替微商，所使用的离散点间距。在大多数情况下，差分步长只要不取得太大，一般不会影响偏导数的计算结果。

迭代次数：迭代计算的次数，达到输入的迭代次数时即终止计算。

控制精度：反演的控制精度，精度越高，反演得到的参数值的精度越高。

阻尼最小二乘法来源于拟合问题，是高斯-牛顿法的修正方法，兼顾了最速下降法和牛顿下降法的优点，同时加入阻尼项，改善求解方程的病态情况。具体流程是利用搜索点局部的导数信息，判断函数下降的方向，并通过迭代找到最优点(图 5-26)。

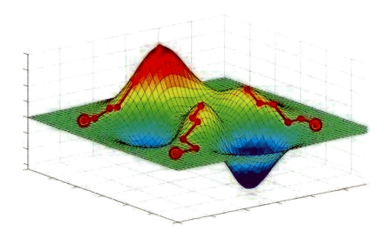

图 5-26　阻尼最小二乘法示意图

　　反分析问题本质上是最小二乘问题，是一个非凹函数，在绝大部分情况下，其最优值只有一个，只需一个搜索点即可找到最优解(例如反演单个参数，任意的搜索点都能找到最优解)。但对于某些极端的问题，例如同时反演多个敏感度差距较大的参数等情况，可能会产生多个近似最优值而被算法误判，这时应采用多个搜索点同时进行搜索，最后的结果为所有搜索点中目标函数值最小者。

　　差分步长相当于数值微分的增量步，一般可取 0.05，对于上述多个近似最优解的极端问题建议减小计算步长。

　　通过控制残差平方和的收敛精度，来控制迭代终止(图 5-27)。

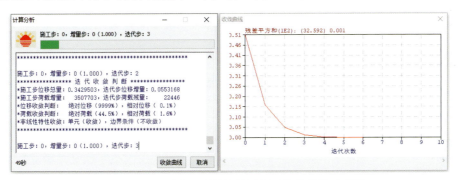

图 5-27　阻尼最小二乘法计算过程及收敛曲线示意图

5.4　现场验证与分析

5.4.1　验证工程的概况

　　非预埋式监测技术的现场验证选择在南京和燕路长江隧道[29]进行，工程位于长江大桥和长江二桥之间，距离上游的长江大桥约 7.4km，距离下游的长江二桥约 2.7km。隧道全长 4215m，其中盾构段长 2975m，承受的最大水压约 79m。盾构隧道管片外径 14.5m，内径 13.3m，采用 9+1/3 分块方式。盾构主要穿越粉细砂、中粗砂、全～中风化角砾岩、

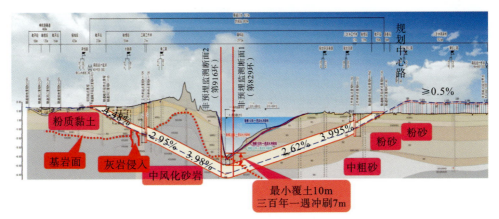

图 5-28　和燕路长江隧道纵断面及验证断面位置示意图

中风化灰岩、中风化角砾状灰岩、中风化含砾砂岩、粉质黏土层,是国内第一条需一次穿越强透水砂层、软硬不均复合地层、硬岩层、岩溶地层和区域断裂等多种复杂地质组合的盾构法水下隧道。验证测试断面位于隧道最低段(图 5-28),管片衬砌环号为 829 环、916 环。

5.4.2　反演结果

1. 第 829 环

第 829 环位于强风化角砾岩地层,每块管片拼装前后的弧长变化见表 5-3,其中第 8 组测线为封顶块。

表 5-3　第 829 环管片弧长变化测量值

测线组	测点	角度/(°)	变形量/mm
组 1	1	6.43	0.13
	2	45	
组 2	1	45	0.18
	2	83.57	
组 3	1	83.57	0.41
	2	122.14	
组 4	1	122.14	-0.19
	2	160.71	
组 5	1	160.71	-0.41
	2	199.28	
组 6	1	199.28	-0.24
	2	237.85	
组 7	1	237.85	-0.06
	2	276.43	
组 8	1	276.43	-0.08
	2	289.28	
组 9	1	289.28	-0.17
	2	327.86	
组 10	1	327.86	0.03
	2	6.43	

采用单纯形法、遗传算法、阻尼最小二乘法对结构内力进行了反演,总体来说,三种算法得到的测线长度变化结果的走势一致,且差别不大,但三种方法在 0~90° 范围均偏离实测值较大,详见图 5-29。

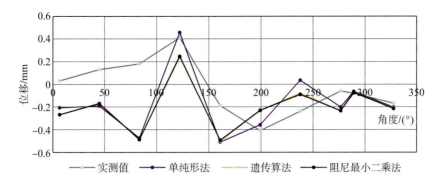

图 5-29   第 829 环测线长度变化反演与实测值的对比

采用阻尼最小二乘法反演得到的结构内力如图 5-30 所示，其中，每延米最大弯矩约 169kN·m，最大轴力约 2295kN。

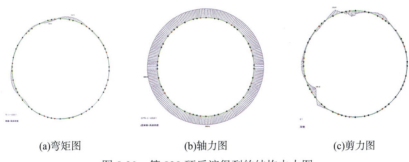

(a)弯矩图   (b)轴力图   (c)剪力图

图 5-30   第 829 环反演得到的结构内力图

2. 第 916 环

第 916 环位于强风化角砾岩和中风化角砾岩地层，每块管片拼装前后的弧长变化见表 5-4，其中第 3 组测线为封顶块。

表 5-4   第 916 环管片弧长变化测量值

测线组	测点	角度/(°)	变形量/mm
组 1	1	327.86	0.08
	2	6.43	
组 2	1	6.43	0.10
	2	45.00	
组 3	1	45.00	0.20
	2	57.86	
组 4	1	57.86	0.25
	2	96.43	
组 5	1	96.49	−0.30
	2	135.00	

续表

测线组	测点	角度/(°)	变形量/mm
组6	1	135.00	-0.41
	2	173.57	
组7	1	173.57	0.05
	2	212.14	
组8	1	212.14	-0.01
	2	250.71	
组9	1	250.71	-0.01
	2	289.28	
组10	1	289.28	0.02
	2	327.86	

采用单纯形法、遗传算法、阻尼最小二乘法对结构内力进行了反演，总体来说，三种算法得到的测线长度变化结果的走势一致，且差别不大，但三种方法在50°～350°范围均偏离实测值较大，详见图5-31。

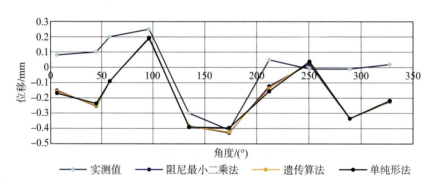

图5-31 第916环测线长度变化反演与实测值的对比

采用阻尼最小二乘法反演得到的结构内力如图5-32所示，其中，每延米最大弯矩约340kN·m，最大轴力约2283kN。

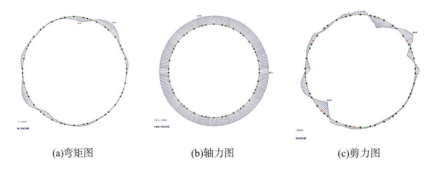

(a)弯矩图　　　　　　(b)轴力图　　　　　　(c)剪力图

图5-32 第916环反演得到的结构内力图

3. 反演结果分析

由上可见，三种反演分析方法的结果总的来说差别不大，与实测结果基本吻合，但在一定范围内与实测值仍有较大差别，这主要是由于反演过程中仅对地层抗力系数这一单一参数进行了反演，为得到更为精确的反演结果，实际应用中应对多参数进行反演。

5.5　本 章 小 结

本章介绍了现有隧道结构监测方法及在盾构隧道结构内力监测应用方面存在的问题，提出了非预埋式结构内力监测技术，并对该方法的总体思路、实施步骤进行了介绍，探讨了盾构隧道内力反演方法，在此基础上研发了基于非预埋式结构内力监测的盾构隧道结构内力反演软件。主要结论如下：

(1)传统的盾构法隧道结构内力监测采用预埋传感器的方法，只能对预埋设部位进行监测，存在无法对施工中随机发生的缺陷管片进行监测、难以实现长久监测、难以全隧道监测等缺点，基于此发明了基于精密测量的非预埋式结构内力监测方法，该方法通过对每块管片拼装前后的长度变化进行精密测量，为结构内力反演提供更多的信息与依据，可实现对随机发生的缺陷部位进行随时监测。

(2)确定了内力反演分析流程，并对比了不同反演分析最优解搜索算法的计算流程，得到了盾构隧道内力反演方法。

(3)研发了基于非预埋式结构监测方法的盾构法隧道结构内力反演软件，在工程验证算例中取得了较好的效果，验证了算法的可行性和程序的可靠性，但在多参数反演方面仍需进一步改进。

参 考 文 献

[1] 宋锐. 盾构隧道不均匀沉降分布式光纤监测技术研究[D]. 南京：南京大学，2021.

[2] 高军，赵运臣. 隧道变形监测新技术的应用研究[J]. 西部探矿工程，2001(03)：74-76.

[3] 崔玖江. 盾构隧道施工风险与规避对策[J]. 隧道建设，2009，29(04)：377-396

[4] 徐顺明. 广州轨道交通盾构隧道施工控制测量的研究[D]. 武汉：武汉大学，2012.

[5] 孙廉威，秦建设，洪义，等. 地面堆载下盾构隧道管片与环缝接头的性状分析[J]. 浙江大学学报(工学版)，2017，51(08)：1509-1518.

[6] 孙斌. 隧道结构健康远程监测系统的研究与设计[D]. 西安：长安大学，2012.

[7] 陈湘生. 我国城市地下空间利用现状与施工技术创新[N]. 中国建设报，2019-09-13.

[8] 罗鑫. 公路隧道健康状态诊断方法及系统的研究[D]. 上海：同济大学，2007.

[9] 黄建国，俞缙，李小刚，等. 超大断面隧道不同加宽段围岩变形及围岩压力监测分析[J]. 隧道建设(中英文)，2021，41(S2)：115-122.

[10] 孙钧, 袁金荣. 盾构施工扰动与地层移动及其智能神经网络预测[J]. 岩土工程学报, 2001(03): 261-267.

[11] 黄宏伟, 张冬梅. 盾构隧道施工引起的地表沉降及现场监控[J]. 岩石力学与工程学报, 2001(S1): 1814-1820.

[12] 胡群芳, 黄宏伟. 盾构下穿越已运营隧道施工监测与技术分析[J]. 岩土工程学报, 2006(01): 42-47.

[13] 赵旭峰, 王春苗, 孙景林, 等. 盾构近接隧道施工力学行为分析[J]. 岩土力学, 2007(02): 409-414.

[14] 刘胜春, 张顶立, 黄俊, 等. 大型盾构隧道结构健康监测系统设计研究[J]. 地下空间与工程学报, 2011, 7(04): 741-748.

[15] 徐中华. 上海地区支护结构与主体地下结构相结合的深基坑变形性状研究[D]. 上海: 上海交通大学, 2007.

[16] 魏少伟. 基坑开挖对坑底已建隧道影响的数值与离心试验研究[D]. 天津: 天津大学, 2010.

[17] 李宏男, 高东伟, 伊廷华. 土木工程结构健康监测系统的研究状况与进展[J]. 力学进展, 2008(02): 151-166.

[18] 孙丽. 光纤光栅传感技术与工程应用研究[D]. 大连: 大连理工大学, 2006.

[19] 房倩. 高速铁路隧道支护与围岩作用关系研究[D]. 北京: 北京交通大学, 2010.

[20] 《中国公路学报》编辑部. 中国隧道工程学术研究综述·2015[J]. 中国公路学报, 2015, 28(05): 1-65.

[21] 关宝树. 软弱围岩隧道变形及其控制技术[J]. 隧道建设, 2011, 31(01): 1-17.

[22] 李术才, 徐飞, 李利平, 等. 隧道工程大变形研究现状、问题与对策及新型支护体系应用介绍[J]. 岩石力学与工程学报, 2016, 35(07): 1366-1376.

[23] 徐建国, 王复明, 蔡迎春. 隧道收敛变形监测及围岩特性参数反演[J]. 中国公路学报, 2008(03): 81-85.

[24] 朱合华, 崔茂玉, 杨金松. 盾构衬砌管片的设计模型与荷载分布的研究[J]. 岩土工程学报, 2000(02): 190-194.

[25] 唐志成, 何川, 林刚. 地铁盾构隧道管片结构力学行为模型试验研究[J]. 岩土工程学报, 2005(01): 85-89.

[26] 李术才, 刘斌, 孙怀凤, 等. 隧道施工超前地质预报研究现状及发展趋势[J]. 岩石力学与工程学报, 2014, 33(06): 1090-1113.

[27] 周建春, 魏琴, 刘光栋. 采用BP神经网络反演隧道围岩力学参数[J]. 岩石力学与工程学报, 2004(06): 941-945.

[28] 黄戡, 刘宝琛, 彭建国, 等. 基于遗传算法和神经网络的隧道围岩位移智能反分析[J]. 中南大学学报(自然科学版), 2011, 42(01): 213-219.

[29] 肖明清. 南京纬三路长江隧道总体设计的关键技术研究[J]. 现代隧道技术, 2009, 46(05): 1-5, 12.